Airlines der Welt
Das Erkennungsbuch

Bildnachweis: Alle Illustrationen dieses Buches sind vom Autor selbst angefertigt.

ISBN: 978-3-613-04301-5

Sie finden uns im Internet unter:
www.motorbuch-verlag.de

1. Auflage 2021

Lektorat: Wolfgang Borgmann
Einbandgestaltung: Frank Zähringer
Innengestaltung: Norbert Andrup
Druck und Bindung: Graspo CZ, 76302 Zlin
Printed in Czech Republic

AIRLINES DER WELT

DAS ERKENNUNGSBUCH

Norbert Andrup

Vorwort

Ein neues Buch zum Thema Fluggesellschaften der Welt ausgerechnet auf dem Höhepunkt der seit 100 Jahren weltweit schlimmsten Pandemie herauszubringen mag auf den ersten Blick vielleicht erstaunen. Allerdings wirft gerade diese Katastrophe, die ja die Luftfahrtbranche so schwer getroffen hat wie kaum eine andere, vieles vorher zu diesem Thema Gesagte gewissermassen zum Alteisen, so wie leider so manch stolzes Flugzeug. Für Luftfahrtenthusiasten besonders traurig ist die Tatsache, dass die Pandemie das langfristig ohnehin absehbare Ende der großen viermotorigen Flugzeuge beschleunigt hat. Mag die Ausflottung im Falle der meist über 20 Jahre alten, längst abbezahlten Boeing 747-400 nur ein, zwei, maximal fünf Jahre vorgezogen worden sein, so ist die Lage für den Airbus A380 geradezu katastrophal. Das Ende ist auch für die erste Generation der Boeing 777 nah, Dutzende Triple Seven wandern, kaum 15 Jahre alt, zum Abwracker.

Viele Airlines, insbesondere in Europa und Amerika, auch viele vom Urlaubsverkehr lebende in Asien und in den Arabischen Emiraten sind in bedrohliche Notlagen geraten, die nur durch Staatshilfen abgewendet werden konnten bzw. können. Wie bedeutend manch klingender Name aus dieser Krise wieder herauskommen wird kann zur Zeit niemand wirklich vorhersagen. Zum Redaktionsschluss Ende Februar 2021 lagen zum Beispiel die Buchungszahlen auf dem weltgrößten Markt, den USA, im Inlandsverkehr 50%, im internationalen Bereich sogar über 60% unter denen von Anfang 2020. Bei besonders auf internationalen Verkehr und Premiumkunden fokussierten Airlines wie Qantas oder der Lufthansa sah es Anfang 2020 sogar noch schlechter aus.

Dieses Buch konzentriert sich auf die Darstellung der Flotten. Pro Airline ist neben einem prototypischen Leitwerk jeweils mindestens ein Flugzeug, oft auch zwei oder mehr als volle Illustration dargestellt, die anderen Typen im gleichen Maßstab als Silhouetten. Apropos Maßstab, dieser ist auf einer Doppelseite jeweils gleich. Aber nicht über das ganze Buch, sonst gingen kleine Flugzeuge zu sehr unter. Neben den Illustrationen wird jeweils die Anzahl des betreffenden Typs erwähnt sowie die Baujahre. Natürlich ist es fast unmöglich, in einem einzigen Buch alle Airlines in Wort und Bild darzustellen. Grundsätzlich, aber nicht sklavisch, habe ich mich bei der Selektion auf eine Flottenuntergrenze von etwa 20 Flugzeugen beschränkt. Einige Unternehmen in dieser Größenordnung mögen fehlen, dafür sind ein paar kleinere Airlines aufgeführt. Der Grund dafür ist zum einen geographischer Natur - europäische Fluggesellschaften genießen ein wenig Vorrang - zum anderen liegt er auch in der Attraktivität des Flugmaterials begründet. Air Tahiti Nui mit nur vier attraktiv lackierten Boeing 787 erscheint mir für den Leser interessanter als beispielsweise eine obskure Regionalairline am anderen Ende der Welt mit zwei Dutzend Turboprops.

In diesem Buch sind auch reine Frachtgesellschaften inbegriffen, die ja oftmals besonders interessantes (und oft älteres) Flugmaterial einsetzen. Apropos Alter, und hier komme ich zum Text: das Durchschnittsalter einer Flotte ist einer der Kernpunkte meiner knappen Beschreibungen. Ich möchte aber nicht mißverstanden werden. Das ein Flugzeug alt ist, bedeutet natürlich nicht, dass es nicht sicher wäre. Es ist nur so, dass Airlines mit einer alten Flotte häufig, aber natürlich nicht immer, finanziell etwas knapp sind, was sich natürlich auf nicht ganz optimale Wartung auswirken kann. Ansonsten gebe ich ganz knapp, dies ist ja ein kleines Buch, ein paar Eckpunkte zur Unternehmensgeschichte, den Besitzverhältnissen, der Flottenhistorie und -entwicklung ab. Natürlich spielen die Auswirkungen der Coronapandemie eine wichtige Rolle im Text. Ein paar Worte zur Sicherheitsbilanz seinen auch gesagt. Wobei deutlich erwähnt sei: ein einzelner Unfall kann der besten Airline passieren und sollte in der Beurteilung im Ganzen keine Rolle spielen. Erst regelmäßige sicherheitsrelevante Ereignisse sind ein Warnsignal. Da ich Designer bin, und viele Leser sicher daran interessiert, gibt es auch zum Firmendesign, namentlich der Flugzeugbemalung etwas zu sagen, wobei ich mich auf die Standardbemalungen beschränke. Hier und da werden Sonderbemalungen erwähnt, dieses Thema als relevanter Eckpunkt des Buches würde aber den Rahmen sprengen.

Vorangestellt habe ich jeweils die Airlinecodes und andere wichtige Eckdaten. Bei diesen Codes handelt es sich im Falle großer Airlines um die der Muttergesellschaft, kleinere Zweige oder unter gleicher Marke fliegende Auslandstöchter mögen in der Regel andere haben, die aus Platzgründen unerwähnt bleiben müssen. Zur Angabe der Flottengröße ist zu sagen, dass ich diese in den meisten Fällen nur auf 5er- oder 10er Stelle gerundet angegeben habe, da diese Kennzahl ständig in Bewegung ist, und zur Zeit der Drucklegung ganz besonders. Bei den einzelnen Typen bin ich da konkreter. Der Aufbau des Buches ist grundsätzlich alphabetisch, in einigen Fällen musste aus Layoutgründen etwas davon abgewichen werden. Deshalb, bzw. aus Platzgründen, musste bei einigen wenigen Fluggesellschaften auch auf die Leitwerkdarstellungen verzichtet werden. Was ebenfalls fehlt, das sind die airlineunabhängigen großen Regionalflugzeugflotten in den USA. Das liegt daran, dass diese für verschiedene große Airlines fliegen und die Flugzeuge in den Farben der Kunden unterwegs sind. An entsprechender Stelle (wie z.B. American Eagle, hinter dessen Namen sage und schreibe sieben verschiedene Airlines stecken) werden diese zwar erwähnt, haben aber keinen eigenen Platz in dieser Publikation. Kein Thema dieses Buches ist die Belegschaft der Airlines, und die sehr bedauerlichen Folgen der Covid 19-Pandemie für sie. Zum einen würden das den Rahmen des Buches sprengen, zum anderen gibt es da in vielen Fällen zu wenig Information. Allzu vieles ist im Fluss. Dieses Buch ist die erste Auflage dieses Titels, er soll regelmäßig aktualisiert werden.

Norbert Andrup, Frankfurt am Main, im Frühjahr 2021

ABX Air

IATA-Code: GB, ICAO-Code: ABX, Rufzeichen: ABEX
Sitz: Wilmington, Ohio/USA, Basis: Wilmington Airborne Airpark (ILN)
Flotte (Frühjahr 2021): 20

Die aus der ehemaligen Airborne Express entstandene US-Frachtgesellschaft ABX Air wurde 2003 nach einem Deal mit DHL gegründet und betreibt seit 2008 ausschließlich Boeing 767. Die Flotte kann bei einem Durchschnittsalter von 34 Jahren nur als uralt bezeichnet werden. Darunter befinden sich einige der erstgebauten 767-200 überhaupt und auch die weltweit älteste noch fliegende Maschine dieses Typs. Mehrere Frachter fliegen im Auftrag und in den vollen Farben von DHL, ansonsten werden Linienflüge in Nordamerika, hauptsächlich im Inland angeboten sowie Ad hoc-Charter. Eine einzelne Maschine fliegt in einer Airborne Express Retrobemalung. Die Sicherheitsbilanz der Airline ist gut, zuletzt verlor man 2008 eine 767-200 durch ein Feuer.

Boeing 767-200BCF: 12 (Bj. 1982 - 1987)

Boeing 767-300F: 8 (Bj. 1988 - 1994)

ACT Airlines

IATA-Code: 9T, ICAO-Code: RUN, Rufzeichen: CARGO TURK
Sitz: Istanbul/Türkei, Basis: Istanbul Sabiha Gökcen Intl. Airport (SAW)
Flotte (Frühjahr 2021): 5

Die türkische Frachtgesellschaft ACT Airlines existiert seit 2005 und setzte anfangs auf Airbus A300. Nachdem sich 2012 die chinesische Hainan Group beteiligte wurden Boeing 747-Frachter angeschafft, die anfangs in den Farben der Chinesen und mit „My Cargo"-Titeln flogen. Erst 2018 bekam eine erste Maschine die neue bunte, aber trotzdem schlichte ACT-Bemalung. Etliche Jahre lang, bis 2020, flogen mehrere Maschinen für Saudia. Das Durchschnittsalter der Flotte liegt bei gut 20 Jahren, ein durchschnittlicher Wert für eine Frachtairline. Trotz der kleinen Flotte hatte ACT zwei Verluste zu beklagen. 2010 verunfallte ein Airbus A300-Frachter in Afghanistan, 2017 eine im Auftrag von Turkish Airlines eingesetzte Boeing 747-400F bei winterlichen, nebligen Bedingungen in Kirgisien.

Boeing 747-400BDSF: 2 (Bj. 1992 - 1993)

Boeing 747-400F/-400ERF: 3 (Bj. 2001- 2002)

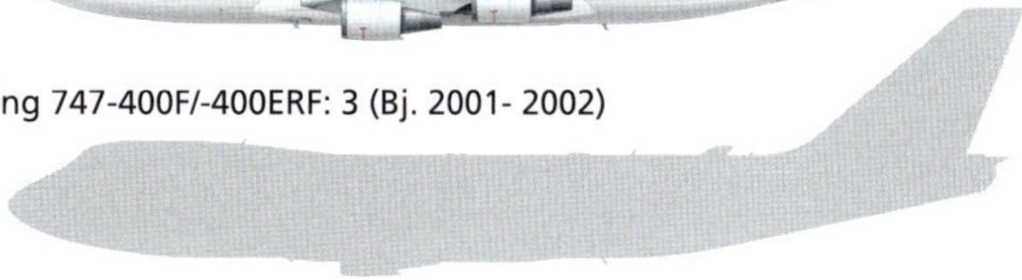

Aegean Airlines

IATA-Code: A3, ICAO-Code: AEE, Rufzeichen: AEGEAN
Sitz: Kifisia/Griechenland, Basis: Athen Eleftherios Venizelos (ATH)
Flotte (Frühjahr 2021): ca. 50
Allianz: Star Alliance

Aegean Airlines wurde 1999 gegründet und ist nach dem Niedergang des langjährigen Flagcarriers Olympic Airways heute die mit Abstand größte Fluggesellschaft Griechenlands. Die mittlerweile ausschließlich aus Typen der Airbus A320-Familie bestehende Flotte beinhaltet sowohl direkt vom Hersteller georderte und ausgelieferte wie auch einige aus zweiter Hand beschaffte Flugzeuge. Pünktlich zur Corona-Krise, aufgrund der auch bei Aegean Airlines ein Teil der Flotte geparkt werden musste, begann die Umstellung auf die neuen Typen Airbus A320neo und A321neo. Mit der ersten A320neo führte man Anfang 2020 neben einer neuen Kabine auch eine neue Bemalung ein, die dem allgemeinen Trend vor allem in Europa folgt, nach dem der Rumpf weiss, und das Leitwerk farbig bis über den Hinterrumpf heruntergezogen ist. Die von so vielen Airlines gewählte Firmenfarbe Blau und ein nicht gerade emotionales neues Logo tun ihr Übriges, diese Bemalung nicht allzusehr auf einem Flughafen auffallen zu lassen. Allerdings wirkt sie deutlich frischer als der alte Look mit dem grauen Bauch. Das Durchschnittsalter der Flotte liegt bei gut zehn Jahren, ist also durchaus noch als relativ jung zu bezeichnen. Auch die Sicherheitsbilanz der Airline kann sich sehen lassen, nennenswerte sicherheitsrelevante Ereignisse gab es bisher nicht. Aegean Airlines fliegt viele Ziele innerhalb Europas an, darunter eine ganze Reihe im deutschsprachigen Raum. Weitere Routen führen in den Nahen Osten. Das Hauptgeschäft ist - wie soll es im ägäischen Inselparadies auch anders sein - der Urlauberverkehr.

Airbus A319: 1 (Bj. 2005)

Airbus A320-200: 35 (Bj. 2006 - 2016)

Airbus A320neo: 5 (Bj. 2020)

Airbus A321-200: 10 (Bj. 2001 - 2009)

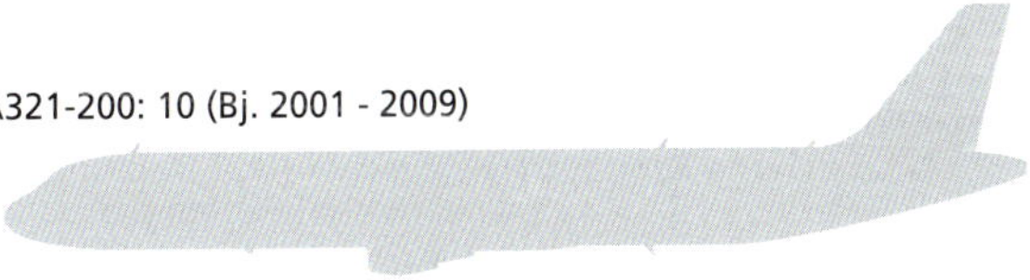

Airbus A321neo: 3 (Bj. 2020)

Aer Lingus

IATA-Code: EI, ICAO-Code: EIN, Rufzeichen: SHAMROCK
Sitz: Dublin/Irland, Basis: Dublin International Airport (DUB)
Flotte (Frühjahr 2021): ca. 50

Aer Lingus, der Flag Carrier der Republik Irland, wurde 1936 gegründet. Der etwas ungewöhnliche Name der Airline endstand aus einer Anglisierung aus dem Gälischen. Mehrmals versuchte der aggressive Wettbewerber und zeitweilige Großaktionär Ryanair Aer Lingus zu übernehmen, scheiterte jedoch immer wieder an zu niedrigen Angeboten und dem Kartellrecht. So bekam letztlich IAG den Zuschlag, der Zusammenschluß von British Airways und Iberia. Das Routennetz von Aer Lingus umfasst neben Europa die USA und den nahen Osten. Das Gros der Flotte besteht zwar aus neu beschafften Flugzeugen, einige wenige kamen aber auch aus zweiter Hand hinzu. Das Flottendurchschnittsalter liegt bei 12 Jahren. Im Mai 2020 war Aer Lingus Empfänger des allerletzten Airbus A330-300. In Air Lingus-Farben operiert auch eine Zubringersparte namens Aer Lingus Regional mit ATR 72 Turboprops, die von Stobart Air betrieben werden. Wie fast alle Passagier-Airlines mußte auch Aer Lingus im Zuge der Coronakrise etliche Flugzeuge stillegen, zumeist A320, aber auch die drei letzten verbliebenen A330-200. Die seit den 1970er Jahren unverwechselbare Bemalung mit grüner Rumpfoberseite, die zwischenzeitlich einmal modernisiert worden war, wurde Anfang 2019 durch einen Look abgelöst, der dem allgemeinen Trend - weisser Rumpf, farbiges Heck - folgt und deshalb weniger eigenständig ist. Im gleichen Zug wurde das traditionelle Kleeblattlogo (Shamrock) modernisiert. Seit 2011 schon hat die Airline einen Retrojet, einen damals neu ausgelieferten Airbus A320-200 mit Bemalung im Stil der 1960er Jahre.

Airbus A320-200: 31 (Bj. 2000 - 2011)

Airbus A321-200: 1 (Bj. 1998)

Airbus A321neo: 5 (Bj. 2019 - 2020)

Airbus A330-200: 3 (Bj. 1999 - 2007)

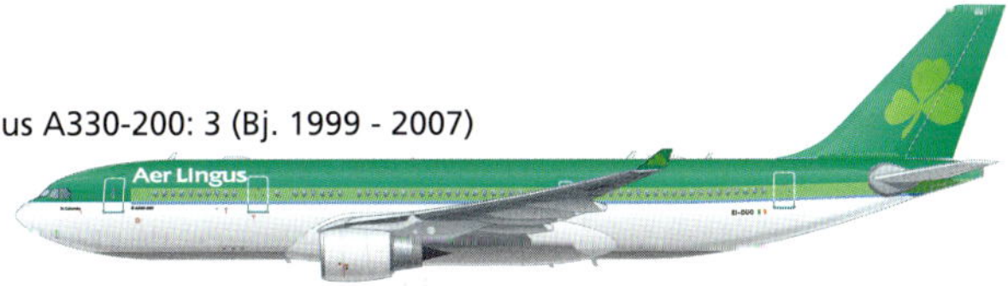

Airbus A330-300: 10 (Bj. 2007 - 2020)

ATR 42: 1 (Bj. 2018)

ATR 72: 10 (Stobart Air, Bj. 2014 - 2016)

Aeroflot

IATA-Code: SU, ICAO-Code: AFL, Rufzeichen: AEROFLOT
Sitz: Moskau/Russland, Basis: Moskau Scheremetjewo (SVO)
Flotte (Frühjahr 2021): ca. 220
Allianz: SkyTeam

Aeroflot, zu Sowjetzeiten aufgrund ihrer Monopolstellung die größte Airline der Welt, wurde 1932 gegründet. Nach der Deregulierung Anfang der 1990er-Jahre verblieb sie als führende international operierende Airline Russlands und hat mittlerweile einen recht guten Ruf. Nicht zuletzt, weil die Airline heute eine der jüngsten Flotten weltweit besitzt. Bis auf die im Inland eingesetzten, modernen, aber als eher unzuverlässig geltenden Suchoi Superjets sind russische Muster nicht mehr zu finden. Mit gerade mal fünfeinhalb Jahren ist das Durchschnittsalter der Flotte sehr niedrig. Die Sicherheitsbilanz ist trotzdem etwas gemischt, denn 2019 verbrannte eine vollbesetzte Superjet 100 nach einer Bruchlandung in Moskau, verursacht durch einen Fehler des Piloten. Mit Einführung des Airbus A350 Anfang 2020 änderte Aeroflot die Bemalung. Es ist keine radikale Änderung, sondern wie so oft auch anderswo in den letzten Jahren eine Evolution in Richtung Vereinfachung. Der Rumpf ist jetzt gebrochen weiß, bzw. hellgrau, der Schriftzug vergrößert. Aeroflot hält große Anteile an etlichen anderen einheimischen Airlines und befindet sich selbst gut zur Hälfte im Besitz des Staates. Die meisten Ziele sind Städte innerhalb des russischen Riesenreiches, international werden vor allem Ziele in Europa und Asien angeflogen, aber auch die USA. Bis auf die Superjets, die bald an Rossiya abgegeben werden sollen, sind alle Flugzeuge auf das Register von Bermuda, also letzlich Großbritannien eingetragen, da im Ausland gebaute Flugzeuge aufgrund eines der Protektion dienenden Gesetzes nicht in Russland registriert werden dürfen.

Airbus A320-200: 65 (Bj. 2008 - 2018)

Airbus A321-200: 32 (Bj. 2009 - 2018)

Airbus A330-200: 3 (Bj. 2009)

Airbus A330-300: 12 (Bj. 2011 - 2012)

Airbus A350-900: 1 (Bj. 2020)

Boeing 737-800: 48 (Bj. 2013 - 2018)

Boeing 777-300ER: 20 (Bj. 2013 - 2021)

Suchoi Superjet 100: 46 (Bj. 2013 - 2020)

Aerolineas Argentinas

IATA-Code: AR, ICAO-Code: ARG, Rufzeichen: ARGENTINA
Sitz: Buenos Aires/Argentinien, Basis: Buenos Aires Ezeiza (EZE)
Flotte (Frühjahr 2021): ca. 80
Allianz: Skyteam

Aerolineas Argentinas, die nationale Airline des neben Chile südlichsten Landes von Amerika, existiert seit 1949. Immer wieder war das Unternehmen in wirtschaftliche Turbulenzen geraten, so schlimm wie durch die Coronakrise 2020, die Argentinien besonders schwer getroffen hat und die Aerolineas Argentinas mehrere Monate lang bis in den Oktober ganz auf den Boden zwang, war es aber noch nie. Aktuell ist die Flotte mit einem Durchschnittsalter von ca. achteinhalb Jahren zwar recht jung, vier Fünftel sind gegenwärtig aber gezwungenermaßen inaktiv. Da fällt die Tatsache, dass Ende 2020 das fast zweijährige Flugverbot für die Boeing 737 MAX 8 aufgehoben wurde, und zu deren Erstbetreibern Aerolineas Argentinas gehört, kaum noch ins Gewicht. Das interessante, eigenständige Corporate Design in der Landesfarbe Hellblau wurde 2010 eingeführt und setzt überall wo eine Maschine der Argentinier auftaucht für einen willkommenen Farbtupfer. Zu Aerolineas Argentinas gehört die Regionalfluggesellschaft Austral Linhas Aéreas, deren Embraer E-Jets in einer der Mainline sehr ähnlichen Bemalung Zubringerflüge und aufkommensschwache Regionalrouten bedient. Die langjährige Partnerairline die schon lange zum selben Firmenverbund gehörte wurde Ende 2020 vollends in den argentinischen Flagcarrier integriert. Unfälle hat Aerolineas Argentinas schon seit einigen Jahrzehnten nicht mehr zu beklagen. Die Langstreckenrouten der Airline führen bis nach Rom und Madrid, sonst werden ausserhalb Lateinamerikas noch Ziele in den Vereinigten Staaten angeboten.

Airbus A330-200: 10 (Bj. 1999 - 2016)

Boeing 737-700: 8 (Bj. 2006 - 2009)

Boeing 737-800: 31 (Bj. 2001 - 2017)

Boeing 737-Max 8: 5 (Bj. 2017 - 2018)

Embraer 190: 26 (Bj. 2009 - 2016)

Aerologic

IATA-Code: 3S, ICAO-Code: BOX, Rufzeichen: GERMAN CARGO
Sitz: Leipzig/Deutschland, Basis: Leipzig-Halle (LEJ)
Flotte (Frühjahr 2021): 17

Aerologic ist eine deutsche Frachtgesellschaft, die 2007 von Lufthansa Cargo und DHL gegründet wurde und seit 2009 erfolgreich im Einsatz ist. Sie betreibt eine der größten Flotten von Boeing 777-Frachtern. Erst 2020 kamen drei weitere hinzu. Die Airline fliegt von Leipzig und Köln aus. Die Bemalung der Flugzeuge ist so schlicht, dass man von einer solchen eigentlich gar nicht sprechen kann. Hauptauftragnehmer ist DHL.

Boeing 777F: 17 (Bj. 2009 - 2020)

Aeromexico

IATA-Code: AM, ICAO-Code: AMX, Rufzeichen: AEROMEXICO
Sitz: Mexico City, Basis: Mexico City Licenciado Benito Juárez (MEX)
Flotte (Frühjahr 2021): ca. 60, zuzüglich 47 Aeromexico Connect
Allianz: SkyTeam

Aeromexico ist die internationale Airline Mexikos und ist eines der vier Gründungsmitglieder der großen SkyTeam-Allianz. Aeromexico wurde bereits 1934 gegründet und betreibt eine recht junge Flotte mit einem Durchschnittsalter von gut acht Jahren, alle Maschinen wurden nach 2002 gebaut. Das Streckennetz von Aeromexico erstreckt sich über den Inlandsverkehr hinaus insbesondere auch in die USA. Langstreckenverbindungen bestehen mit Ostasien und Europa, wo Madrid und Paris angeflogen werden. Ein großer Anteilseigner ist Delta Air Lines aus den USA. Das aktuelle Corporate Design von Aeromexico mit dem stilisierten traditionellen, im Lauf der Unternehmensgeschichte bereits mehrmals aktualisierten Aztekenkrieger im Leitwerk wurde bereits 2007 eingeführt, aber selbst 13 (!) Jahre später fliegen noch einige wenige Maschinen im alten Design mit metallisch glänzendem Rumpf. Die bereits seit einigen Jahren defizitäre Airline musste sich schon kurz nach Beginn der Coronakrise in den USA unter Gläubigerschutz stellen um zu überleben, und Anfang 2021 wurde eine 787 zurückgegeben. Zu Aeromexico gehört auch die im gleichen Design fliegende, recht große Regionalgesellschaft Aeromexico Connect, die Embraer-Jets einsetzt. Im letzten Jahrzehnt gab es zwei größere Unglücke zu beklagen, bei denen eine Boeing 767 und eine Embraer 190 zerstört wurden, glücklicherweise aber keine Menschen ihr Leben lassen mußten. Mit der Wiedererteilung der Flugerlaubnis für die Boeing 737-MAX 8 zum Ende des Jahres 2020 kann die Flotte jetzt weiter verjüngt werden, soweit es die prekäre gegenwärtige Situation zulässt.

Boeing 737-700: 5 (Bj. 2003 - 2006)

Boeing 737-800: 31 (Bj. 2005 - 2017)

Boeing 737-MAX 8: 6 (Bj. 2018 - 2019)

Boeing 787-8: 8 (Bj. 2013 - 2015)

Boeing 787-9: 10 (Bj. 2016 - 2019)

Embraer 190: 47 (Bj. 2005 - 2014)

Air Algerie

IATA-Code: AH, ICAO-Code: DAH, Rufzeichen: AIR ALGERIE
Sitz: Algier/Algerien, Basis: Algier Houari Boumediene (ALG)
Flotte (Frühjahr 2021): ca. 55

Der Flagcarrier Algeriens wurde 1947 gegründet. Haupteinsatzgebiete von Air Algerie sind Nordafrika und Europa, es werden aber auch Langstreckenziele in Amerika und Asien angeflogen. Gegenwärtig forciert die neue algerische Regierung Pläne, eine zweite staatliche Airline zu gründen und Billigfliegern den Start zu ermöglichen, um durch Konkurrenz das Geschäft zu beleben. Zwischenzeitlich durch die Coronakrise schwer getroffen, sind inzwischen allerdings die meisten Flugzeuge von Air Algerie wieder in den aktiven Dienst zurückgekehrt. Die Corporate Identity und somit auch die Flugzeugbemalung mit doppelten Titeln in lateinischer und stark stilisierter arabischer Schrift ist in den Grundzügen schon recht alt, wurde im Lauf der Zeit aber mehrmals subtil aufgefrischt bzw. vereinfacht. Rückgrat der Flotte ist Boeings langjähriger Bestseller 737-800. Eine Maschine dieses Typs wurde mittlerweile zum Frachter umgebaut. Eine ausgesprochene fliegende Rarität sind die beiden kürzeren 737-700C, Passagiermaschinen mit Frachttür am Hinterrumpf, die recht schnell für den Frachttransport umgerüstet werden können. Das Flottendurchschnittsalter von Air Algerie ist mit knapp 13 Jahren im mittleren Bereich angesiedelt, die Airline setzt bis auf die als unökonomisch geltenden, selten gewordenen 737-600 ausschließlich moderne, effiziente Typen ein. Allerneueste Modelle fehlen zwar, aber die Airline ist gegenwärtig auch noch nicht unter Zugzwang. Die Sicherheitsbilanz ist ebenfalls nicht schlecht, der letzte schwere Unfall einer eigenen Passagiermaschine ist 17 Jahre her.

Airbus A330-200: 8 (Bj. 2005 - 2015)

ATR 72: 15 (Bj. 2000 - 2015)

Boeing 737-600: 5 (Bj. 2002)

Boeing 737-700C: 2 (Bj. 2016)

Boeing 737-800: 24 (Bj. 2000 - 2016)

Boeing 737-800 (F): 1 (Bj. 2000)

Air Arabia

IATA-Code: G9, ICAO-Code: ABY, Rufzeichen: ARABIA
Sitz: Sharjah/Vereinigte Arabische Emirate, Basis: Sharjah Intl. (SHJ)
Flotte (Frühjahr 2021): ca. 40 + 15 (Tochtergesellschaften)

Air Arabia ist eine 2003 gegründete Billigfluggesellschaft aus dem Emirat Sharjah, die mit kleineren Tochtergesellschaften - Air Arabia Abu Dhabi, Air Arabia Egypt und Air Arabia Maroc - von den Ländern aus deren Namen sie tragen im internationalen Regionalverkehr fliegt, d.h. Naher und Mittlerer Osten sowie Nordafrika, mittlerweile auch Europa inkl. Deutschland. Die homogene Flotte ist noch relativ jung, soll aber schon in den nächsten Jahren durch neo-Versionen der A320-Familie ergänzt bzw. ersetzt werden. 2019 wurden sage und schreibe 120 Maschinen geordert. Eine große Expansion ist also in Planung, inklusive Langstrecken, für die A321XLR bestellt sind. Aktuell steht aber die halbe Flotte in Folge der Coronapandemie am Boden. Das nicht allzu bemerkenswerte Firmendesign der bislang unfallfreien Airline ist praktisch ganz neu und stammt aus dem Jahr 2018.

Airbus A320-200: 52 (Bj. 2007 - 2018)

Airbus A321neo: 5 (Bj. 2019 - 2020)

Air Baltic

IATA-Code: BT, ICAO-Code: BTI, Rufzeichen: AIRBALTIC
Sitz: Riga/Lettland, Basis: Riga Airport (RIX)
Flotte (Frühjahr 2021): ca. 35

Air Baltic ist der Flagcarrier Lettlands, 1995 gegründet. Lange bestand die Flotte aus in den späteren 1990er-Jahren hergestellten Boeing 737-300 und -500, vor wenigen Jahren jedoch begann ein radikaler Umbruch. Mittlerweile besteht die Flotte zum überwiegenden Teil aus hochmodernen Airbus A220 (bzw. Bombardier C-Series, wie einige dieses Typs bei ihrer Auslieferung noch hießen). Die letzten Boeing 737-300 wurden Ende des Jahres 2020 ausgemustert. Für den Regionalverkehr stehen Dash-8-400 bereit, Anfang 2021 allerdings tatenlos, denn aufgrund der Coronakrise kann die Airbusflotte den gesamten anfallenden Flugbetrieb aufnehmen. Aufgrund der nagelneuen Airbus A220 ist das Flottendurchschnittsalter auch sehr niedrig, gerade mal fünf Jahre waren es Ende 2020. Die schlichte, bei den letzten A220 leicht modifizierte Bemalung ist einzig durch die ungewöhnliche Farbe - ein helles Giftgrün - auffällig. Drei A220 sind in Sonderbemalungen unterwegs, die jeweils eines der drei baltischen Länder Litauen, Lettland und Estland repräsentieren.

Airbus A220-300: 25 (Bj. 2016 - 2020)

Bombardier DHC-8-400: 12 (Bj. 2010 - 2013)

Air Astana

IATA-Code: KC, ICAO-Code: KZR, Rufzeichen: ASTANALINE
Sitz: Alma Ata/Kasachstan, Basis: N. Nazarbayev Intl. Airport (NQZ)
Flotte (Frühjahr 2021): ca. 25

Air Astana ist der Flagcarrier Kasachstans und wurde 2001 als Nachfolger der bankrotten Air Kazakhstan gegründet. Interessant an den Besitzverhältnissen ist der Fakt, dass fast die Hälfte des Unternehmens einem ausländischen Rüstungskonzern gehört, der britischen BAE Systems. Air Astana fliegt international viele asiatische Ziele an, darüber hinaus auch einige wenige in Europa, darunter Frankfurt am Main. In den letzten Jahren wurde die Flotte stark verjüngt, das Durchschnittsalter der Flugzeuge liegt mit nur fünfeinhalb Jahren klar unter dem weltweit Üblichen. Das liegt insbesondere an der Umstellung auf die neo-Serien der A320-Familie, wobei Air Astana Erstkunde der A321LR ist, der ersten Langstreckenversion innerhalb der A320-Familie. Die sehr kleine Mittel- und Langstreckenflotte hingegen besteht noch aus den ältesten Typen, die dafür weltweit im Einsatz sind, Boeing 757 und 767. Die drei 767-300ER selbst kann man aber noch nicht als alt bezeichnen, denn darunter befindet sich auch die allerletzte je gebaute Maschine dieses Typs. Als Ersatz sind allerdings schon länger drei 787 in der Kurzversion -8 bestellt, ein Liefertermin steht aber noch nicht fest. Die Bemalung der Flugzeuge ist absolut unauffällig ohne irgendwelche Besonderheiten. Seit 2019 gibt es auch eine Billigtochter von Air Astana, Fly Arystan, für die viele Boeing 737-MAX8 bestellt, aber wegen des erst Ende 2020 aufgehobenen Flugverbots für diesen Typ noch keine produziert worden ist. Die Expansion dieser noch kleinen Gesellschaft wird auch in Anbetracht der Coronakrise sicher auf sich warten lassen.

Airbus A320-200: 1 (Bj. 2007)

Airbus A320neo: 6 (Bj. 2016 - 2020)

Airbus A321-200: 2 (Bj. 2012)

Airbus A321neo: 8 (Bj. 2017 - 2020)

Boeing 757-200: 2 (Bj. 1998)

Boeing 767-300ER: 3 (Bj. 2013 - 2014)

Embraer 190/190E-2: 5 (Bj. 2018 - 2019)

Air Atlanta Icelandic

IATA-Code: CC, ICAO-Code: ABD, Rufzeichen: ATLANTA
Sitz: Kópavogur/Island, Basis: Keflavik International Airport (KEF)
Flotte (Frühjahr 2021): 11

Die isländische Chartergesellschaft wurde 1986 gegründet und betreibt seit den 1990er-Jahren ausschliesslich Großraumflugzeuge, sowohl Passagiermaschinen wie auch Frachter. Es mag erstaunen, aber die eigentlich kleine Airline hat in ihrer Geschichte so viele Boeing 747 eingesetzt wie kaum eine andere - mittlerweile sind es über 90! Grund: immer handelte es sich um ältere Maschinen, die schon bei der Einflottung oftmals über 20 Jahre auf dem Buckel hatten und daher die allerletzten Jahre ihres Einsatzes bei Air Atlanta verbrachten, bzw. verbringen. Kaum eine Maschine übersteht eine längere Zeit in der Flotte als bis zum nächsten D-Check. Man plant, die Passagier-Jumbos durch Boeing 777-300ER zu ersetzen, durch die Coronaepedemie musste dieser Transitionsprozess allerdings verschoben werden. Eines der Standbeine der Airline war lange das Hadj-Geschäft, das ist mittlerweile aber nicht mehr so. Größter Kunde ist trotzdem seit langem die saudische Staatsairline Saudia, für die seit den frühen 90er-Jahren eine wechselnde Zahl von Jumbo-Jets eingesetzt werden. Einige Frachter fliegen aktuell für Magma Aviation. In 2020 schrumpfte die Flotte beträchtlich, die Passagiermaschinen sind am Boden. Obwohl Air Atlanta eine eigene, aus 2006 stammende Livery hat und auch immer mal wieder einzelne Maschinen in den hauseigenen Farben Blau und Gold flogen, ist das gegenwärtig nicht der Fall. So stellte sich die Flotte optisch immer schon als eine Art Gemischtwarenladen dar, die meisten Maschinen in der Unternehmensgeschichte flogen immer schon in den Bemalungen der Vertragspartner oder in unterschiedlich aufwendigen Hybridbemalungen.

Boeing 747-400: 4 (Bj. 2002 - 2004)

Boeing 747-400BCF/BDSF: 6 (Bj. 1990 - 1998)

Boeing 747-400F: 3 (Bj. 1997 - 1999)

volle Airline-Bemalung (zuletzt 2018 benutzt)

Air Belgium

IATA-Code: KF, ICAO-Code: ABB, Rufzeichen: AIR BELGIUM
Sitz: Mont-Saint-Guibert/Belgien, Basis: Bruxelles-Charleroi (CRN)
Flotte (Frühjahr 2021): 7

Die Neugründung Air Belgium bietet seit 2018 Langstreckenflüge von Charleroi nahe Brüssel aus an. Sie hatte einen recht holprigen Start, nachdem der hauptsächlich auf Ziele in China ausgerichtete ursprüngliche Flugplan aufgrund politischer Ränkespiele ad acta gelegt werden musste. Ein Großteil des Flugbetriebs wurde lange durch Charter an andere Airlines wie Air France oder British Airways aufrechterhalten. So sind nicht immer alle Maschinen aktiv, eine Tendenz, die die Coronakrise natürlich zeitweise noch verstärkt hat. Die ursprünglich vier Airbus A340-300 der Flotte gehören zu den allerletzten Auslieferungen dieses letztlich doch recht erfolgreichen Typs und flogen ursprünglich für Finnair. Sie waren zum Jahresanfang 2021 im Schnitt nur 13 Jahre alt. Zur Zeit der Drucklegung dieses Buches nimmt Air Belgium vier A330-200F in Betrieb, im Auftrag der französischen Großreederei CMA CGM. Das Außendesign der Flugzeuge von Air Belgium nutzt die Landesfarben Belgiens und stammt vom Autor dieses Buches, genauso wie das betont schlichte Äußere der Frachter. Insofern wird hier ausnahmsweise auf eine wie auch immer geartete Kritik verzichtet.

Airbus A330-200F: 4 (Bj. 2015 - 2016)

Airbus A340-300: 3 (Bj. 2007 - 2008)

Air Busan

IATA-Code: BX, ICAO-Code: ABL, Rufzeichen: AIR BUSAN
Sitz: Busan/Südkorea, Basis: Busan Gimhae International (PUS)
Flotte (Frühjahr 2021): 25

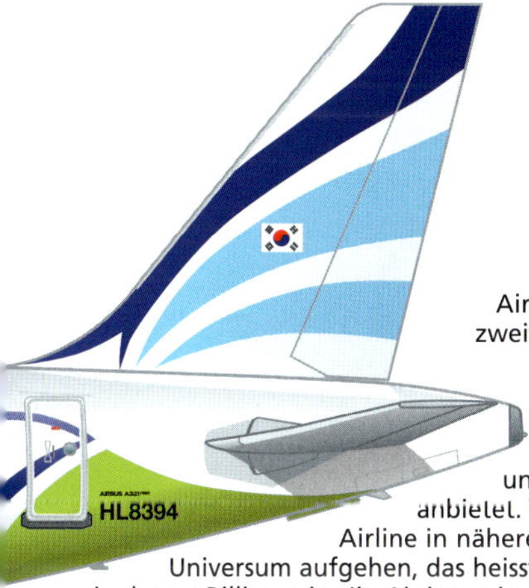

Air Busan, benannt nach der zweitgrößten Stadt Südkoreas, ist eine 2007 gegründete Billigflugesellschaft, die zum Linienflieger Asiana gehört und Flüge im ost- und südostasiatischen Raum anbietet. Wie Asiana selbst wird die Airline in näherer Zukunft im Korean Air-Universum aufgehen, das heisst Air Busan wird eventuell in dessen Billigcarrier Jin Air integriert. Mit einem Alter von gut 12 Jahren erreicht die Flotte im internationalen Vergleich einen gut durchschnittlichen Wert. Unfälle hat die Airline bislang nicht zu beklagen. Die Bemalung mit dem sehr eigenwilligen Leitwerksdesign und ebensolcher Farbzusammenstellung hat sich seit der Gründung nicht wesentlich geändert, mit Einführung der A321neo wurde lediglich die vorher silbrige Grundfarbe des Rumpfes durch „Allerwelts"weiss ersetzt.

Airbus A320-200: 8 (Bj. 2005 - 2012)

Airbus A321-200: 15 (Bj. 2002 - 2017)

Airbus A321neo: 2 (Bj. 2020)

AirBridgeCargo

IATA-Code: RU, ICAO-Code: ABW, Rufzeichen: AIRBRIDGECARGO
Sitz: Moskau/Russland, Basis: Moskau-Scheremetjevo (SVO)
Flotte (Frühjahr 2021): 18

Die mit Abstand größte und bedeutendste russische Frachtairline wurde 2004 als Tochtergesellschaft der im Privatbesitz befindlichen Volga-Dnepr Group gegründet (Volga-Dnepr ist bekannt für ihre Flotte von riesigen Antonow An-124). In der Anfangszeit flog AirBridgeCargo mit älteren Boeing 747-200- und -300-Frachtern aus zweiter Hand, später wurden 747-400F ab Werk erworben, von 2012 an erfolgte die weitere Expansion mit einer der größten Flotten von neuen Boeing 747-8F. Es bestand die Absicht, diese nochmals deutlich zu vergrößern, von den weiteren ursprünglich 20 Bestellabsichten, die sukzessive in Festbestellungen umgewandelt hätten werden sollen wurden dann aufgrund finanzieller Querelen nur wenige weitere gebaut. Kurz vor Boeings Ankündigung im Frühsommer 2020, zwei Jahre später, also 2022 die Produktion der legendären 747 nach insgesamt 53 Produktionsjahren auslaufen zu lassen, kam es nochmal zu Irritationen, als die Airline zwei zuvor stornierte Bestellungen doch noch realisieren wollte - ohne Erfolg. Die erste von drei bestellten brandneuen, geleasten Boeing 777F wurde im Sommer 2020 zwar ausgeliefert, aber aus unbekannten Gründen erst Ende des Jahres in Betrieb genommen. Das markante Firmendesign von AirBridgeCargo wird seit Gründung des Unternehmens verwendet, es ähnelt demjenigen von Volga-Dnepr Airlines, wirkt aber etwas moderner. Seit 2019 wurden auf den Maschinen zusätzliche „XL oversize"-Logos aufgebracht. Das Routennetz umfasst Ziele in Asien, den USA und Europa, in Deutschland werden Frankfurt am Main, Hahn und Leipzig planmässig angeflogen.

Boeing 747-400F: 4 (Bj. 2007 - 2008)

Boeing 747-8F: 13 (Bj. 2012 - 2019)

Boeing 777F: 1 (Bj. 2020)

CargoLogicAir

IATA-Code: P3, ICAO-Code: CLU, Rufzeichen: FIREBIRD
Sitz und Basis: London-Stansted (STN)
Flotte (Frühjahr 2021): 2

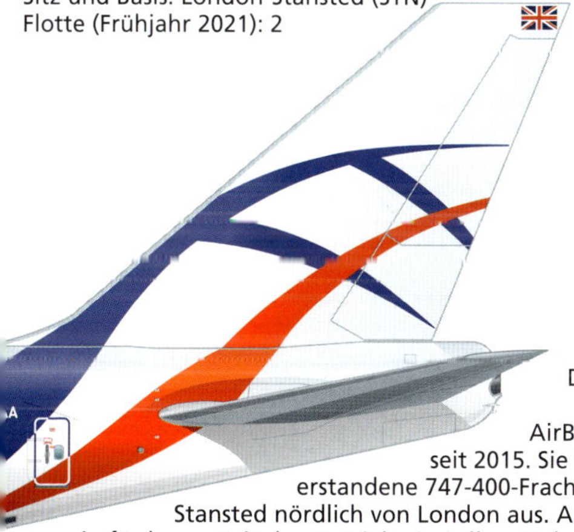

Die kleine britische Tochterfirma von AirBridgeCargo gibt es seit 2015. Sie betreibt gebraucht erstandene 747-400-Frachter vom Flughafen Stansted nördlich von London aus. Anfang 2020 musste sie für kurze Zeit den Betrieb einstellen. Dabei wurde die Flotte von vier auf zwei Jumbojets reduziert.

Boeing 747-400F: 2 (Bj. 2004)

Air Canada

IATA-Code: AC, ICAO-Code: ACA, Rufzeichen: AIR CANADA
Sitz: Montreal/Kanada, Basis: Montreal-Trudeau Airport (YUL)
Flotte (Frühjahr 2021): ca. 140
Allianz: Star Alliance

Nach dem Merger mit Canadian Airlines im Jahr 1999 ist die 1937 unter dem Namen Trans Canada Airlines gegründete, seit 1964 Air Canada genannte Airline die einzige internationale Linienfluggesellschaft Kanadas. Sie war 1997 eines der Star Alliance-Gründungsmitglieder. Der aktuelle, recht hochwertige aber nicht besonders innovative Look mit dem in der Luftfahrt selten genutzten schwarzen Lack und dem Nationalsymbol Ahornblatt stammt von Anfang 2017. Er löste die wesentlich eigenständigere, aber auch kontroversere eisblaue Livery ab, die ab 2004 verwendet wurde. Die Flotte wurde ungewöhnlich zügig umlackiert, der Unterschied im Design war den Markenwächtern wohl einfach zu extrem. Air Canada bedient Ziele auf allen Kontinenten und ist natürlich besonders im Verkehr in die USA sehr stark. Die Airline wurde vom Boeing 737 MAX-Skandal besonders getroffen, hatte man sich doch diesen Typ als Rückgrat für den Inlandverkehr auserkoren um die alte A320-Flotte zu ersetzen. Seit Anfang 2019 waren die immerhin schon 24 Maschinen am Boden, erst seit Ende 2020 gehen sie sukzessive wieder in Dienst. Die Hälfte der Gesamtflotte ist inaktiv - unklar wieviele Maschinen sie wirklich umfasst - insbesondere was A320 und 777 angeht von denen sich etliche im Langgzeitschlaf mit unklaren Rückkehrchancen befinden. 767 und A319 sind Geschichte. Zu Air Canada gehört die besonders stark geschrumpfte Billigtochter Rouge. Eine Sonderstellung hat die Businessfiliale Air Canada Jetz, die vor allem für Sportteams fliegt. Zubringerdienste leistet die unabhängige, aber in Air Canada-Farben operierende Jazz Air.

Airbus A220-300: 17 (Bj. 2019 - 2021)

Airbus A320-200: 14 (Bj. 1991 - 2003)

Airbus A321-200: 15 (Bj. 2000 - 2009)

Airbus A330-300: 16 (Bj. 1999 - 2014)

Boeing 737-MAX 8: 24 (Bj. 2017 - 2019)

Boeing 787-8: 8 (Bj. 2014 - 2015)

Boeing 787-9: 29 (Bj. 2015 - 2019)

Boeing 777-200LR: 6 (Bj. 2007 - 2008)

Boeing 777-300ER: 19 (Bj. 2008 - 2016)

Air Canada Rouge

IATA-Code: RV, ICAO-Code: ROU, Rufzeichen: ROUGE
Sitz: Montreal/Kanada, Basis: Montreal-Trudeau Airport (YUL)
Flotte (Frühjahr 2021): ca. 25
Allianz: Star Alliance

Air Canada Rouge ist Air Canadas 2013 gegründete Urlauberfluggesellschaft, aber nicht deren erste Billigtochter. Rouge übernahm die alternde Boeing 767-Flotte der Muttergesellschaft, um günstige Langstreckenflüge unter anderem auch nach Europa anbieten zu können. Die Coronakrise hat dieses Geschäftsmodell zunichte gemacht, die immerhin 25 Maschinen umfassende Boeing 767-Flotte fiel als erste Teilflotte des Air Canada-Verbunds dem erzwungenen Sparkurs zum Opfer, auch die A319 wurden zum Großteil ausgeflottet und die Rouge-Flotte damit um zwei Drittel verkleinert. Der verbleibende Rest ist zum Ende des Winters 2021 allerdings auch wieder inaktiv, nachdem zwischenzeitlich einige Urlauberrouten insbesondere nach Cancun in Mexico wieder aufgenommen worden waren. Die untenstehende Flottenaufstellung kann daher nur eine grobe Übersicht bieten.

Airbus A319: 8 (Bj. 1997 - 2002)

Airbus A320-200: 3 (Bj. 2007)

Airbus A321-200: 9 (Bj. 2015 - 2018)

Air Caraibes

IATA-Code: TX, ICAO-Code: FWI, Rufzeichen: FRENCH WEST
Sitz: Les Abymes/Guadeloupe, Basis: Pointe-à-Pitre (PTP)
Flotte (Frühjahr 2021): 15

Air Caraibes wurde im Jahr 2000 gegründet. Die französische Airline, die von den Karibikbesitzungen, u.a.Guadeloupe und Martinique, vor allem das Mutterland anfliegt, ist eine der ersten Airlines, die die superlange A350-1000 einsetzt. Ein paar A330, die ohnehin bald a. D. gestellt werden sollten wurden in Folge der Coronakrise vorzeitig eingemottet. Der attraktive Look der unfallfreien Airline stammt aus dem Jahr 2015.

Airbus 330-200: 3 (Bj. 1999 - 2002)

Airbus A330-300: 3 (Bj. 2006 - 2016)

Airbus A350-900: 3 (Bj. 2017 - 2019)

Airbus A350-1000: 1 (Bj. 2019)

ATR 72: 5 (Bj. 2006 - 2019)

Air China

IATA-Code: CA, ICAO-Code: CCA, Rufzeichen: AIR CHINA
Sitz: Peking/VR China, Basis: Peking Capital Intl. Airport (PEK)
Flotte (Frühjahr 2021): ca. 445
Allianz: Star Alliance

Die internationale Staatsairline der Volksrepublik China entstand 1988 aus der Deregulation der ehemaligen CAAC, die bis dato für den gesamten zivilen Luftverkehr des kommunistischen Riesenreiches zuständig gewesen war. Die gegenwärtige Flotte ist ein Mix aus praktisch allem, was es auf dem Markt gibt, kaum eine andere Airline betreibt derartig viele verschiedene Typen. Nicht zuletzt deshalb, weil man sich sowohl die EU wie auch die Vereinigten Staaten als Handelspartner gleich gewogen halten will. Selbst eine Frachtsparte mit drei verschiedenen Typen wird betrieben. In den letzten Jahren wurde die Boeing 777-200-Teilflotte komplett verschrottet, ein Schicksal, das auch den letzten 747-400 droht. Das Flottenflaggschiff ist zwar die Boeing 747-8, von der eine sogar als Präsidentenmaschine umgerüstet ist, Hauptstandbeine auf der Langstrecke sind jedoch der Airbus A330 und die Boeing 777-300ER. Die fernere Zukunft gehört aber wohl vor allem Boeing 787 und Airbus A350, den Neo-Versionen der A320-Familie, sowie der unter Flugverbot stehenden Boeing 737-MAX, von denen etliche brandneue noch auf die Auslieferung nach China warten. Die Bemalung von Air China ist eine der ältesten der Welt und atmet doch noch etwas den Muff des Kommunismus - auf einer Boeing 787 oder einem Airbus A350 wirkt sie längst wie ein Anachronismus. Etliche Maschinen tragen allerdings diverse Sonderlackierungen. 2019 verlor Air China zwar einen Airbus A330-300 durch einen Brand am Boden, insgesamt ist die Sicherheitsbilanz dieser sehr großen Airline aber gut. Auch die Coronapandemie hat Air China nicht übermäßig getroffen.

Airbus A319: 33 (Bj. 2003 - 2015)

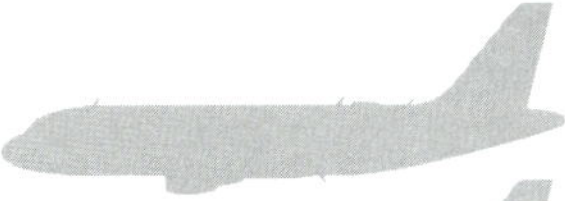

Airbus A320-200: 43 (Bj. 2006 - 2018)

Airbus A320neo: 28 (Bj. 2018 - 2020)

Airbus A321-200: 61 (Bj. 2007 - 2017)

Airbus A321neo: 10 (Bj. 2018 - 2020)

Airbus A330-200: 30 (Bj. 2006 - 2013)

Airbus A330-300: 28 (Bj. 2010 - 2017)

Airbus A350-900: 12 (Bj. 2018 - 2020)

Boeing 737-700: 17 (Bj. 2003 - 2013)

Boeing 737-800: 100 (Bj. 1999 - 2018)

Boeing 737-MAX 8: 16 (Bj. 2017 - 2019)

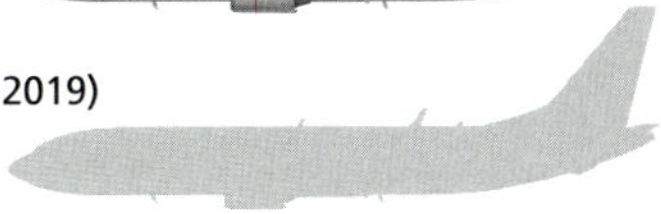

Boeing 757-200 Frachter: 4 (Bj. 1994 - 1998)

Boeing 787-9: 14 (Bj. 2016 - 2018)

Boeing 777F: 8 (Bj. 2014 - 2015)

Boeing 777-300ER: 28 (Bj. 2011 - 2018)

Boeing 747-400: 3 (Bj. 1994 - 2000)

Boeing 747-400F: 3 (Bj. 1995 - 2006)

Boeing 747-8: 6 (Bj. 2014 - 2015)

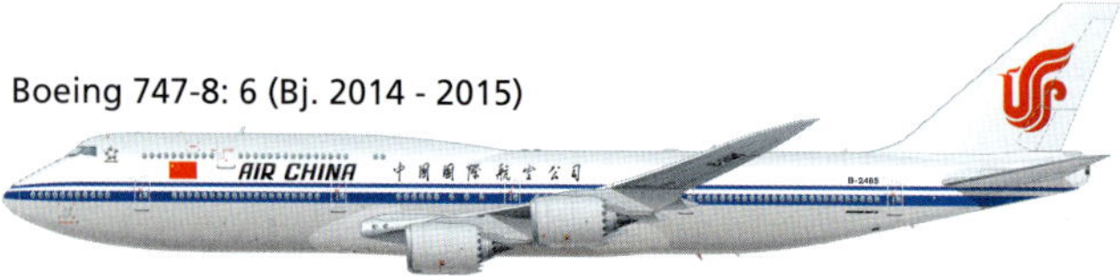

Comac ARJ21: 3 (Bj. 2020)

Air Dolomiti

IATA-Code: EN, ICAO-Code: DLA, Rufzeichen: DOLOMITI
Sitz: Verona/Italien, Basis: Verona Valerio Catullo Villafranca (VRN)
Flotte (Frühjahr 2021): 15
Allianz: Star Alliance

Die seit 2003 zur Gänze zur Lufthansa Group gehörende italienische Regionalfluggesellschaft bietet seit 1991 Flüge im Wesentlichen rund um den Alpenraum an. Ein Großteil entfällt auf Geschäftsreisen. Zwar ist Verona nach wie vor Heimatflughafen, Drehscheibe ist seit langem aber München. Ab 2009 wurde die lange vor allem aus Turboprops bestehende Flotte sukzessive auf teilweise neue, teilweise von der Lufthansa CityLine stammende Embraer Jets in der längsten Variante 195 standardisiert. Ebenfalls standardisiert und vereinfacht wurde ab 2018 die Flugzeugbemalung, die unter Beibehaltung der Unternehmensfarbe Türkis und des Logos im Wesentlichen dem neuen Lufthansa-Auftritt angepasst wurde. Ein guter Teil der Flotte ist aber noch im alten, aufwendigeren Look unterwegs. Das Durchschnittsalter der Flotte liegt bei gut 10 Jahren. Ernsthafte sicherheitsrelevante Ereignisse hat die Airline nicht zu verzeichnen. Einige Flugzeuge tragen übrigens die schönen (und langen) Namen berühmter italienischer Opern und Komponisten wie "Aida", „Rigoletto di Giuseppe Verdi" und „Madame Butterfly di Giacomo Puccini".

Embraer 195: 15 (Bj. 2009 - 2013)

Air Europa

IATA-Code: UX, ICAO-Code: AEA, Rufzeichen: EUROPA
Sitz: Llucmajor, Mallorca/Spanien, Basis: Madrid-Barajas (MAD)
Flotte (Frühjahr 2021): ca. 45 (inklusive Air Europa Express)
Allianz: SkyTeam

Air Europa ist eine spanische Airline, die im Jahre 1984 gegründet wurde und seit 1986 ihren jetzigen Namen trägt. Die minimalistische, betont unauffällige, unterkühlte Bemalung der Flugzeuge stammt aus dem Jahr 2015, ist also noch recht frisch, und wurde im Hinblick auf die kurz danach erfolgte Auslieferung der ersten Boeing 787 konzipiert. Das Alter der Flotte von im Durchschnitt neun Jahren kann man noch als ziemlich jung bezeichnen. Zur Gesellschaft gehört die in der gleichen Bemalung fliegende, 2015 hinzugekaufte, 2020 um die Hälfte geschrumpfte Billigairline Air Europa Express (Aeronova), die hauptsächlich Embraer betreibt. Um den Jahreswechsel 2019/2020 kündigte IAG, die Dachgesellschaft von British Airways und Iberia, an, Air Europa übernehmen zu wollen. Die Coronakrise, die Air Europa besonders stark getroffen hat, die Ausflottung der A330 beschleunigte und sogar die Streichung von zwei 787-8 zur Folge hatte, kam aber dazwischen. Erst Mitte Dezember 2020 wurde der Kauf, der vor allem zur Ausschaltung anderer, ausländischer Interessenten getätigt wurde, nach Presseberichten schliesslich doch beschlossen. Teil des Deals soll sein, dass die Kaufsumme von 500 Mio. Euro, etwa halb so viel wie die ein Jahr zuvor kolportierte Summe, erst 2026 fällig wird, da die bisherigen Eigentümer bis dahin noch einen gleich hohen Rettungskredit zurückzuzahlen haben. Ob die 2016 getätigte Bestellung von 20 Boeing 737-MAX 8 angesichts dessen, dass weder die Iberia noch British Airways überhaupt irgendwelche Ausführungen der Boeing 737 betreiben Bestand haben wird, darf als fraglich bezeichnet werden.

Airbus A330-200: 5 (Bj. 2002 - 2008)

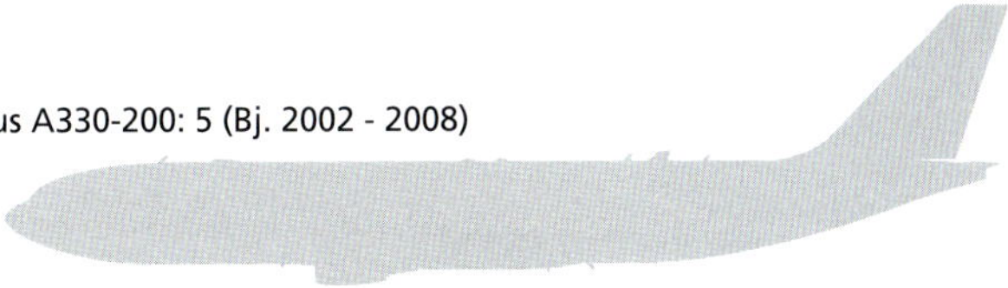

ATR 72: 4 (Bj. 1998 - 2010)

Boeing 737-800: 19 (Bj. 2002 - 2018)

Boeing 787-8: 6 (Bj. 2016 - 2017)

Boeing 787-9: 10 (Bj. 2018 - 2020)

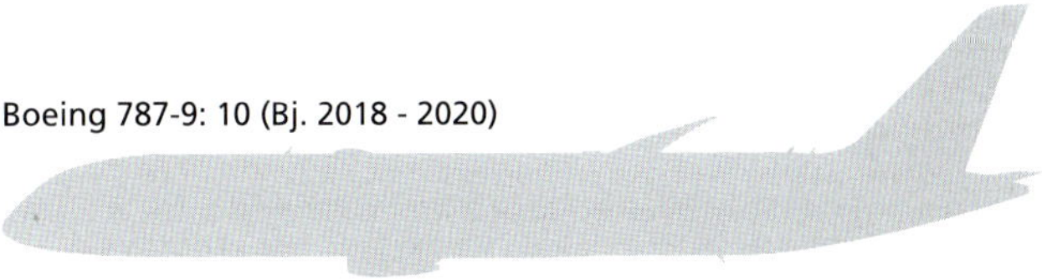

Embraer 195: 7 (Air Europa Express, Bj. 2010 - 2011)

Air France

IATA-Code: AF, ICAO-Code: AFR, Rufzeichen: AIRFRANS
Sitz: Paris/Frankreich, Basis: Paris - Charles de Gaulle (CDG)
Flotte (Frühjahr 2021): ca. 215
Allianz: SkyTeam

Der französische Flagcarrier existiert seit 1933 und fliegt praktisch in alle Welt. Zu ihr gehört seit 2004 auch die niederländische KLM, seither werden Flugzeuge gemeinsam beschafft. Einst stolzer Betreiber von Boeing 747 und A380, sah sich Air France irgendwann nicht mehr in der Lage, sie zu füllen. Die 747 ist seit 2016 Geschichte, der letzte A380-Flug fand Ende Juni 2020 statt, durch die Coronakrise nur wenig dem schon vorher gefassten Plan vorgezogen. Air France ist von der Krise zwar auch stark betroffen, hatte jedoch Anfang 2021 prozentual weniger Flugzeuge am Boden als beispielsweise der Nachbar Lufthansa. Der Großteil der Flotte ist aktiv, die Auslastung aber fraglich. Das Durchschnittsalter der Flotte beträgt etwa 15 Jahre. Eine erste Maschine aus der alternden 777-200ER-Teilflotte wurde im Februar 2021 ausser Dienst gestellt wurde, weitere sollen in 2021 folgen. Die Zukunft von Air France gehört auf der Langstrecke wohl Airbus A350 und Boeing 787. Die einst recht große Frachterflotte ist auf gerade mal zwei Maschinen geschrumpft. Die Sicherheitsbilanz wird leider durch den schweren Absturz einer A330 in 2009 getrübt, der sowohl Mängel bei den Piloten wie beim Flugzeug offenbarte, die aber als behoben gelten. Die äußerst schlichte, aber elegante Bemalung der Flotte stammt aus den 1970er-Jahren und war damals so revolutionär wie langfristig richtungsweisend. Sie wurde zuletzt Anfang der 2010er-Jahre überarbeitet und wirkt immer noch frisch, auch wenn das viele Weiss gereinigt werden will, was nicht unbedingt zu den Prioritäten der Airline gehört, wie ein populärer Witz unter Luftfahrtfans wissen will.

Airbus A318: 18 (Bj. 2003 - 2007)

Airbus A319: 32 (Bj. 1999 - 2006)

Airbus A320-200: 44 (Bj. 2001 - 2018)

Airbus A321-100/-200: 20 (Bj. 1997 - 2011)

Airbus A330-200: 15 (Bj. 2001 - 2005)

Airbus A350-900: 7 (Bj. 2019 - 2021)

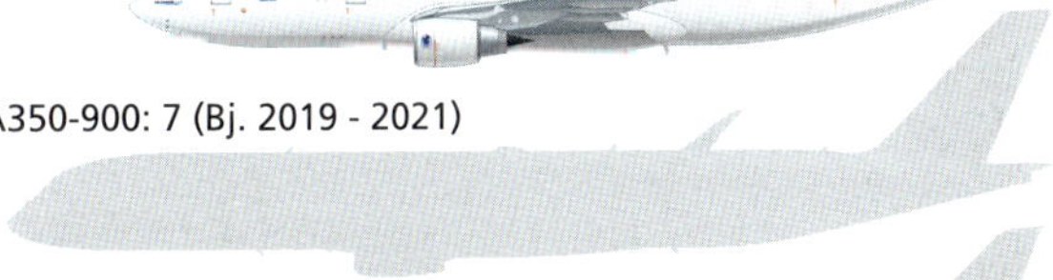

Boeing 787-9: 10 (Bj. 2016 - 2020)

Boeing 777-200ER: 24 (Bj. 1999 - 2002)

Boeing 777F: 2 (Bj. 2009)

Boeing 777-300ER: 43 (Bj. 2003 - 2016)

Air France Hop

IATA-Code: A5, ICAO-Code: HOP, Rufzeichen: AIR HOP
Sitz: Paris/Frankreich, Basis: Paris - Charles de Gaulle (CDG)
Flotte (Frühjahr 2021): ca. 55
Allianz: SkyTeam

HOP! wurde 2013 als Zusammenschluss der zu Air France gehörenden Regionalgesellschaften gegründet, und 2019 in Air France Hop umbenannt. Seither wird die Flotte in die Standardbemalung der Muttergesellschaft mit zusätzlichen HOP-Titeln umlackiert, das Gros ist aber noch mit dem großen Ausrufezeichen im Leitwerk unterwegs, das deswegen hier auch noch gezeigt wird. Ende 2020 wurde eine drastische Flottenreduzierung beschlossen, die nur die Embraer 170 und 190 übrig lassen wird. Die Embraer 145 wurde bereits kurzfristig gestrichen.

Bombardier CRJ700: 11 (Bj. 2002 - 2007)

Bombardier CRJ1000: 14 (Bj. 2010 - 2015)

Embraer 170: 15 (Bj. 2004 - 2010)

Embraer 190: 17 (Bj. 2006 - 2020)

Air Inuit

IATA-Code: 3H, ICAO-Code: AIE, Rufzeichen: AIR INUIT
Sitz: Dorval, Montréal/Kanada, Basis: Montréal-Trudeau Intl. (YUL)
Flotte (Frühjahr 2021): 18

Air Inuit ist eine kanadische Gesellschaft, die seit 1978 Flüge in den weiten und spärlich besiedelten nördlichen Territorien anbietet - im von den Inuit bewohnten Gebiet also. Nordkanada ist das letzte Refugium, in dem noch nennenswerte Zahlen der Boeing 737-200 eingesetzt werden, ein Typ, der ansonsten schon in den 1990er- und frühen 2000er-Jahren ausgemustert wurde. Überhaupt gehören die in Nordkanada operierenden Verkehrsflugzeuge zu den ältesten weltweit.

Dash-8-100: 2 (Bj. 1988 - 1989)

Dash-8-300: 11 (Bj. 1992 - 1998)

Boeing 737-200C: 4 (Bj. 1978 - 1982)

Boeing 737--300QC: 1 (Bj. 1991)

Air India

IATA-Code: AI, ICAO-Code: AIC, Rufzeichen: AIR INDIA
Sitz: Mumbai/Indien, Basis: Mumbai Ch. Shivaji Intl. Airport (BOM)
Flotte (Frühjahr 2021): ca. 165 (inkl. AI Regional und Express)
Allianz: Star Alliance

Indiens nationale Airline ist ein Fall für sich. Wäre sie nicht in Staatsbesitz, wäre die unter anderem Namen schon 1932 gegründete, ständig hoch verschuldete Gesellschaft vermutlich schon lange insolvent, so verbeamtet und bürokratisch zäh ist das Unternehmen. Entscheidungen für neue Typen brauchen manchmal ewig und stellen sich bisweilen wie zuletzt bei der Boeing 777-200LR, die bis auf drei nach kurzer Zeit abgestoßen wurden, als Flop heraus. Unter diesen Bedingungen ist es eigentlich nicht überraschend, dass sich für die lange geplante Privatisierung keine Interessenten finden lassen. Das Durchschnittsalter der Flugzeuge beträgt allerdings doch recht junge achteinhalb Jahre. Die letzten Boeing 747-400, Veteranen der Flotte und bislang auch als Regierungsflugzeug genutzt, sollen jetzt doch noch eine Weile weiterfliegen. Der eigenständige und durchaus attraktive Look der Airline stammt aus der Zeit der Fusion der bis dato nur auf die Langstrecke konzentrierten Air India mit der im regionalen Asienverkehr tätigen Indian Airlines im Jahr 2007, nachdem es lange so gut wie unmöglich schien, den vorherigen, ikonischen Stil zu modernisieren. Air India bedient Ziele in Asien, Europa und Nordamerika, vor allem dorthin wo es, wie in Großbritannien, größere indischstämmige Gemeinschaften gibt. Zu Air India gehören auch die Tochtergesellschaften Air India Regional (fliegt ATRs in vollen Air India-Farben) und Air India Express (Boeing 737-800 mit eigener Livery). Letztere hatte im vergangenen Jahrzehnt zwei schwere Unglücke zu beklagen, während die vor 1990 unfallträchtige Air India selbst seit langem unfallfrei ist.

Airbus A319: 21 (Bj. 2005 - 2010)

Airbus A320-200: 9 (Bj. 2010 - 2015)

Airbus A320neo: 26 (Bj. 2018 - 2019)

Airbus A321-200: 20 (Bj. 2017 - 2020)

Boeing 787-8: 27 (Bj. 2013 - 2017)

Boeing 777-200LR: 3 (Bj. 2009)

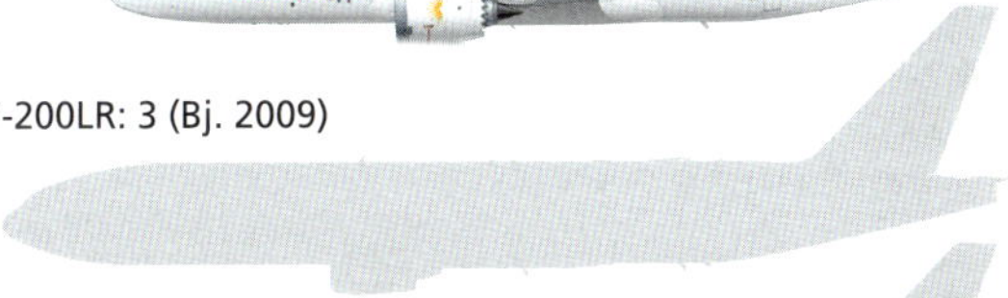

Boeing 777-300ER: 13 (Bj. 2007 - 2018)

Boeing 747-400: 4 (Bj. 1993 - 1996)

ATR 42 (AI Regional): 3 (Bj. 1993 - 1995)

ATR 72 (AI Regional): 18 (Bj. 2014 - 2019)

Boeing 737-800 (AI Express): 24 (Bj. 2006 - 2016)

Air Macau

IATA-Code: NX, ICAO-Code: AMU, Rufzeichen: AIR MACAU
Sitz: Macau/VR China, Basis: Macau Intl. Airport (MFM)
Flotte (Frühjahr 2021): 22

Air Macau, die Airline der chinesischen Wirtschaftsonderzone und ehemaligen portugiesischen Kolonie Macau, wurde 1994 gegründet. Die Airline fliegt vor allem inländische Ziele an, aber auch ins nahe südostasiatische Ausland. Der Markenauftritt von Air Macau ist zurückhaltend, die Flugzeuge sind eher langweilig und unmodern lackiert. Die Flotte ist mit unter sieben Jahren im Durchschnitt recht jung. Ältere A321 werden von A321neo ersetzt.

Airbus A320-200: 6 (Bj. 2010 - 2017)

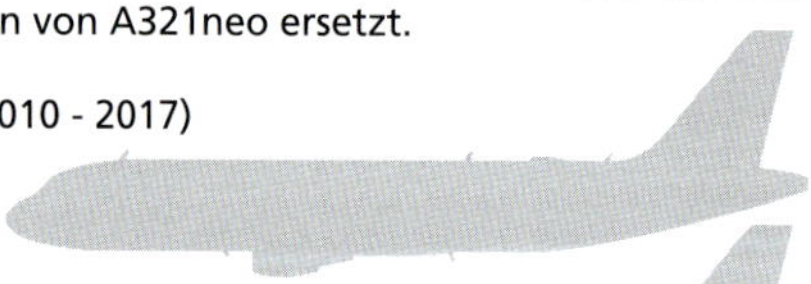

Airbus A320neo: 4 (Bj. 2019)

Airbus A321-200: 10 (Bj. 2002 - 2016)

Airbus A321neo: 2 (Bj. 2019 - 2020)

Air Malta

IATA-Code: KM, ICAO-Code: AMC, Rufzeichen: AIR MALTA
Sitz: Luqa/Malta, Basis: Malta International Airport (MLA)
Flotte (Frühjahr 2021): 8

Air Malta, gegründet 1973, fliegt seit 1974. Die staatliche Airline des kleinen Inselstaates im Mittelmeer unterhält ein Routennetz, das Ziele in Europa, unter anderem mehrere in Deutschland, Österreich und der Schweiz, sowie dem Nahen Osten umfasst. Langstreckenflugzeuge, die es früher in der Flotte gab, hat die Airline nicht mehr. Seit längerem schon hat Air Malta nur noch Airbus A320 in ihren Diensten. Durch neu hinzugekommene A320neo beträgt das Alter der kleinen Flotte mittlerweile durchschnittlich nur jugendliche sieben Jahre. Die Flugzeugbemalung mit dem spektakulär gestalteten Leitwerk ist auch noch nicht alt und wurde 2012 eingeführt. Ein Airbus A320 fliegt in einer Sonderbemalung. Die Sicherheitsbilanz von Air Malta ist gut, in der bald 50jährigen Unternehmensgeschichte hat es keinerlei erwähnenswerte Unfälle gegeben.

Airbus A320-200: 4 (Bj. 2006 - 2012)

Airbus A320neo: 4 (Bj. 2018 - 2019)

Air Mauritius

IATA-Code: MK, ICAO-Code: MAU, Rufzeichen: AIRMAURITIUS
Sitz: Port Louis/Mauritius, Basis: Mauritius International Airport (MRU)
Flotte (Frühjahr 2021): 15
Allianz: Alliance Vanille

Die Airline des im Indischen Ozean gelegenen Inselparadieses Mauritius wurde 1967 gegründet. Logischerweise besteht die Flotte überwiegend aus Langstreckenmaschinen, Nahziele gibt es ja kaum. Die entferntesten Ziele sind London, Paris und Amsterdam. Das Durchschnittsalter der Flotte liegt gegenwärtig bei international durchschnittlichen 12 Jahren. Die meisten Maschinen sind aber sehr jung, die beiden Airbus A319 sowie die letzten beiden älteren A340 wurden Ende 2020 abgestellt, nachdem im Herbst zwei weitere A350 zur Flotte stießen. Im April 2020 stellte sich die schon vorher kriselnde Airline unter Insolvenzverwaltung nachdem das fast zur Gänze aus Urlaubsreiseverkehr bestehende Geschäft in Folge der Coronakrise zusammengebrochen war. Das Gros der Flotte ist inzwischen aber wieder aktiv.

Airbus A319: 2 (Bj. 2001 - 2003)

Airbus A330-200: 2 (Bj. 2007 - 2009)

Airbus A330-900neo: 2 (Bj. 2019)

Airbus A340-300: 2 (Bj. 1997 - 1999)

Airbus A350-900: 4 (Bj. 2017 - 2019)

ATR 72: 3 (Bj. 2002 - 2010)

Air Niugini

IATA-Code: PX, ICAO-Code: ANG, Rufzeichen: NIUGINI
Sitz: Port Moresby/Papua-Neuguinea, Basis: Port Moresby (POM)
Flotte (Frühjahr 2021): 24

Die Airline Papua-Neuguineas wurde 1973 gegründet. Die aktuelle Flotte ist mit einem Durchschnittsalter von 25 Jahren mittlerweile extrem alt für eine Passageairline. Bis auf eine einzige Maschine sind alle Flugzeuge bereits in einem Alter in dem anderenorts viele Flugzeuge längst beim Abwracker stehen. Allerdings wurde mittlerweile vier Boeing 737-MAX 8 und eine 787-8 zur Verjüngung bestellt. Das eine so kleine Flotte aus acht verschiedenen Typen besteht, ist auch aussergewöhnlich. Anfang 2021 waren viele Maschinen aber aufgrund der Erschütterungen durch die Corona-Pandemie abgestellt. Air Niugini bietet in- und ausländische Ziele an, wobei die entferntesten Destinationen Sydney, Singapur und Honkong heißen. Die Sicherheitsbilanz der Airline ist schlecht, im letzten Jahrzehnt gingen drei Flugzeuge verloren, meist aber ohne dass dabei Menschen ernsthaft zu Schaden gekommen wären.

Boeing 737-700: 1 (Bj. 1998)

Boeing 737-800: 1 (Bj. 2003)

Boeing 767-300ER: 2 (Bj. 1991 - 1999)

Dash-8-200: 1 (Bj. 1997)

Dash-8-300: 5 (Bj. 1991 - 1998)

Dash-8-400: 1 (Bj. 2008)

Fokker 70: 6 (Bj. 1995 - 1997)

Fokker 100: 7 (Bj. 1990 - 1995)

Air New Zealand

IATA-Code: NZ, ICAO-Code: ANZ, Rufzeichen: NEW ZEALAND
Sitz: Auckland/Neuseeland, Basis: Auckland International Airport (AKL)
Flotte (Frühjahr 2021): ca. 100
Allianz: Star Alliance

Air New Zealand gibt es unter diesem Namen seit 1965, die eigentliche Gründung fand aber schon 1940 statt. Der attraktive Look der Airline in „All Black" mit Farnblatt (angelehnt an die nationalen Sportteams) stammt aus dem Jahr 2012. Das Logo des Unternehmens ist aber weiterhin der Koru, ein ebenfalls Farn darstellendes stilisiertes Symbol der Maori-Ureinwohner. Gut die Hälfte der Airline befindet sich in Staatsbesitz. Im Zuge der Coronakrise wurden 2020 neun der zwölf Boeing 777 an Leasinggeber retourniert bzw. dauerhaft abgestellt. Drei inaktive 777-300ER die in Eigenbesitz sind verbleiben fürs erste, sie sollen laut Airline aber bald von schon bestellten 787-10 ersetzt werden. Auf mittlere Sicht wird wohl die Boeing 787 als einziger Langstreckentyp verbleiben, auch wenn die A350 noch nicht ganz aus dem Rennen ist. Air New Zealand war 2014 die erste Airline weltweit, die die Bestsellerversion 787-9 erhielt. Im gleichen Jahr wurde das langjährige Flottenflaggschiff, die 747-400, aufs Altenteil geschickt. 2015 wurde die Umstellung der Regionalflotte von Boeing 737-300 auf Airbus A320 beendet, die weitere Modernisierung auf Typen der neo-Baureihe findet gegenwärtig statt. Deshalb ist die Flotte mit einem Durchschnittsalter von siebeneinhalb Jahren auch sehr jung. Vom Standpunkt der Sicherheit gesehen hat die Airline quasi eine weisse Weste, der letzte Unfall ist über 40 Jahre her. Wie viele internationale Airlines betreibt auch Air New Zealand Tochtergesellschaften für den Zubringerverkehr. Diese sind Mount Cook Airline und Air Nelson, sie firmieren nach aussen hin unter dem Namen Air New Zealand Link.

Airbus A320-200: 22 (Bj. 2003 - 2016)

Airbus A320neo: 4 (Bj. 2019)

Airbus A321neo: 7 (Bj. 2018 - 2019)

ATR 72: 28 (Bj. 2012 - 2020)

Boeing 787-9: 14 (Bj. 2014 - 2019)

Boeing 777-300ER: 3 (Bj. 2011 - 2012)

Dash-8-300: 23 (Bj. 2005 - 2009)

Air Peace

IATA-Code: P4, ICAO-Code: APK, Rufzeichen: PEACE BIRD
Sitz: Lagos/Nigeria, Basis: Lagos Murtala Mohammed Intl. Airport (LOS)
Flotte (Frühjahr 2021): ca. 25

Air Peace wurde 2013 gegründet. Im bekannt unsteten nigerianischen Luftfahrtsektor hat sich die private Airline bisher recht gut behaupten können. Sie fliegt Ziele im Inland an und bedient Destinationen im Westen Afrikas. Die Flotte ist durchschnittlich 22 Jahren alt - auch für afrikanische Verhältnisse ist das alt. Die Coronakrise wird sie laut eigenem Management nur mit staatlicher Hilfe überstehen. Anfang 2021 stiess eine brandneue Embraer zur Flotte.

Boeing 737-500: 5 (Bj. 1993 - 1997)

Boeing 737-300: 7 (Bj. 1995 - 1999)

Boeing 777-200ER: 1 (Bj. 1998)

Boeing 777-300: 2 (Bj. 2002 - 2005)

Embraer 145: 8 (Bj. 1999 - 2001)

Embraer 195-E2: 8 (Bj. 2020)

Air Serbia

IATA-Code: JU, ICAO-Code: ASL, Rufzeichen: AIR SERBIA
Sitz: Belgrad/Serbien, Basis: Belgrad Nikola Tesla Airport (BEG)
Flotte (Frühjahr 2021): ca. 20

Air Serbia ist die mit Hilfe von Etihad umgewandelte und 2013 gegründete Nachfolgegesellschaft des ehemaligen jugoslawischen Flagcarriers JAT. Mittlerweile ist die Airline aber wieder zu über 80% in Staatsbesitz. Ausser Zielen in Europa und Nahost wird seit 2016 auch New York angeflogen. Die beiden A330 - erst seit März 2021 sind es zwei - tragen spezielle Bemalungen. Zu Air Serbia gehört auch Aviolet, die drei besonders alte ehemalige JAT-Boeing 737-300 einsetzt. Diese Veteranen, die zu den ältesten Passagierjets in Europa gehören sind aber im Zuge der Coronakrise weitgehend inaktiv.

Airbus A319: 11 (Bj. 1999 -2010)

Airbus A320-200: 1 (Bj. 2006)

Airbus A330-200: 2 (Bj. 2007 - 2008)

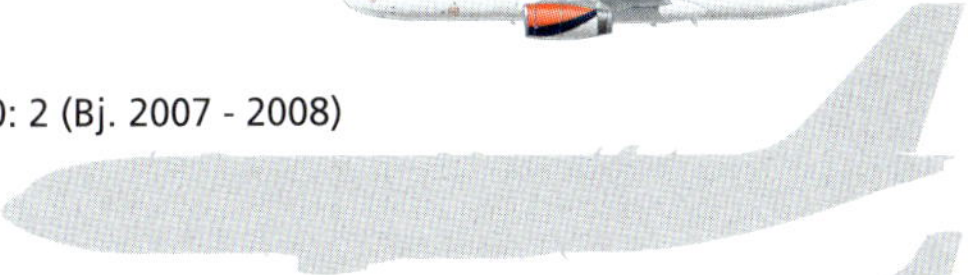

ATR 72: 5 (Bj. 1990 - 1998)

Boeing 737-300 (Aviolet): 3 (Bj. 1985 - 1987)

Air Tahiti Nui

IATA-Code: TN, ICAO-Code: THT, Rufzeichen: TAHITI AIRLINES
Sitz: Papeete/Tahiti, Basis: Aéroport International Tahiti Faa´a (PPT)
Flotte (Frühjahr 2021): 4

Air Tahiti Nui fliegt seit 1996 und wurde von Frankreich gegründet, um den Tourismus in die paradiesische, aber teure Inselwelt Französisch-Polynesiens, mit Inseln wie Tahiti, Moorea und Bora-Bora zu fördern. Wegen der großen Entfernungen kommen für die kleine Airline nur Flugzeuge mit besonders großer Reichweite in Frage. Air Tahiti Nui fliegt in erster Linie Los Angeles und Paris an. Die Strecke Papeete - Paris gilt mit fast 16.000 Kilometern als längste Inlandsstrecke der Welt. Anfangs beschaffte die Airline gebrauchte Airbus A340-200, Mitte der 1990er-Jahre das reichweitenstärkste Flugzeugmuster, dann ab 2002 neue A340-300. Diese wurden ab 2018 durch ebenfalls fabrikneue 787-9 ersetzt, die noch nicht alten A340 verschrottet. Anläßlich dieses Modellwechsels wurde auch die vorher schon sehr attraktive, zu einem Inselparadies perfekt passende Flugzeugbemalung weiter überarbeitet. Die vier neuen Maschinen dürften für Enthusiasten so ziemlich die attraktivsten 787 weltweit sein. Sie tragen die Namen verschiedener polynesischer Inseln wie Fakarava (wo der Autor schon mal beim Schwimmen seine Sonnenbrille verloren hat...).

Boeing 787-9: 4 (Bj. 2018 - 2019)

ATI Air Transport International

IATA-Code: 8C, ICAO-Code: ATN, Rufzeichen: AIR TRANSPORT
Sitz: Irving, Texas/USA, Basis: Wilmington Air Park (ILN)
Flotte (Anfang 2021): ca. 40

Die 1978 gegründete texanische Air Transport International, kurz ATI, ist eine mittelgroße Frachtairline, die neben Liniendiensten auch Charter anbietet. Cargoairlines haben zwar meist deutlich ältere Flotten als Passagier-Fluggesellschaften, bei ATI ist das Durchschnittsalter mit 30 Jahren jedoch außergewöhnlich hoch. Bei der uneinheitlich lackierten Flotte handelt es sich fast ausschliesslich um ehemalige Passagiermaschinen. In den letzten Jahren wurde stark expandiert, etliche 767-300 vor allem aus Beständen von American Airlines kamen hinzu.

Boeing 757-200(F): 7 (Bj. 1984 - 1994)

Boeing 767-200(F): 7 (Bj. 1982 - 1985)

Boeing 767-300(F): 28 (Bj. 1988 - 1999)

Air Transat

IATA-Code: TS, ICAO-Code: TSC, Rufzeichen: AIR TRANSAT
Sitz: Montréal/Kanada, Basis: Montréal-Trudeau Airport (YUL)
Flotte (Frühjahr 2021): ca. 35

Air Transat ist eine der größten Airlines Kanadas, gehört dem gleichnamigen Reiseveranstalter und bedient daher vor allem den Urlauberverkehr. Die 1986 gegründete Fluggesellschaft fliegt auch europäische Ziele an, allerdings ist sie hier in der Wahl der Destinationen recht wankelmütig, was aber auch am wechselnden Chartergeschäft liegt. Die Flugzeugbemalung stammt von 2011, die Airline experimentiert aber immer mal wieder mit ihrem Markenauftritt, so dass Abwandlungen nicht selten sind. Air Transat fliegt auch nach Europa, bis zum Jahr 2014 wurde auch Deutschland, d. h. Frankfurt am Main angeflogen. Seit 2019 betreibt Air Transat die neue Langstreckenversion des Airbus A321 und ist eine der wenigen Airlines bisher, die solch relativ kleine und vergleichsweise enge, allerdings besonders genügsame Maschinen mit nur einem Mittelgang auf langen Routen betreibt. Die Coronakrise hat Air Transat hart getroffen, die Flotte, deren Durchschnittsalter mit ca. 14 Jahren vor allem wegen der alternden, gebraucht erworbenen Airbus A330 im oberen mittleren Bereich liegt, wurde zum größeren Teil eingemottet. Insbesondere die A330-Teilflotte ist betroffen, die Boeing 737 mittlerweile fast ganz verschwunden. Eine noch im Besitz der Airline befindliche Air Transat-A330 hält übrigens den Rekord für den längsten Gleitflug aller Zeiten. 2001 waren über dem Atlantik beide Triebwerke ausgefallen, die Piloten konnten ihre Maschine über 120 km im Segelflug aber sicher auf den Azoren herunterbringen. Von schweren Unfällen ist die Airline in den immerhin schon weit über 30 Jahren seit der Flugaufnahme verschont geblieben.

Airbus A321-200: 7 (Bj. 2009 - 2016)

Airbus A321neo LR: 7 (Bj. 2019 - 2020)

Airbus A330-200: 15 (Bj. 1999 - 2008)

Airbus A330-300: 1 (Bj. 2001)

Boeing 737-800: 1 (Bj. 2006)

AirAsia

IATA-Code: AK, ICAO-Code: AXM, Rufzeichen: RED CAP
Sitz: Kuala Lumpur/Malaysia, Basis: Kuala Lumpur Intl. Airport (KUL)
Flotte (Frühjahr 2021): ca. 85 + ca. 170 bei den Tochtergesellschaften

Air Asia ist eine große, in Malaysia beheimatete Billigfluggesellschaft, die 1993 gegründet, im Laufe der letzten 20 Jahre etliche Tochterfirmen in anderen südostasiatischen Ländern gegründet hat, namentlich AirAsiaIndia, AirAsiaJapan, Indonesia AirAsia, Philippines AirAsia und Thai AirAsia. Ausserdem gehören AirAsiaX und Thai AirAsiaX als Langstrecken-Dependencen mit einer ansehnlichen Flotte von A330-300 zum Firmenkonglomerat. Langstreckenziele sind vor allem die großen Länder Südasiens und Australien. Alle zusammen gerechnet, ist Air Asia der größte Billigflieger Asiens. Air Asia fliegt mit den niedrigsten Sitzkilometerkosten aller Airlines und gilt seit langem als bester Lowcostcarrier der Welt. Mancher mag das anders sehen, denn Alkohol an Bord gibt es bis auf die Langstrecke nicht. 2011 bestellte die Airline in einem spektakulären Deal 200 Maschinen der neuen neo-Varianten der A320-Familie, damals das bis dato größte Geschäft von Airbus, später kamen noch weitere große Bestellungen für A321neo hinzu, die AirAsia zum größten Einzelkunden von Airbus machten. Der weitaus größte Teil dieser Orders wurde aber bisher noch nicht ausgeliefert. Corona setzt AirAsia stark zu, so musste die kleine japanische Tochterfirma im Herbst 2020 den Betrieb einstellen. Vor allem die Langstrecke leidet, die meisten A330 sind gegenwärtig nicht aktiv, was dazu führt, dass einige davon ganz ausgeflottet werden. Die Livery von AirAsia ist stilistisch klar zu erkennen. Die großen Titel in Supermarktoptik schreien geradezu: Low Cost Carrier! Ausserdem gibt es bei Air Asia immer schon etliche Sonder- und Werbebemalungen.

Airbus A320-200: 64 + 125 (Bj. 2005 - 2019)

Airbus A320neo: 21 + 13 (Bj. 2017 - 2019)

Airbus A321neo: 2 + 2 (Bj. 2019 - 2020)

Airbus A330-300: 21 + 10 (Bj. 2005 - 2016)

Airbus A330-900neo: 2 (Thai AirAsia X, Bj. 2019)

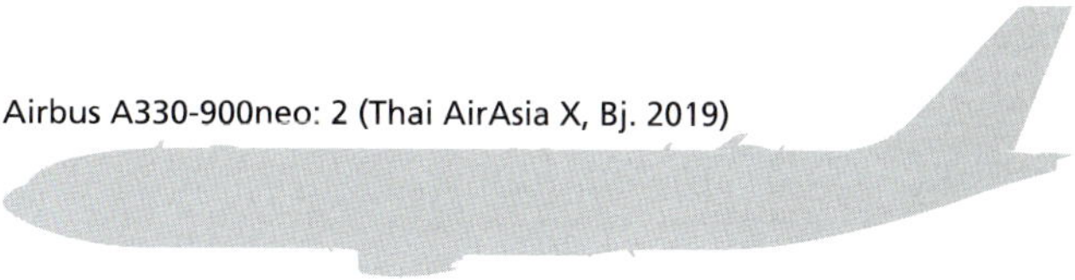

Alaska Airlines

IATA-Code: AS, ICAO-Code: ASA, Rufzeichen: ALASKA
Sitz: Sea Tac/Seattle/USA, Basis: Seattle-Tacoma International (SEA)
Flotte (Frühjahr 2021): ca. 235 + ca. 95 (Horizon Air und Skywest)

Alaska Airlines ist eine sehr alte Firma, sie wurde unter anderem Namen bereits 1932 gegründet. Seit der Fusion mit Virgin America im Jahr 2018, von der die Airbusflotte geerbt wurde, gehört sie zu den größten Airlines der Vereinigten Staaten. Ihr Geschäftsmodell ist das der Billigflieger, damit ist sie quasi der nördliche Konkurrent der noch größeren Southwest Airlines. Das Routennetz umfasst neben den USA die Nachbarländer Kanada, Mexico und Costa Rica. Das Durchschnittsalter der Flotte beträgt etwa neun Jahre. Zur weiteren Erneuerung wurden sowohl Airbus A321neo, wie auch Boeing 737-MAX 9 bestellt. Von letzterer trafen 2021 endlich erste Exemplare ein. Die Sicherheitsbilanz ist gut, der letzte, allerdings wirklich schwere Unfall einer Alaska Airlines-Maschine ereignete sich 2000 aufgrund eines Fehlers in der Wartung. 2018 ging eine DHC-8-400 durch Diebstahl und den folgenden Absturz durch Suizid verloren. Alaska Airlines ist bekannt dafür, Flugzeuge mit Sonderbemalungen zu versehen, aktuell sind es eine ganze Reihe, die nicht in dem 2016 eingeführten, gegenüber früher wesentlich attraktiveren, farbenfroheren Standardlook unterwegs sind. Bei diesem neuen Design wurde einzig der ikonische Eskimokopf nicht verändert. Alaska Airlines Regionalgesellschaft ist Horizon Air, sie tritt nach aussen aber als Alaska Airlines auf. Viele kürzere Routen innerhalb der USA werden im Wet-Lease aber auch durch SkyWest Airlines durchgeführt, mit Flugzeugen in Alaska-Farben. SkyWest ist eine sehr große Gesellschaft mit über 500 Regionalflugzeugen, deren Geschäft Zubringerflüge für verschiedene Airlines sind.

Airbus A319: 10 (Bj. 2006 - 2008)

Airbus A320-200: 49 (Bj. 2006 - 2016)

Airbus A321neo: 10 (Bj. 2018 - 2019)

Boeing 737-700: 10 (Bj. 1999 - 2000)

Boeing 737-700BDSF: 3 (Bj. 2001)

Boeing 737-800: 61 (Bj. 2005 - 2012)

Boeing 737-900: 91 (Bj. 2001 - 2019)

Boeing 737-MAX 9: 3 (Bj. 2019 - 2020)

Dash-8-400: 32 (Horizon Air, Bj. 2001 - 2015)

Embraer 175: 62 (Horizon Air + Skywest, Bj. 2015 - 2018)

Alitalia

IATA-Code: AZ, ICAO-Code: AZA, Rufzeichen: Alitalia
Sitz: Fiumicino/Italien, Basen: Rom-Fiumicino (FCO), Mailand-Linate (LIN)
Flotte (Frühjahr 2021): ca. 100 (inkl. Alitalia CityLiner)
Allianz: SkyTeam

Alitalia, die 1946 gegründete nationale Airline Italiens, ist seit Jahrzehnten praktisch pleite, hat seit 2002 keinen Gewinn gemacht und ist DAS Symbol für die Nachteile einer Staatsairline (selbst wenn sie das auf dem Papier nicht mehr ist): Ineffektivität und notorische politische und gewerkschaftliche Einmischung auf einem Niveau, das jeden Investor abschreckt. Schon mehrfach ist deshalb ein Verkauf gescheitert, schon mehrfach wurde die Alitalia nur mit Tricks gerettet, für die zum großen Teil der Steuerzahler geradezustehen hatte. Wichtige Fernrouten der Airline sind z. B. die USA und Argentinien. Die in den letzten Jahren schon deutlich reduzierte Flotte besteht aus vier Grundtypen: Boeing 777-200ER, Airbus A330-200 und A320-Familie sowie der von der Tochtergesellschaft Alitalia CityLiner betriebenen Embraer 170/190. Das Durchschnittsalter der Flotte liegt bei etwa 13,5 Jahren. 2015 wurde das ikonische, im Wesentlichen mit nur einer Überarbeitung seit 1970 existierende Design abgelöst. Der breite grüne Streifen auf dem Rumpf wurde abgeschafft, die Grundfarbe ist jetzt nicht mehr weiss, sondern ein leicht metallisch glänzender heller Cremeton. Ein Teil der Flotte ist aber auch über fünf Jahre später noch im alten Look unterwegs. Aufgrund der Coronakrise geriet Alitalia "endgültig" ins Aus. Im Herbst 2020 wurde beschlossen, alle A330, A321, sowie die halbe Boeing 777-Flotte abzuschaffen. Den Plan, einen Nachfolger namens ITA unter altem Markennamen weiterfliegen zu lassen, schmetterte die EU allerdings bereits ab. Rom ist gefordert, nach "zig" Fehlschlägen endlich Nägel mit Köpfen zu machen.

Airbus A319: 22 (Bj. 2002 - 2012)

Airbus A320-200: 38 (Bj. 1999 - 2010)

Airbus A321: 5 (Bj. 1998 - 2000)

Airbus A330-200: 12 (Bj. 1999 - 2012)

Boeing 777-200ER: 11 (Bj. 2002 - 2004)

Boeing 777-300ER: 1 (Bj. 2009)

Embraer 170: 10 (Bj. 2011 - 2013)

Embraer 190: 5 (Bj. 2011 - 2012)

Allegiant Air

IATA-Code: G4, ICAO-Code: AAY, Rufzeichen: ALLEGIANT
Sitz: Las Vegas, Nevada/USA, Basis: Las Vegas McCarran Intl. (LAS)
Flotte (Frühjahr 2021): ca. 105

Die im Spielerparadies Las Vegas beheimatete US-Billigfluggesellschaft Allegiant Air wurde 1997 gegründet und ist insbesondere zu kleineren Flughäfen in den Vereinigten Staaten unterwegs, und hier insbesondere im Westen und Süden stark. Seit 2018 fliegt sie ausschließlich mit Maschinen der A320-Familie, die zumeist gebraucht erworben, ein Durchschnittsalter von 14 Jahren aufweisen. Das Corporate Design mit der Bemalung der Flotte erinnert mit ihrer knalligen Farbzusammenstellung sicher nicht unabsichtlich an Supermarktgrafik. Ein kleinerer Teil des britischen Billigcarriers Jet2 namens Jets2holidays fliegt in einer sehr ähnlichen Livery. Die Sicherheitsbilanz der Airline kann sich sehen lassen, Unfälle hat es in der Unternehmensgeschichte nicht gegeben.

Airbus A319: 38 (Bj. 2004 - 2006)

Airbus A320-200: 69 (Bj. 1997 - 2019)

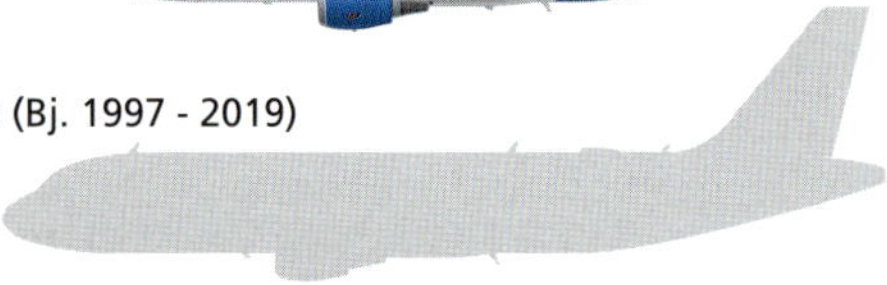

Alliance Airlines

IATA-Code: QQ, ICAO-Code: UTY, Rufzeichen: UNITY
Sitz: Brisbane/Australien, Basis: Brisbane International Airport (BNE)
Flotte (Frühjahr 2021): ca. 45

Alliance Airlines ist in Brisbane, der Hauptstadt von Queensland beheimatet und eine der größten Fluggesellschaften Australiens. Sie ist teilweise im Besitz von Qantas. Ein großer Teil der weltgrößten Fokker-Flotte wurde von Austrian Airlines übernommen. Das Durchschnittsalter der Flotte ist mit etwa 27 Jahren sehr hoch, wird aber durch jüngere Embraer-Jets deutlich sinken. Die Livery der 1978 gegründeten Airline ist unspektakulär, die Sicherheitsbilanz gut. Das Streckennetz ist überwiegend inneraustralisch. Ein großer Teil des Geschäfts sind Bergarbeiterflüge zu den Minen in den abgelegenen Weiten Australiens.

Embraer 190: 3 (Bj. 2007 - 2009)

Fokker 50: 5 (Bj. 1990 - 1996)

Fokker 70: 14 (Bj. 1994 - 1996)

Fokker 100: 27 (Bj. 1989 - 1994)

ANA All Nippon Airways

IATA-Code: NH, ICAO-Code: ANA, Rufzeichen: ALL NIPPON
Sitz: Minato, Tokio/Japan, Basis: Tokio-Haneda (HND) + Narita (NRT)
Flotte (Frühjahr 2021): ca. 230
Allianz: Star Alliance

All Nippon Airways, kurz ANA genannt, ist neben Japan Airlines die zweite große Airline im Land der aufgehenden Sonne, mittlerweile sogar die Größere. 1952 gegründet und seit 1958 unter ihrem jetzigen Namen, kann sie grundsätzlich auf eine erfolgreiche Geschichte zurückblicken. So wie das Land, stagniert aber seit längerem auch ANAs Geschäft. Von 1986 bis 2014 war die Boeing 747 das Rückgrat der Flotte, nun ist es die 777, u. a. auch in Kurzstreckenversionen. Meilenstein der Flottengeschichte ist zweifellos, dass ANA die erste Airline war, die die revolutionäre Boeing 787 erhielt. Andererseits ist man der letzte neue Kunde, der fabrikneue A380 erhielt. Eine sehr kleine Teilflotte von gegenwärtig zwei, geplant drei Maschinen, die in bunten maritimen Bemalungen Urlauberflüge durchführen, bzw. nach Ende der Coronakrise wieder durchführen sollen. Im Zuge der Krise mussten nämlich größere Teile der Langstreckenflotte eingemottet werden, im Herbst 2020 wurde schliesslich beschlossen, insbesondere die 777-Flotte stark zu reduzieren, selbst einige 777-300ER wurden schon zum Verschrotter geflogen. Als Nachfolger sind (zahlenmäßig weniger) 777-9 bestellt. Das aus der Mitte der 1980er-Jahre stammende Design ist eigenständig und wirkt, wenn auch nicht mehr topmodern, so doch sicher noch nicht altmodisch. Es gab in 35 Jahren nur subtile Änderungen. 2013 kamen z. B. „Inspiration of Japan"-Zusatztitel hinzu. ANA ist bekannt für ihre vielen Sonderbemalungen, die sich meist an ein junges Publikum richten. Zu ANA gehört auch die in den vollen Farben der Muttergesellschaft fliegende Regionaltochter ANA Wings.

Airbus A320-200: 3 (Bj. 2013)

Airbus A320neo: 11 (Bj. 2016 - 2020)

Airbus A321-200: 4 (Bj. 2016 - 2017)

Airbus A321neo: 18 (Bj. 2017 - 2021)

Boeing 737-700: 5 (Bj. 2006)

Boeing 737-800: 39 (Bj. 2008 - 2018)

Boeing 767-300: 21 (Bj. 2002 - 2012)

Boeing 767-300F + BCF: 9 (Bj. 1992 - 2006)

Dash-8-400 (ANA WIngs): 24 (Bj. 2003 - 2017)

Boeing 787-8: 36 (Bj. 2012 - 2016)

Boeing 787-9: 36 (Bj. 2014 - 2020)

Boeing 787-10: 2 (Bj. 2019)

Boeing 777-200: 3 (Bj. 1997 - 2005)

Boeing 777-200ER: 11 (Bj. 2000 - 2013)

Boeing 777F: 2 (Bj. 2019)

Boeing 777-300: 5 (Bj. 1998 - 1999)

Boeing 777-300ER: 25 (Bj. 2004 - 2019)

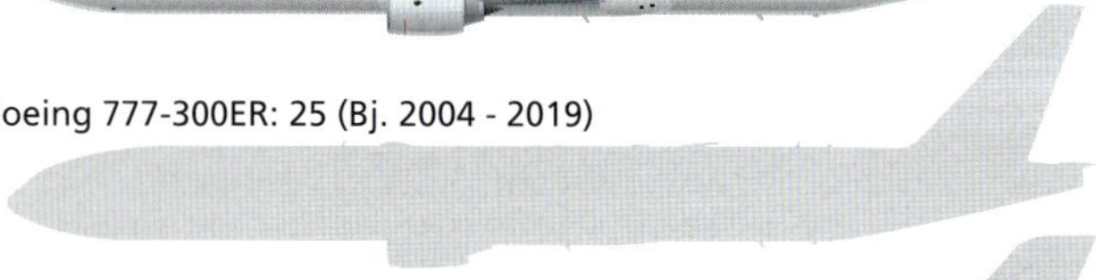

Airbus A380: 2 (Bj. 2019)

AnadoluJet

IATA-Code: TK, ICAO-Code: THY, Rufzeichen: TURKISH
Sitz: Ankara/Türkei, Basis: Ankara-Esenboga Airport (ESB)
Flotte (Frühjahr 2021): ca. 40

Anadolujet ist die seit 2008 bestehende, voll integrierte Billigmarke von Turkish Airlines. Mit etwa 15 Jahren ist das Flottenalter im mittleren Bereich angesiedelt, die Sicherheitsbilanz kann man als gut bezeichnen, relevante Sicherheitsvorkomnisse hat es bisher nicht gegeben. Mittlerweile werden fast alle Turkish Airlines-Flüge von der Hauptstadt Ankara aus von AnadoluJet durchgeführt. Bis Ende 2019 operierte die Airline mit ihrer monotonen Boeing 737-800-Flotte nur im Inland, mittlerweile werden u.a. auch mehrere Ziele in Deutschland angeflogen. Expansion war das Anfang 2020 bekanntgebene Ziel, das aber direkt nach dem Startschuss vorerst wieder gestoppt werden musste. Ob diese Expansion, die vor allem auch gegen den Konkurrenten Pegasus Airlines gerichtet ist also gelingt, ist aufgrund der Coronakrise fraglich. Die Flotte besteht weit überwiegend aus Flugzeugen aus zweiter Hand. Die älteren, teilweise schon über 20 Jahre alten Maschinen, wurden von Turkish Airlines selbst transferiert, die neueren sind meist Leasingrückläufer von anderen Billigairlines wie Ryanair und Spicejet. Einige Maschinen werden von Sun Express geleast. Das Corporate Design von AnadoluJet mit dem an das der Muttergesellschaft erinnernde Logo ist schlicht, die Flugzeugbemalung wenig modern und daher auch nicht weiter bemerkenswert.

Boeing 737-800: 39 (Bj. 1998 - 2018)

American Airlines

IATA-Code: AA, ICAO-Code: AAL, Rufzeichen: AMERICAN
Sitz: Fort Worth, Texas/USA, Basis: Dallas-Fort Worth (DFW)
Flotte (Frühjahr 2021): ca. 880
Allianz: Oneworld

American Airlines ist eine der drei „Großen" der USA, und seit dem Merger mit dem früheren Konkurrenten US Airways 2013 ist sie auch die größte Airline der Welt. Wie alle US-Fluggesellschaften war und ist sie allerdings nicht in der Lage, die größten Flugzeugtypen auf dem Markt zu betreiben - mehr als die 777 ist nicht drin. Die im Schnitt 11 Jahre alte Flotte ist angesichts der riesigen Größe der Airline recht monoton. Auf der Langstrecke setzt American ganz auf Boeing. Die von US Airways geerbten A330-200 wurden im Herbst 2020 ausgeflottet, ein Großteil der langsam alternden 777-200ER-Teilflotte im Zuge der Coronakrise eingemottet. Das Kerngeschäft der Airline ist aber der Verkehr im Heimatland und nahem Ausland, wo hauptsächlich die riesigen 737-800- und A321-Flotten eingesetzt werden, die jeweils für sich die weltgrößten sind. Für mehr als 40 Jahre war der Look von American Airlines mit den drei Streifen in Landesfarben auf glänzendem Metall einer DER Klassiker der Luftfahrt, dann wurde er 2013 vor allem auch aufgrund technischer Erfordernisse - neue Flugzeugtypen wie die 787 bestehen eben nicht mehr aus blitzenden Aluminiumlegierungen - erneuert. Das neue Silbergrau ist natürlich erheblich dumpfer als blankes Metall, erfordert aber weniger Pflege. American lässt ihre Zubringerflüge entweder durch die Tochtergesellschaften Envoy, PSA und Piedmont, oder aber eigenständige Subunternehmen betreiben, die z.T. auch für andere fliegen. Alle für American eingesetzten Regionalmaschinen, es handelt sich um über 550 Flugzeuge, fliegen in vollen American-Farben unter der Marke American Eagle.

Airbus A319: 133 (Bj. 1998 - 2015)

Airbus A320-200: 48 (Bj. 1998 - 2010)

Airbus A321-200: 218 (Bj. 2001 - 2017)

Airbus A321neo: 30 (Bj. 2019 - 2021)

Boeing 737-800: 304 (Bj. 1999 - 2017)

Boeing 737-MAX 8: 40 (Bj. 2017 - 2020)

Boeing 787-8: 23 (Bj. 2015 - 2017)

Boeing 787-9: 22 (Bj. 2016 - 2020)

Boeing 777-200ER: 47 (Bj. 1999 - 2006)

Boeing 777-300ER: 20 (Bj. 2012 - 2016)

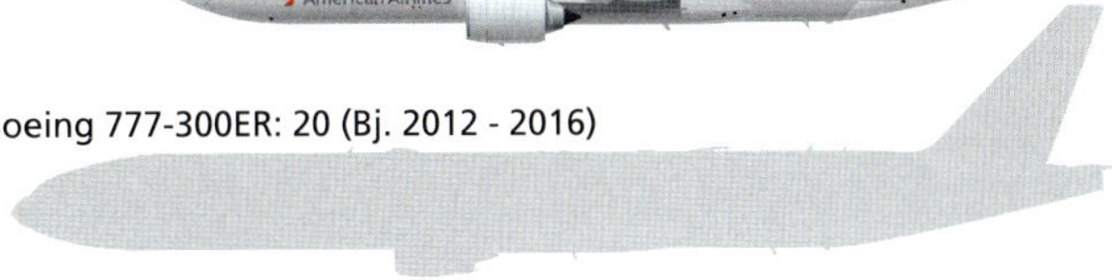

American Eagle

IATA-Code: MQ u.a., ICAO-Code: ENY u.a., Rufzeichen: ENVOY u.a.
Sitz (Envoy): Fort Worth, Texas/USA, Basen: diverse
Flotte (Frühjahr 2021): ca. 200 (Envoy) + ca. 360

American Airlines, die größte Airline der Welt, betreibt unter dem Markennamen American Eagle ein Netz von Tochterfirmen und Subunternehmen für Zubringerflüge. Das größte Tochterunternehmen ist Envoy Air mit seiner riesigen Embraer-Flotte, die beiden anderen sind PSA und Piedmont Airlines. Als Subunternehmen fungieren Air Wisconsin, Republic Airline, Mesa Airlines und SkyWest Airlines, die jeweils auch Flugzeuge für andere Airlines, namentlich Delta und United, betreiben. Einige dieser Töchter und Partner kamen durch die Fusion mit US Airways hinzu. Alle American Eagle-Flugzeuge fliegen in vollen American-Farben.

Bombardier CRJ200: 15 (Bj. 2003 - 2004)

Bombardier CRJ700: 61 (Bj. 2002 - 2011)

Bombardier CRJ900: 69 (Bj. 2014 - 2020)

DHC-4-300: 4 (Bj. 1990 - 1991)

Embraer 135: (Bj. 20)

Embraer 145: 116 (Bj. 1998 - 2005)

Embraer 175: 98 (Bj. 2015 - 2020)

Arik Air

IATA-Code: W3, ICAO-Code: ARA, Rufzeichen: ARIK AIR
Sitz: Lagos/Nigeria, Basis: Lagos Murtala Mohammed Intl. (LOS)
Flotte (Anfang 2021): ca. 20

Die private nigerianische Arik Air startete 2006 mit hohem Anspruch. Innerhalb weniger Jahre wurde eine Flotte von zumeist fabrikneuen Maschinen beschafft, auch einige Langstreckenmaschinen. Schon nach wenigen Jahren stellten sich aber wie irgendwann bei eigentlich allen Airlines des bevölkerungsreichsten afrikanischen Landes finanzielle Probleme ein, 2017 mußten die letzten interkontinentalen Routen aufgegeben und der letzte Langstreckenjet abgegeben werden. Nur noch Ziele innerhalb Afrikas stehen im Flugplan. Die interessante Bemalung von Arik Air wird von Anfang an verwendet. Mit 13 Jahren im Schnitt ist die Flotte inzwischen mittelalt.

Boeing 737-700: 6 (Bj. 2001 - 2008)

Boeing 737-800: 4 (Bj. 2009)

Bombardier CRJ900: 4 (Bj. 2006 - 2007)

Bombardier CRJ1000: 1 (Bj. 2014)

DHC-4-800: 4 (Bj. 2009 - 2014)

Asiana

IATA-Code: OZ, ICAO-Code: AAR, Rufzeichen: ASIANA
Sitz: Seoul/Südkorea, Basis: Seoul-Incheon International Airport (ICN)
Flotte (Frühjahr 2021): ca. 85
Allianz: Star Alliance

Asiana Airlines wurde 1988 als zweite internationale Airline Südkoreas gegründet. Sie erwarb sich schnell einen guten Ruf und war als mittelgroße Fluggesellschaft im Luftfahrtmarkt gut integriert, auch wenn es in den letzten Jahren zu immer stärkeren finanziellen Engpässen kam. Diese führten zu Verkaufsofferten, die aber eine Zeitlang scheiterten. In Folge der Coronakrise zwangen diese Probleme Asiana Staatshilfen anzunehmen. Im November 2020 wurde schliesslich verkündet, dass Asiana von der Nr.1 des Landes, Korean Air, übernommen wird, womit die Marke eventuell in den nächsten Jahren vom Markt verschwindet. Die Rolle des Flottenflaggschiffs hat die A380 inne, allerdings sind diese und auch einige 767 und 777 aufgrund der Coronakrise z. Z. abgestellt, eine Rückkehr in den Dienst ist fraglich. Langstrecken werden vor allem durch Airbus A330 und die als neues Flottenrückgrat geltende A350 bedient. Ein wichtiges Standbein Asianas ist die Frachtsparte, die immerhin 11 Boeing 747-400 einsetzt, Werksfrachter und umgebaute ehemalige Passagiermaschinen, darunter die letzten aus dem 2017 beendeten Umrüstungsprogramm von Bedek in Israel. Überhaupt begeistert die Flotte durch ihre Typenvielfalt jeden Fliegereifan. Bis auf die alten 767 und einen größeren Teil der Frachter sind Asianas Flugzeuge recht jung. Die Sicherheitsbilanz ist eher mäßig, Asiana verlor zuletzt 2013 eine Boeing 777 in San Francisco durch Pilotenfehler. Die attraktive, eigenständige Bemalung stammt aus dem Jahr 2007. Das Routennetz umfasst neben Zielen in Asien auch solche in Europa (u. a. Frankfurt), Nordamerika und Australien.

Airbus A320-200: 4 (Bj. 2005 - 2009)

Airbus A321-100/200: 15 + 3 A321neo (Bj. 2001 - 2021)

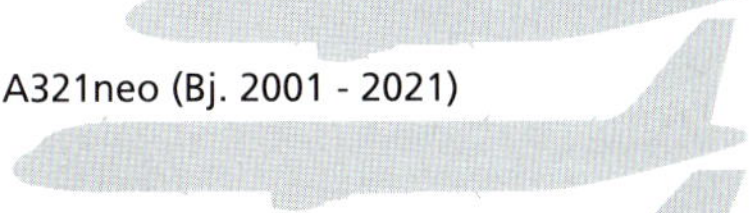

Airbus A330-300: 15 (Bj. 2004 -2014)

Airbus A350-900: 13 (Bj. 2017 - 2020)

Airbus A380: 6 (Bj. 2014 - 2016)

Boeing 767-300ER: 6 + 1 Frachter (Bj. 1995 - 1999)

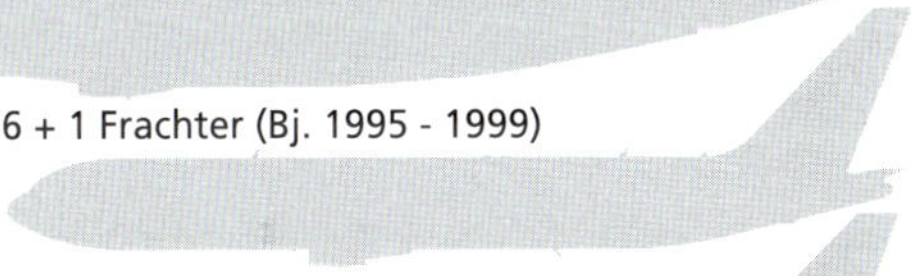

Boeing 777-200ER: 9 (Bj. 2002 - 2013)

Boeing 747-400: 1 (Bj. 1998)

Boeing 747-400BDSF: 7 (Bj. 1991 -1999)

Boeing 747-400F: 4 (Bj. 1994 - 2004)

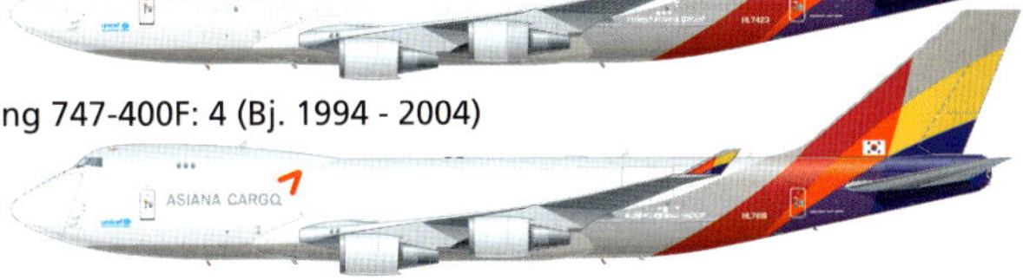

ASL Airlines

IATA-Code: 3V, ICAO-Code: TAY, Rufzeichen: QUALITY
Sitz: Lüttich/Belgien, Basis: Flughafen Lüttich-Bierset (LGG)
Flotte (Frühjahr 2021): ca. 90

Die ASL (Airlines, Support and Leasing) Group bzw. ASL Airlines ist ein im irischen Dublin beheimatetes, stark wachsendes, 2008 gegründetes Luftfrachtunternehmen, das mit mehreren Tochterfirmen in verschiedenen europäischen Ländern operiert. Das Unternehmen gehört zur Gänze Star Capital Partners in London. Größte Dependence ist die belgische Gesellschaft, die als Nachfolger von TNT Airways neben den sonst überall eingesetzten kleineren Typen auch eine Teilflotte von Boeing 747-400-Großfrachtern betreibt, die im Herbst 2020 um zwei weitere Maschinen, diesmal 747-400ERF mit noch größerer Reichweite erweitert wurde. Die irische ASL hat eine Reihe von mittelgroßen Airbusfrachtern im Einsatz, ansonsten sind es vor allem ältere, umgebaute Boeing 737 aus den 1990er-Jahren. ASL übernahm 2015 die belgisch-holländische TNT Airways und fliegt auch weiterhin für diesen Postdienst. An den attraktiven Look von TNT Airways kommen die ASL-Machinen aber nicht heran, etliche Maschinen sind noch nicht mal mit der unterkühlt schlichten, wenn man so will, vollen Bemalung versehen. ASL Airlines bietet in geringem Umfang, namentlich durch den französischen Zweig auch Passagierflüge an. Die verschiedenen Unternehmensteile nennen sich ASL Ireland, ASL Belgium, ASL France, ASL Hungary und ASL Airlines UK. Die nebenstehende Flottenübersicht zeigt die Gesamtflotte, die oben angegebenen Codes beziehen sich auf den belgischen Zweig. Ausserhalb Europas gehören noch andere Unternehmen, dort allerdings unter anderen Namen dazu, weshalb sie an dieser Stelle nicht weiter erwähnt werden sollen.

Airbus A300-600RF: 4 (Bj. 1990 - 1994)

Airbus A330-200F: 1 (Bj. 2010)

Airbus A330-300P2F: 3 (Bj. 1995 - 1998)

Boeing 737-300SF: 3 (Bj. 1991 - 1999)

Boeing 737-400SF: 45 (Bj. 1990 - 1999)

Boeing 737-700: 4 (Bj. 1999 - 2004)

Boeing 737-800/-800BCF: 5 (Bj. 2001 - 2007)

Boeing 757-200PF/BCF: 2 (Bj. 1990 - 1992)

Boeing 747-400F/-400ERF: 5 (Bj. 2001 - 2009)

ATR 42: 5 (Bj. 1991 - 1992)

ATR 72: 14 (Bj. 1989 - 2020)

Atlas Air

IATA-Code: 5Y, ICAO-Code: GTI, Rufzeichen: GIANT
Sitz: Purchase, New York/USA, Basis: Miami International Airport (MIA)
Flotte (Frühjahr 2021): ca. 75 (inklusive Dreamlifter)

Atlas Air wurde 1992 gegründet. Die US- amerikanische Frachtgesellschaft begann mit dem Kauf von mehreren Lufthansa Boeing 747-200, die zu Frachtern umgebaut worden waren. Atlas Air ist eine so genannte ACMI-Gesellschaft, bei der Kunden das Flugzeug mit sämtlichen Kosten bis auf den Treibstoff mieten. Sie expandierte sehr rasch, u. a. durch Charteraufträge des US-Militärs. In den ersten Jahren beschränkte man sich auf gebrauchte Jumbo-Jets der -200er Reihe, um 2000 kamen dann neue 747-400F hinzu, später, zuletzt Ende 2020, auch einige Passagier-Jumbos. Ab 2012 dann zehn neue Boeing 747-8F, von denen die Mehrzahl aber für die Tochtergesellschaft Polar Air Cargo fliegt. Anfang 2021 orderte Atlas Air nochmals vier neue zur Auslieferung in 2022 - so wie es aussieht die letzten Jumbo-Jets die gebaut werden. Zuletzt schaffte man vermehrt gebrauchte 747-400F und -ERF an. So ist Atlas Air jetzt der weltgrößte Betreiber von Boeing 747. Ein ganz spezielles Geschäftsfeld sind die vier 747-400 Dreamlifter, die Atlas für den Besitzer Boeing betreibt, um Teile für die 787-Produktion zur Endmontage zu bringen. Etliche Flugzeuge fliegen nicht in der 2001 eingeführten Bemalung mit dem die Weltkugel tragenden sonnengelben Atlas im blauem Heck, weil einige Charterkunden ihre eigenen Farben bevorzugen oder anonym bleiben wollen. Seit kurzem erst ist die Boeing 767 ein Bestandteil der Flotte. Nach einigen uralten 767-200 Frachtern kamen ab 2017 umgebaute -300 hinzu, die zum großen Teil für Amazon Prime Air fliegen. Eine dieser Amazon-767 sorgte Anfang 2019 für den einzigen tödlichen Absturz von Atlas Air.

Boeing 767-200BDSF: 8 (Bj. 1983 - 1985)

Boeing 767-300ER: 5 (Bj. 1992 - 1995)

Boeing 767-300BCF/BDSF: 20 (Bj. 1989 - 1999)

Boeing 747-400: 7 (Bj. 1990 - 2001)

Boeing 747-400BCF/BDSF: 4 (Bj. 1990 - 1997)

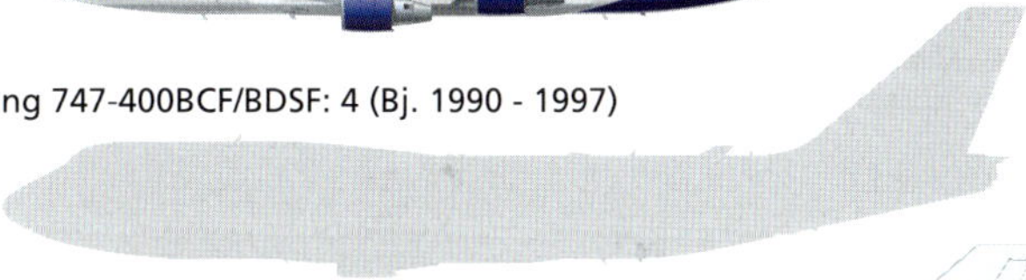

Boeing 747-400F/ERF: 25 (Bj. 1995 - 2008)

Boeing 747-8F: 4 (Bj. 2011 - 2016)

Boeing 747-400LCF Dreamlifter: 4 (Bj. 1990, Umbau 2006)

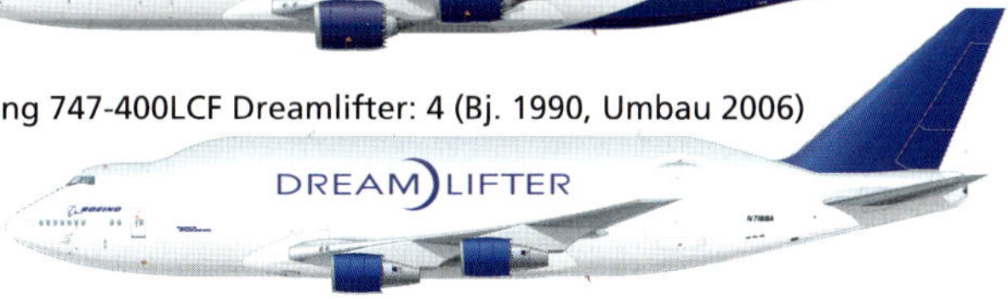

Austrian Airlines

IATA-Code: OS, ICAO-Code: AUA, Rufzeichen: AUSTRIAN
Sitz: Wien/Österreich, Basis: Wien-Schwechat (VIE)
Flotte (Frühjahr 2021): ca. 80
Allianz: Star Alliance

1957 gegründet, ist Austrian Airlines seit 2009 Teil der Lufthansa Group. Die kurz AUA genannte Gesellschaft ist insbesondere auf Osteuropastrecken stark. Die Langstreckenflotte, immer schon inkompatibel mit den anderen Airlines des Lufthansa-Konzerns und dazu noch recht alt, wurde im Zuge der auch die AUA schwer treffenden Coronakrise endgültig auf den Prüfstand gestellt, mit dem Ergebnis, dass die mit Winglets ausgerüsteten Boeing 767-300ER ausgeflottet werden - die erste wurde Anfang März 2021 verabschiedet. Auch die Boeing 777 hat die längste Zeit hinter sich, die älteste Maschine, 1997 noch von Niki Lauda geflogen, wird nach dem Ende für die 767 das älteste Großraumflugzeug im gesamten Konzern sein. Es wird erwartet, dass beide Langstreckentypen von der zentral vom Konzern für nicht näher genannte Airlines bestellten Boeing 787-9 ersetzt werden. Auch die A319-Teilflotte wird in näherer Zukunft zur Disposition gestellt. Vorher ist aber die Dash-8-Turboprop-Teilflotte dran, denn sie wird gegenwärtig durch von der Lufthansa CityLine kommende Embraer ersetzt. Die schon in den letzten Jahren reduzierte Typenvielfalt wird also noch kleiner werden. Mit fast 16 Jahren ist das Durchschnittsalter der AUA-Flugzeuge gegenwärtig zwar noch über dem des konzernweit üblichen, dafür ist die Sicherheitsbilanz der Airline absolut vorbildlich. Die Livery in den Nationalfarben Rot-weiss-rot ist quasi neu und wurde zuletzt 2018 im Nachklang des neuen Lufthansa-Auftritts überarbeitet. 2021 ist aber noch ein guter Teil der Flotte im alten Look unterwegs, die Dash-8-400 werden nicht mehr umlackiert.

Airbus A319: 7 (Bj. 2004 - 2006)

Airbus A320-200: 29 (Bj. 1998 - 2013)

Airbus A321-100/-200: 6 (Bj. 1995 - 2001)

Boeing 767-300ER: 5 (Bj. 1992 - 2000)

Boeing 777-200ER: 6 (Bj. 1997 - 2007)

Bombardier Dash-8-400: 8 (Bj. 1998 - 2010)

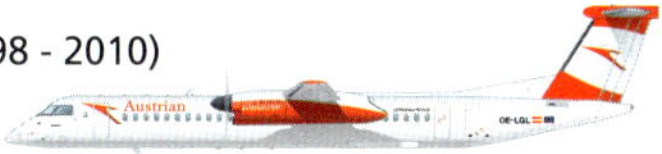

Embraer 195: 17 (Bj. 2009 - 2012)

Avianca

IATA-Code: AV, ICAO-Code: AVA, Rufzeichen: AVIANCA
Sitz: Bogotá/Kolumbien, Basis: Bogotá-El Dorado (BOG)
Flotte (Frühjahr 2021): ca. 130, davon ca. 85 bei Avianca Colombia
Allianz: Star Alliance

Die kolumbianische Avianca ist nach der niederländischen KLM die zweitälteste Airline der Welt. Ende 1919 mit deutscher Hilfe gegründet und seit 1940 unter dem jetzigen Namen, operierte sie in den letzten Jahren mittels praktisch gleich auftretender Tochtergesellschaften von mehreren südamerikanischen Ländern aus. Bereits vor der Coronakrise war die Airlinefamilie aber schon in wirtschaftliche Schwierigkeiten geraten und sah sich 2019 gezwungen einen großen Kredit vom US-Riesen United Airlines aufzunehmen. Aufgrund des starken Geschäftseinbruchs durch die Coronakrise mußte sich Avianca dennoch schon im Mai 2020 unter Gläubigerschutz stellen. Bei Drucklegung dieses Buches war nur ein kleiner Teil der Flotte aktiv, die argentinischen und brasilianischen Tochtergesellschaften wurden eingestellt. Avianca Ecuador, Peru und die Regionaltochter Express bestehen nur aus jeweils einer guten Handvoll Maschinen, Avianca El Salvador und Costa Rica jeweils aus rund einem Dutzend. Avianca besass eigentlich immer schon ein attraktives Markendesign, der gegenwärtige Look stammt aus dem Jahr 2013. Aviancas interkontinentale Routen führen z.B. bis nach Madrid und London. Mit sechs Maschinen ist die Cargosparte Aviancas einer der größten Betreiber der insgesamt doch eher erfolglos gebliebenen A330-200F. Bis auf das Flaggschiff der Flotte, die Boeing 787 in der kürzesten Ausführung -8, besteht Aviancas junge, seit langem unfallfreie Flotte ausschließlich aus Maschinen von Airbus. Die in der nebenstehenden Flottenübersicht gelisteten Flugzeuge beinhalten auch die der erwähnten Tochtergesellschaften.

Airbus A319: 22 (Bj. 2005 - 2016)

Airbus A320-200: 55 (Bj. 2004 - 2016)

Airbus A320neo: 10 (Bj. 2017 - 2019)

Airbus A321-200: 11 (Bj. 2006 - 2018)

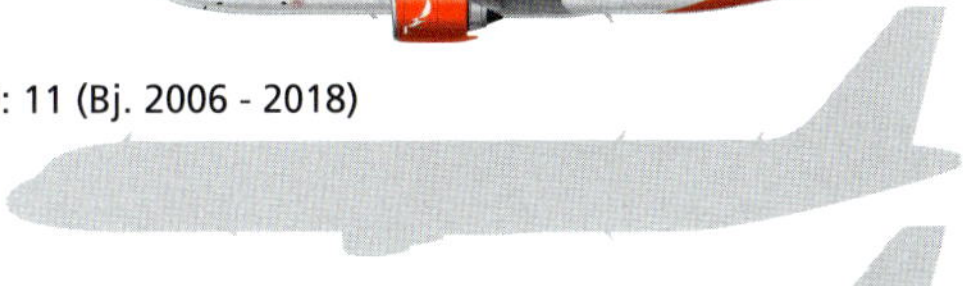

Airbus A321neo: 2 (Bj. 2017)

Airbus A330-200: 7 (Bj. 2009 - 2014)

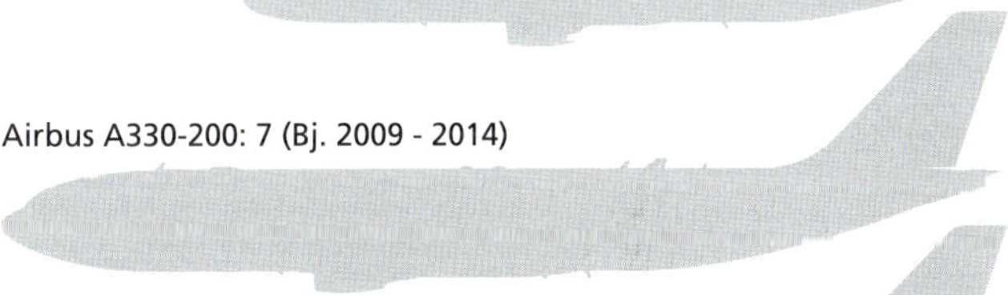

Airbus A330-200F: 6 (Bj. 2013 - 2015)

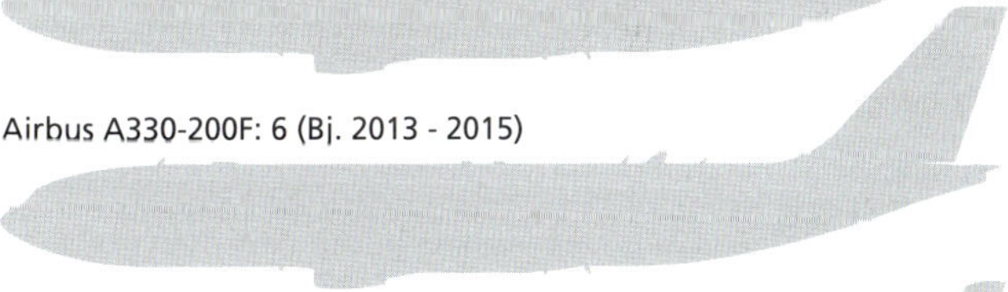

ATR 72: 8 (Avianca Express, Bj. 2013 - 2014)

Boeing 787-8: 13 (Bj. 2014 - 2018)

Azerbaijan Airlines

IATA-Code: J2, ICAO-Code: AHY, Rufzeichen: AZAL
Sitz: Baku/Aserbaidschan, Basis: Baku Heyder Oliyev Airport (GYD)
Flotte (Frühjahr 2021): 23

1991 gegründet, zeichnet sich die Flotte des Flagcarriers von Aserbaidschan durch eine für die doch recht geringe Größe der Airline unglaublich große Typenvielfalt aus. Was dabei noch mehr überrascht ist, dass fast alle Maschinen als Neuerwerbungen zur Flotte stießen, der Typenmix also nicht durch Restriktionen finanzieller oder politischer Art zustande kam. Wer weiss, vielleicht stecken für einmal nicht eiskalt kalkulierende Controller, sondern - sehr selten heute - Luftfahrtenthusiasten mit Herz hinter der Flottenplanung! Zu der Vermutung, dass hier Leute mit Herz das Sagen haben passt, dass die Airline die mittlerweile einzige weltweit ist, die noch den am Markt erfolglosen, dafür umso schöneren Airbus A340-500 einsetzt. Dabei handelt es sich um die beiden letztgebauten dieses ohnehin nur für eine kleine Marktnische - den Ultralangstreckenverkehr - vorgesehenen Typs, zu einem Zeitpunkt ausgeliefert, als dessen mangelnde ökonomische Konkurrenzfähigkeit längst bekannt war. Es passt auch zum emotionalen Ansatz, dass das Design und die Flugzeugbemalung von Aserbaidschan Airlines aufwendig sind und zu den auffälligsten der Welt gehören. Mit 12 Jahren ist die Flotte im Schnitt mittelalt. Die Routen der knallig blauen Flugzeuge reichen abgesehen von den obligatorischen Inlands- und Regionalstrecken auch bis nach Ostasien, die USA und Europa. U. a. wird Frankfurt angeflogen. Was die überraschende Typenvielfalt angeht ist allerdings zu sagen, dass es sich bei fünf Maschinen, wie die jeweils einzelnen Boeing 777-200LR und Airbus A340-600, um Regierungsmaschinen handelt.

Airbus A319: 4 (Bj. 2005 - 2006)

Airbus A320-200: 7 (Bj.2006 - 2015)

Airbzs A340-500: 2 (Bj. 2013)

Airbzs A340-600: 1 (Bj. 2006)

Boeing 757-200: 2 (Bj. 2000)

Boeing 767-300ER: 2 (Bj. 2011 - 2012)

Boeing 777-200LR: 1 (Bj. 2019)

Boeing 787-8: 2 (Bj. 2014)

Embraer 190: 1 (Bj. 2013)

Azul Linhas Aeréas

IATA-Code: AD, ICAO-Code: AZU, Rufzeichen: AZUL
Sitz: Barueri, Sao Paulo/Brasilien, Basis: Viracopos Airport (VCP)
Flotte (Frühjahr 2021): ca. 145

Die in der Nähe von Sao Paulo beheimatete Azul Linhas Aeréas ist die drittgrößte brasilianische und damit auch eine der größten Airlines im gesamten Südamerika. Azul bedeutet Blau, und interessanterweise war David Neeleman, der Gründer der Airline, auch derjenige der erfolgreichen US-Airline JetBlue. 2008 gegründet, expandierte die Billigfluggesellschaft Azul rasend schnell, zuerst auf den Heimatmarkt konzentriert, wo mittlerweile etwa 100 Ziele angeboten werden. Heute erstreckt sich das Streckennetz auch bis nach Fort Lauderdale in Florida und in die portugiesische Hauptstadt Lissabon, mit der Brasilien ja die Sprache gemein hat. Der Langstreckenverkehr stagniert jedoch seit ein paar Jahren aufgrund der schon vor der das Land besonders stark treffenden Coronapandemie wackeligen Wirtschaftlage Brasiliens. Bis auf die beiden alten 737-400-Frachter, die in einer vereinfachten Form der 2012 eingeführten Standardbemalung fliegen, ist die Flotte von Azul Linhas Aeréas mit einem Durchschnittsalter von sechseinhalb Jahren sehr jung, auffällig ist dabei die große Teilflotte von A320neo. Azul ist einer der weltgrößten Betreiber von einheimischen Embraer-Regionaljets und hat inzwischen auch schon einige E-Jets der zweiten Generation E2 erhalten. Fast alle Maschinen tragen Taufnamen, die sich in vielen Fällen auf den Airlinenamen beziehen. Anders als bei fast allen südamerikanischen Konkurrenten mußte In der Coronakrise nur ein kleiner Teil der Flotte stillgelegt werden. Azul Linhas Aeréas kann auf eine unfallfreie Historie zurückblicken.

Airbus A320neo: 42 (Bj. 2016 - 2020)

Airbus A321neo: 3 (Bj. 2019 - 2020)

Airbus A330-200: 8 (Bj. 2000 - 2014)

Airbus A330-900neo: 4 (Bj. 2018 - 2020)

ATR 72: 32 (Bj. 2011 - 2017)

Boeing 737-400SF: 2 (Bj. 1996 - 1997)

Embraer 190: 4 (Bj. 2008 - 2009)

Embraer 195 + 195-E2: 56 (Bj. 2009 - 2020)

Azur Air

IATA-Code: ZF, ICAO-Code: KTK, Rufzeichen: AZUR AIR
Sitz: Krasnojarsk, Südsibirien/Russland, Basis: Scharypowo Airport
Flotte (Frühjahr 2021): ca. 40 inkl. Azur Air Ukraine

Die in türkischem Besitz befindliche russische Charterfluggesellschaft Azur Air existiert unter diesem Namen seit 2014. Im letzten Jahrzehnt expandierte der Urlaubermarkt Russlands immer weiter, einige Neugründungen, von denen manche gebrauchte Boeing 777 als Flaggschiffe einsetzen, kamen hinzu. Nicht alle diese jedoch konnten ihren Ambitionen gerecht werden, so sind Vim und IrAero schon nach kurzer Zeit wieder verschwunden, die Triple Seven-Flotte der Transaero wurde verschrottet. 2018 erhielt Azur Air die erste 777-300ER. Was die operative Flotte angeht, ist die Airline von den Folgen der Coronapandemie relativ wenig betroffen. Ob das aber auch die Wirtschaftlichkeit bzw. die Auslastung betrifft muss offen bleiben. Eine der ehemals von Emirates betriebenen Boeing 777-300ER fliegt in einer Sonderbemalung. Das Flottenalter ist hoch, durchschnittlich über 20 Jahre alt sind die allesamt gebraucht erworbenen Maschinen. Unfälle hatte Azur Air bisher nicht zu beklagen, Sicherheitsmängel sind aber bekannt und führten auch schon zu temporären Lizenzbegrenzungen. Zu Azur Air gehört auch die 2015 ins Leben gerufene Tochterfirma Azur Air Ukraine mit sieben Maschinen, drei 767-300ER, die 2020 erworbene einzelne 757-300 sowie drei 737-800. Die Livery der ukrainischen Sparte entspricht im Wesentlichen der der Muttergesellschaft, mit dem Unterschied, dass statt rot die Zusatzfarbe gelb, eine der Nationalfarben der Ukraine, verwendet wird. Nur wenige Monate existierte 2018 mit Azur Air Germany auch ein in Düsseldorf beheimateter Ableger, der allerdings nur drei 767 und eine 737-900 betrieb.

Boeing 767-800: 7 (Bj. 1998 - 2003)

Boeing 737-900: 2 (Bj. 2007)

Boeing 757-200: 9 (Bj. 1994 - 2002)

Boeing 757-300: 1 (Ukraine, Bj. 1999)

Boeing 767-300ER: 15 (Bj. 1991 - 2001)

Boeing 777-300ER: 5 (Bj. 2006 - 2008)

Antonov Airlines - Antonov Design Bureau

IATA-Code: -, ICAO-Code: ADB, Rufzeichen: ANTONOV BUREAU
Sitz: Kiew/Ukraine, Basis: Kiew Gostomel (GML)
Flotte (Frühjahr 2021): 9

Antonov Airlines weltweite Alleinstellung beruht darauf, dass die ukrainische Frachtairline die einzige Antonow An-225 einsetzt, das größte Flugzeug der Welt, in den 1980er-Jahren entwickelt, um als Transporter der sowjetischen, aufgrund des Zusammenbruchs der kommunistischen Diktatur nie gestarteten Raumfähre zu dienen. Kernstück der zu dem gleichnamigen Flugzeughersteller gehörenden Airline ist aber die zweitgrößte zivile An-124-Flotte der Welt. Daneben gehört der 2015 zum ersten mal abgehobene, in Militärgrau gehaltene Prototyp des (knapp) mittelgroßen Mehrzweck-Frachtjets An-178 zur Flotte, das bisher einzige gebaute Flugzeug dieses Typs.

Antonov An-178: 1 (Bj. 2015)

Antonov An-124: 7 (Bj. 1987 - 1994)

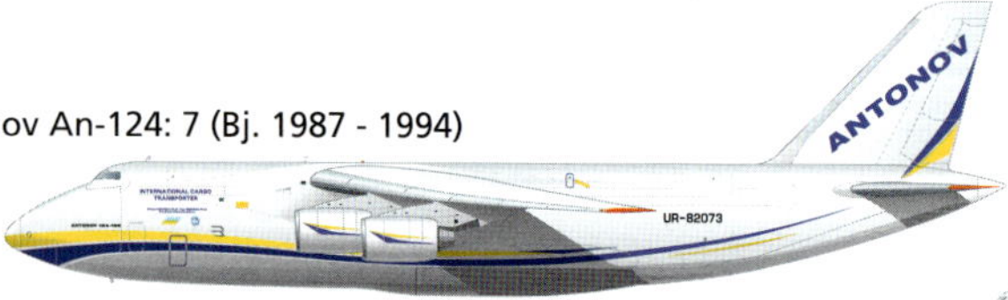

Antonov An-225: 1 (Bj. 1988)

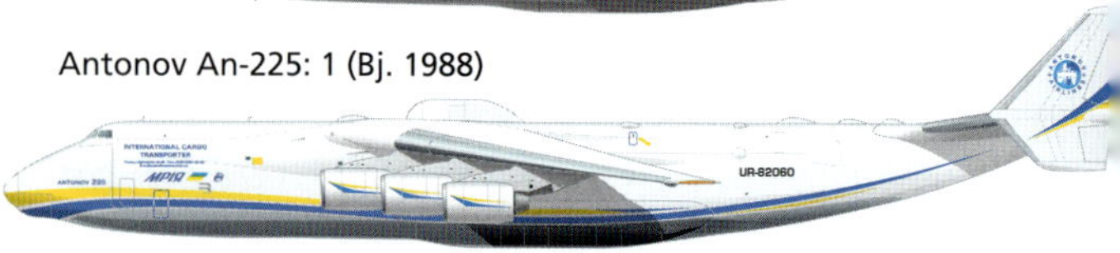

Bamboo Airways

IATA-Code: QH, ICAO-Code: BAV, Rufzeichen: BAMBOO
Sitz: Qui Nhon/Vietnam, Basis: Phu Cat Airport (UIH)
Flotte (Frühjahr 2021): ca. 25

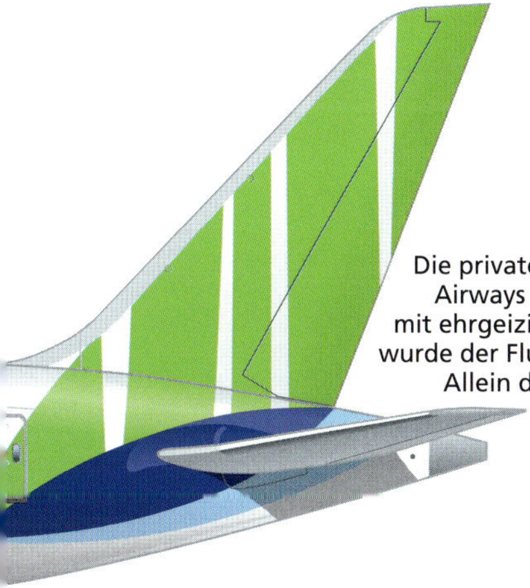

Die private vietnamesische Bamboo Airways ist eine sehr junge Airline mit ehrgeizigen Plänen. Anfang 2019 wurde der Flugbetrieb aufgenommen. Allein die Langstreckenflotte soll bis auf 30 Boeing 787 ausgebaut werden, dazu stehen viele A321neo in den Auftragsbüchern.

Airbus A319: 1 (Bj. 2005)

Airbus A320-200: 6 (Bj. 2006 - 2009)

Airbus A320neo: 5 (Bj. 2019)

Airbus A321-200: 3 (Bj. 2012)

Airbus A321neo: 5 (Bj. 2018 - 2021)

Boeing 787-9: 3 (Bj. 2018 - 2019)

Embraer 190/195: 6 (Bj. 2004 - 2014)

Bangkok Airways

IATA-Code: PG, ICAO-Code: BKP, Rufzeichen: BANGKOK AIR
Sitz: Bangkok/Thailand, Basis: Bangkok-Suvarnabhumi Airport (BKK)
Flotte (Frühjahr 2021): ca. 40

Die Ursprünge von Bangkok Airways gehen bis auf das Jahr 1968 zurück, seit 1989 wird unter dem jetzigen Namen geflogen. Die Airline konzentriert sich vor allem auf Flüge innerhalb Thailands, bietet aber auch Routen in andere südostasiatische Länder wie Singapur, Indien oder die Malediven an. Der Anteil an ATR-Turboprops in der Flotte ist recht hoch. Bangkok Airways hat einen recht guten Ruf, die mit etwa 11 Jahren noch als relativ jung zu bezeichende Flotte hatte in den letzten 10 Jahren keine Unfälle zu verzeichnen. Allerdings hat die Coronakrise die stark vom Urlaubsverkehr abhängige Airline besonders getroffen. Die Flugzeuge der Bangkok Airways sind recht bunt und unterschiedlich lackiert.

Airbus A319: 15 (Bj. 2004 -2009)

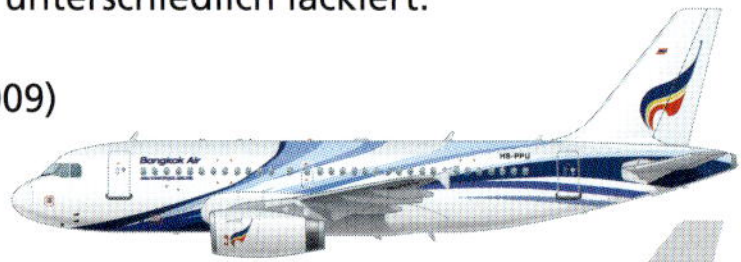

Airbus A320-200: 9 (Bj. 2004 - 2008)

ATR 72: 13 (Bj. 2014 - 2019)

Batik Air

IATA-Code: ID, ICAO-Code: BTK, Rufzeichen: BATIK
Sitz: Jakarta/Indonesien, Basis: Jakarta Soekarno Hatta Airport (CGK)
Flotte (Frühjahr 2021): ca. 75

Die indonesische Batik Air ist ein 2011 gegründetes Tochterunternehmen der großen Billigfluggesellschaft Lion Air und bedient Inlandstrecken im Inselreich Indonesien. Die Flotte ist mit einem Durchschnittsalter von unter fünf Jahren sehr jung. In Anbetracht dessen ist es ungewöhnlich, dass sowohl Airbus A320 wie auch Boeing 737 in Konkurrenz zueinander geflogen werden.

Airbus A320-200: 44 (Bj. 2014 - 2019)

Airbus A320neo: 1 (Bj. 2020)

Boeing 737-800: 24 (Bj. 2015 - 2017)

Boeing 737-900ER: 6 (Bj. 2013)

Belavia

IATA-Code: B2, ICAO-Code: BRU, Rufzeichen: BELARUS AVIA
Sitz: Minsk/Belarus, Basis: Minsk Airport (MSQ)
Flotte (Frühjahr 2021): ca. 30

Die weissrussische Belavia wurde 1996 gegründet. Die Umstellung auf westliche Flugzeugmuster begann mit gebrauchten Boeing. Mittlerweile hat Belavia auch neu gekaufte Maschinen in der Flotte. Die Bemalung stammt von 2016, einige Maschinen fliegen aber noch im alten Design. Das Alter der Flotte ist mit etwa 13 Jahren durchschnittlich. Vier Boeing 737-MAX 8 sind als Ersatz für die alten „Classics"bestellt, ihr Auslieferungstermin aber noch unklar. Das Streckennetz umfasst regionale Routen ins europäische Ausland, dem Nahen Osten und natürlich die GUS-Staaten.

Boeing 737-500: 3 (Bj. 1995 - 1996)

Boeing 737-300: 3 (Bj. 1993 - 1997)

Boeing 737-800: 10 (Bj. 2000 - 2016)

Bombardier CRJ200: 1 (Bj. 2020)

Embraer 175: 5 (Bj. 2012 - 2020)

Embraer 195/195-E2: 9 (Bj. 2014 - 2021)

Blue Air

IATA-Code: 0B, ICAO-Code: BLA, Rufzeichen: BLUE AIR
Sitz: Bukarest/Rumänien, Basis: Bukarest Henri Coanda Airport (OTP)
Flotte (Frühjahr 2021): 15

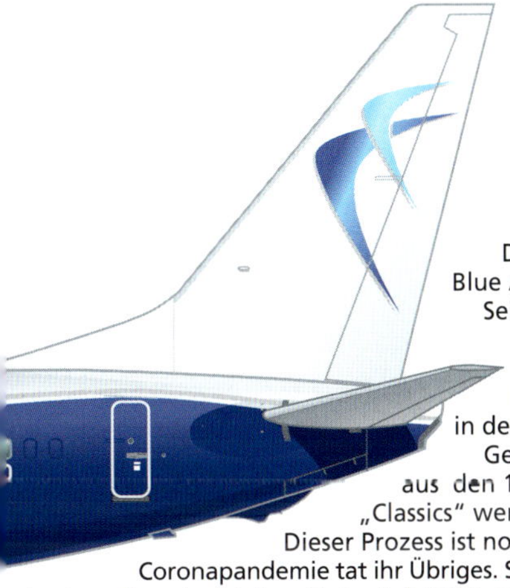

Der rumänische Billigflieger Blue Air wurde 2004 gegründet. Seither werden ausschließlich gebraucht erworbene Boeing 737 eingesetzt. In den letzten Jahren fand in der Flotte ein fast kompletter Generationswechsel statt, die aus den 1990er-Jahren stammenden „Classics" werden durch 737-800 ersetzt. Dieser Prozess ist noch nicht abgeschlossen, die Coronapandemie tat ihr Übriges. Sie traf die Airline besonders hart, so dass sie sich bereits im Juli 2020 unter Gläubigerschutz stellen und die Flotte um ein Drittel schrumpfen mußte. Das Routennetz von Blue Air erstreckt sich über Teile von Europa. Unfälle hatte Blue Air bisher nicht zu beklagen. Die etwas unaufgeräumte aktuelle Bemalung der Flotte wurde Mitte des letzten Jahrzehnts zuletzt modernisiert.

Boeing 737-500: 4 (Bj. 1990 - 1991)

Boeing 737-300: 1 (Bj. 1991)

Boeing 737-700: 1 (Bj. 2003)

Boeing 737-800: 9 (Bj. 2000 - 2011)

British Airways

IATA-Code: BA, ICAO-Code: BAW, Rufzeichen: SPEEDBIRD
Sitz: London/Großbritannien, Basis: London-Heathrow (LHR)
Flotte (Frühjahr 2021): ca. 240 + 25 (BA CityFlyer)
Allianz: Oneworld

British Airways, kurz BA, entstand 1972 aus der Fusion der nationalen Langstreckengesellschaft BOAC und der für kürzere Strecken zuständigen BEA. Daraus entwickelte sich eine der größten und wichtigsten internationalen Airlines der Welt, und London-Heathrow zum verkehrsreichsten Airport Europas. Von hier aus spannt sich das lange weltweit weitreichendste Streckennetz einer Airline. Lange stand British Airways für die Boeing 747, in den letzten 10 Jahren betrieb sie die weltgrößte Flotte an Jumbojets. Das Ende der allerdings schon alternden 747-400-Flotte kam schlagartig, im Sommer 2020 wurden wegen der Coronakrise die verbliebenen knapp 30 Maschinen auf einen Schlag ausser Dienst gestellt. BA ist wie wenige große Airlines der Welt besonders stark auf den Langstreckenverkehr fokussiert. Auch das Flottenflaggschiff, die A380, mußte eingemottet werden, die endgültige Entscheidung über ihr Schicksal steht aber noch aus. So sind plötzlich vor allem die neuen Boeing 787 und A350 Rückgrat der auf auf einmal weit weniger, aber immer noch beeindruckenden Langstreckenflotte. BA least dazu einige der letztgebauten 777-300ER. Die 777-200ER kommt in die Jahre und ist wie anderswo auch sicher der nächste zu streichende Typ. Das Durchschnittsalter der Flotte ist mit an die 13 Jahre im mittleren Bereich, die Sicherheitsbilanz gut. Die Bemalung der Flotte stammt aus dem Jahr 1997 und war damals eigentlich nur für die Concorde vorgesehen, bevor sie ab 2000 zur Standardlackierung erklärt wurde. Zu British Airways gehört auch eine vom Londoner City-Airport aus mit Embraer-Jets operierende Regionaltochter namens BA CityFlyer.

Airbus A319: 34 (Bj. 1999 - 2007)

Airbus A320-200: 67 (Bj. 1999 - 2014)

Airbus A320neo: 14 (Bj. 2018 - 2021)

Airbus A321-200: 18 (Bj. 2002 - 2009)

Airbus A321neo: 10 (Bj. 2019 - 2020)

Airbus A350-1000: 8 (Bj. 2019 - 2020)

Boeing 787-8: 12 (Bj. 2013 - 2018)

Boeing 787-9: 18 (Bj. 2015 - 2018)

Boeing 787-10: 2 (Bj. 2020)

Boeing 777-200ER: 43 (Bj. 1997 - 2009)

Boeing 777-300ER: 16 (Bj. 2010 - 2020)

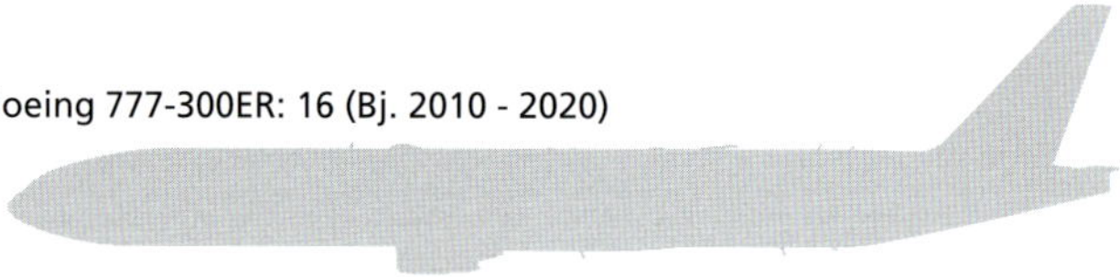

Airbus A380: 12 (Bj. 2013 - 2016)

Embraer 170: 3 (Bj. 2009 - 2010)

Embraer 190: 22 (Bj. 2008 - 2014)

Biman Bangladesh

IATA-Code: BG, ICAO-Code: BBC, Rufzeichen: BANGLADESH
Sitz: Dhaka/Bangladesh, Basis: Dhaka Airport (DAC)
Flotte (Frühjahr 2021): 21

Biman Bangladesh fliegt seit 1972. Der Name der Airline bedeutet schlicht Flugzeug. Im vergangenen Jahrzehnt wurde die Flotte radikal modernisiert und mit Beginn dieser Umstellung 2011 die aktuelle Bemalung eingeführt. Biman war 2014 die weltweit letzte Airline, die die MDD DC 10 außer Dienst stellte. Das Streckennetz reicht bis Europa. Die einst schlechte Sicherheitsbilanz hat sich durch die neue Flotte stark verbessert, zuletzt mußte 2019 eine Dash-8-400 abgeschrieben werden.

Boeing 737-800: 6 (Bj. 2001 -2015)

Boeing 787-8: 4 (Bj. 2018 - 2019)

Boeing 787-9: 2 (Bj. 2019)

Boeing 777-300ER: 4 (Bj. 2011 - 2014)

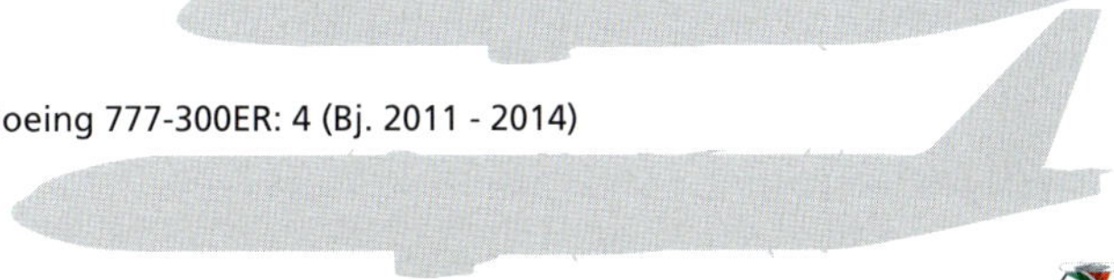

Bombardier Dash-8-400: 5 (Bj. 2008 - 2021)

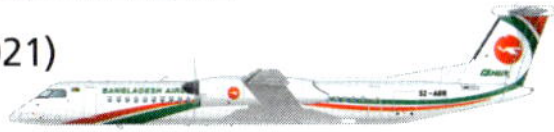

Brussels Airlines

IATA-Code: SN, ICAO-Code: BEL, Rufzeichen: BEE-LINE
Sitz: Brüssel/Belgien, Basis: Brüssel-Zaventem Airport (BRU)
Flotte (Frühjahr 2021): ca. 45
Allianz: Star Alliance

Brussels Airlines wurde als SN Brussels Airlines als Nachfolgegesellschaft des ehemaligen, 2001 zusammengebrochenen belgischen Flagcarriers Sabena gegründet. Die Airline übernahm auch einige Maschinen aus dem Sabena-Bestand. Seit 2017 gehört sie zu 100% der Lufthansa. Traditionell, quasi als Erbe der Sabena, ist die Airline insbesondere auf Afrikarouten stark, was die Konzentration der Langstreckenflotte auf die A330 erklärt. In Amerika werden nur die USA angeflogen, auch auf Asienrouten ist die Airline schwach aufgestellt. Es besteht eine enge Zusammenarbeit insbesondere mit der Lufthansa-Billigtochter Eurowings. So flog Brussels in den letzten Jahren kurzzeitig einige A340-300 im Auftrag und in den Farben von Eurowings. Ebenfalls in letzter Zeit wurden die alten, noch aus Sabena-Zeiten stammenden A330-300 durch neuere, z.B. aus Beständen von Singapore Airlines und der Lufthansa ersetzt. Überhaupt besteht ein großer Teil der Flotte aus Maschinen aus zweiter Hand. Brussels Airlines ist von der Coronakrise stark betroffen, etliche Flugzeuge mußten abgestellt werden. Eine Reduzierung der Flottengröße auf 38 Maschinen ist geplant, die A319 soll ganz gestrichen werden, die beiden letzten A330-200 verliessen schon im Winter 2020/2021 die Flotte. Aufwendige Sonderbemalungen, aktuell sind es sechs, fünf davon auf Airbus A320, gehören seit langem zum Marketingprogramm von Brussels Airlines. Das Corporate Design von Brussels Airlines mit der ungewöhnlichen Flugzeugbemalung mit dem blasslila Rumpf stammt in den Grundzügen noch aus der Zeit von SN Brussels Airlines, also lange vor dem Einstieg der Lufthansa.

Airbus A319: 18 (Bj. 2000 - 2010)

Airbus A320-200: 16 (Bj. 2001 - 2010)

Airbus A330-300: 12 (Bj. 2004 - 2010)

Bulgaria Air

IATA-Code: FB, ICAO-Code: LZB, Rufzeichen: FLYING BULGARIA
Sitz: Sofia, Bulgarien, Basis: Sofia Airport (SOF)
Flotte (Frühjahr 2021): 11 + 5 bei Bul Air

Bulgaria Air ist die nationale Airline Bulgariens, und mit aktuell elf Flugzeugen (zzgl. fünf alte Boeing 737 bei der Chartertochter Bul Air) wohl der kleinste Flagcarrier eines europäischen Flächenlandes. 2002 gegründet, bietet sie vor allem Flüge innerhalb Europas an. Die kleine Flotte ist mit durchschnittlich etwa 13 Jahren mittelalt - aber nur wenn man die 25 Jahre alten 737 der Bul Air nicht mitzählt.

Airbus A319: 2 (Bj. 2007 - 2008)

Airbus A320-200: 4 (Bj. 2005 - 2014)

Embraer 190: 4 (Bj. 2012)

Boeing 737-300: 1 + 5 (Bj. 1990 - 1998)

Boliviana de Aviacion

IATA-Code: OB, ICAO-Code: BOV, Rufzeichen: BOLIVIANA
Sitz: Cochabamba/Bolivien, Basis: Cochabamba Jorge Wilstermann (CBB)
Flotte (Frühjahr 2021): 22

Der im Jahr 2007 gegründete Flagcarrier Boliviens setzt ganz auf Boeings aus zweiter Hand. Anfangs 737-300, seit 2015 sind auch einige neuere 737-Typen dazugekommen. Da die kleine Langstreckenflotte auch aus alten Maschinen besteht, ist das Durchschnittsalter der bislang unfallfreien Flotte mit 23 Jahren aber immer noch sehr hoch. Langstrecken gibt es wenige im Flugplan, sie reichen bis nach Madrid und Miami.

Boeing 737-300: 9 (Bj. 1990 - 1997)

Boeing 737-700: 3 (Bj. 1998 - 2004)

Boeing 737-800: 4 (Bj. 2001 - 2002)

Boeing 767-300ER: 4 (Bj. 1994 - 1996)

Bombardier CRJ200: 2 (Bj. 2001)

Canadian North

IATA-Code: 5T, ICAO-Code: MPE, Rufzeichen: EMPRESS
Sitz: Yellowknife/Kanada, Basis: Yellowknife Airport (YZF)
Flotte (Frühjahr 2021): ca. 30

Ende 2019 fusionierte Canadian North mit der im Besitz der Inuit-Ureinwohner befindlichen First Air. Dabei wurde einerseits zwar die noch recht frische rot-weisse Livery von First Air übernommen, die gemeinsame Airline, die weiterhin Passagier- und Frachtflüge anbietet, heißt jedoch Canadian North. Der Norden Kanadas ist ein Paradies für alte und sehr alte Flugzeuge, auch die sämtlich schon durch viele Hände gegangene Flotte von Canadian North macht da mit einem stolzen Durchschnittsalter von 26 Jahren keine Ausnahme. Eine Auffrischung mit der Boeing 737 700 ist allerdings in Planung.

ATR 42: 13 (Bj. 1989 - 2000)

BAE Avro RJ85: 1 (Bj. 1996)

Boeing 737-200C: 2 (Bj. 1980)

Boeing 737-300: 10 (Bj. 1998 - 1999)

Boeing 737-400/400C: 4 (Bj. 1991 -1994)

Capital Airlines Beijing

IATA-Code: JD, ICAO-Code: CBJ, Rufzeichen: CAPITAL JET
Sitz: Peking/VR China, Basis: Beijing Daxing Intl. Airport (PKX)
Flotte (Frühjahr 2021): ca. 75

Capital Airlines Beijing, ehemals Deerjet, ist die jüngste Fluggesellschaft in der Volksrepublik China. 2010 gegründet, hat sie als Tochtergesellschaft von Hainan Airlines aber bereits eine ansehnliche Größe erreicht. Großaktionär ist der an vielen Airlines beteiligte HNA-Konzern. HNAs Fluggesellschaften erkennt man gut an den Unternehmensfarben rot und gelb sowie eindeutig chinesisch geprägten Logos. Das Flottenalter ist mit etwa sechseinhalb Jahren sehr jung, aber typisch für eine chinesische Fluggesellschaft. Capital Airlines konzentriert sich auf inländische Routen, die bis auf den dünn besiedelten und, freundlich formuliert, politisch etwas instabilen Südwesten auch in die entlegendsten Regionen Chinas führen. Das Langstreckennetzwerk ist klein und umfasst Flüge nach London und Lissabon. Unfälle hat es bisher nicht gegeben, überhaupt sind keine erwähnenswerten sicherheitsrelevanten Ereignisse bekannt, die die Airline zu beklagen gehabt hätte.

Airbus A319: 10 (Bj. 2005 - 2010)

Airbus A320-200: 28 (Bj. 2010 - 2016)

Airbus A320neo: 5 (Bj. 2018)

Airbus A321-200: 19 (Bj. 2016 - 2018)

Airbus A330-200: 7 (Bj. 2009 - 2019)

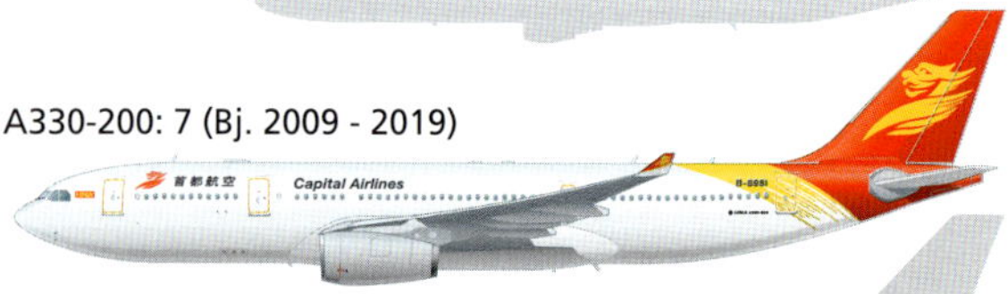

Airbus A330-300: 3 (Bj. 2016 - 2018)

Cargojet

IATA-Code: W8, ICAO-Code: CJT, Rufzeichen: CARGOJET
Sitz: Mississauga, Ontario/Kanada, Basis: Hamilton Airport (YHM)
Flotte (Frühjahr 2021): 25

Die kanadische Frachtgesellschaft CargoJet nahm 2002 ihren Betrieb auf. Das Geschäftsmodell der Airline ist insofern ungewöhnlich als dass es in erster Linie auf Nachtflüge im Inland spezialisiert ist. In Europa werden auch Köln/Bonn und Brüssel bedient. Das Alter der Flotte liegt mit gut 28 Jahren im Durchschnitt auch für eine Cargoairline sehr hoch, was sich auch durch die Anfang 2021 verkündete, für die nächsten drei Jahre vorgesehene Expansion mit fünf weiteren 767 und zwei 777 nicht dramatisch ändern dürfte, die durch einen großen Deal mit DHL möglich gemacht wird. Dabei ist noch nicht klar, ob es sich bei den für 2023 geplanten Triple Seven um gebrauchte 777F oder um 777-300ER- Frachterumbauten handeln wird.

Boeing 757-200PCF: 8 (Bj. 1987 - 1993)

Boeing 767-200BDSF: 3 (Bj. 1985 - 2000)

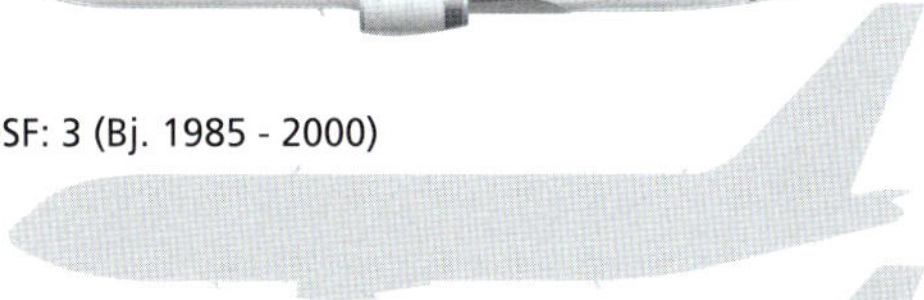

Boeing 767-300BCF/BDSF: 14 (Bj. 1988 - 1998)

Cargolux

IATA-Code: CV, ICAO-Code: CLX, Rufzeichen: CARGOLUX
Sitz: Sandweiler/Luxemburg, Basis: Luxemburg-Findel Airport (LUX)
Flotte (Frühjahr 2021): 30 (inkl. Cargolux Italia)

Cargolux ist eine der größten und renommiertesten Luftfrachtgesellschaften der Welt. Seit langem betreibt das 1970 gegründete luxemburgische Unternehmen ausschliesslich Boeing 747-Frachter. Für die Frachterversionen der 747-400- und 747-8-Baureihen war Cargolux jeweils einer der größten Kunden. Die 747-400F-Teilflotte besteht zum großen Teil aus neu erworbenen Maschinen - diese erkennt man an den fassförmigen Rolls-Royce-Triebwerken. In den letzten Jahren hat sich die Airline aber darauf verlegt, anstatt die 747-8F-Flotte mit neuen Maschinen zu erweitern, gebrauchte -400F hinzuzukaufen bzw. zu leasen. Hätte Boeing nicht das Ende der 747-Produktion verkündet, Cargolux hätte ziemlich sicher in den nächsten Jahren weitere geordert. Das Durchschnittsalter der Flotte beträgt etwa 12 Jahre, sehr niedrig für ein Frachtunternehmen. Erwähnenswerte sicherheitsrelevante Vorkommnisse, gar Unfälle hat es seit sehr langer Zeit nicht gegeben. Alle Flugzeuge von Cargolux tragen am Bug die Namen luxemburgischer Gemeinden mit Stadtwappen. Die aktuelle Bemalung, die farbenfroheste der Unternehmensgeschichte, wurde Ende 2011 mit der ersten 747-8 eingeführt. Zum 50jährigen Unternehmensjubiläum 2020 wurde eine neu als Gebrauchtflugzeug hinzugekommene Boeing 747-400F in einer Retrobemalung lackiert, eine 747-8 erhielt riesige, clever gestaltete Jubiläumstitel. Cargolux betreibt auch eine italienische Dependence namens Cargolux Italia, deren Flotte aus vier Boeing 747-400F besteht, Flugzeuge, die immer mal wieder mit denen der Hauptflotte rotieren wenn eine Maschine zu einer großen Wartung abgezogen werden muß.

Boeing 747-400F/ERF: 16 (Bj. 1999 - 2009)

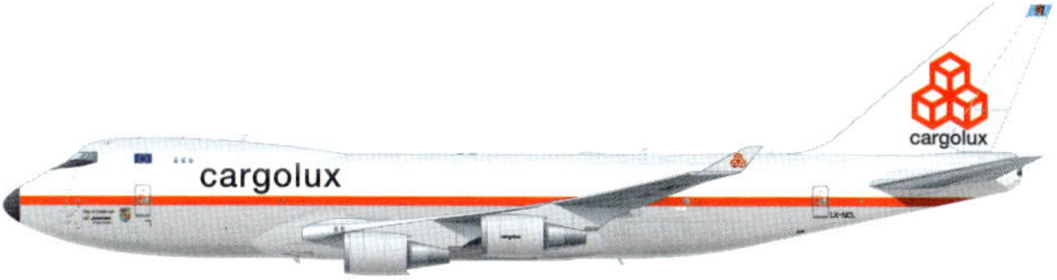

Boeing 747-8F: 14 (Bj. 2010 - 2016)

Caribbean Airlines

IATA-Code: BW, ICAO-Code: BWA, Rufzeichen: CARIBBEAN AIRLINES
Sitz: Port of Spain/Trinidad und Tobago, Basis: Piarco Intl. Airport (POS)
Flotte (Frühjahr 2021): 17

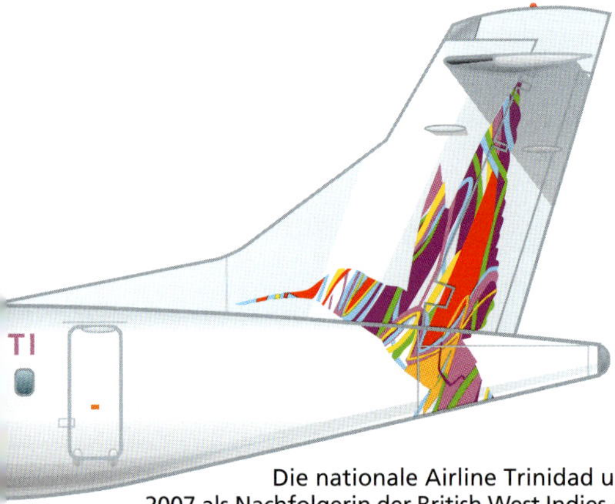

Die nationale Airline Trinidad und Tobagos wurde 2007 als Nachfolgerin der British West Indies Airways gegründet. Caribbean Airlines ist aber anders als die auch mit Großraumflugzeugen im Langstreckengeschäft tätig gewesene BWIA hauptsächlich regional tätig und natürlich insbesondere zwischen Trinidad und Tobago. Die seit der Übernahme von Air Jamaica 2011 größte Airline der Karibik fliegt aber mit ihren Boeing 737 auch bis nach New York und Toronto, und bedient darüber hinaus mehrere Ziele in Mittelamerika. Mit einem Durchschnittsalter von ca. 14 Jahren liegt die Flotte im Mittelfeld. Die Bemalung ist recht bunt mit riesigen Billboardtiteln auf dem Rumpf. Etliche Maschinen tragen aber nur diese und führen nicht das Foto eines Kolibris im Leitwerk, der eigentlich zur vollen bisherigen Bemalung gehört. Zeitgleich mit dem Beginn der Coronakrise im März 2020 wurde eine neue Bemalung mit einem stilisierten, sehr bunten Colibri als Logo gelauncht. Die Krise machte auch die Gewinne wieder zunichte, die die Airline 2019 erstmals verbuchen konnte.

Boeing 737-800: 10 (Bj. 1999 - 2011)

ATR 72: 7 (Bj. 2011 - 2016)

Caspian Airlines

IATA-Code: RV, ICAO-Code: CPN, Rufzeichen: CASPIAN
Sitz: Teheran/Iran, Basis: Teheran Imam Chomeini Intl. Airport (IKA)
Flotte (Frühjahr 2021): 11

Die iranische Fluggesellschaft Caspian Airlines gibt es seit 1993. Neben den zumeist inländischem Passagiertransport dienenden MD80 und Boeing 737 werden auch zwei sehr alte 747-Frachter betrieben, die einst der iranischen Luftwaffe gehörten - wobei man das „einst" wohl getrost in Anführungsstriche setzen darf. Die 747-100F ist übrigens eine ehemalige TWA-Maschine mit Baujahr 1969, die mit Baunummer 5 ursprünglich sogar zur 747-Testflotte gehörte.

Boeing 737-500: 2 (Bj. 1998)

Boeing 737-400: 3 (Bj. 1992 - 1993)

Boeing 747-100(SF): 1 (Bj. 1969), B747-200F: 1 (Bj. 1978)

McDonnell Douglas MD-82/83: 4 (Bj. 1990 - 1994)

Cathay Pacific Airways

IATA-Code: CX, ICAO-Code: CPA, Rufzeichen: CATHAY
Sitz: Hong Kong/VR China, Basis: Hong Kong Chep Lap Kok (HKG)
Flotte (Frühjahr 2021): ca. 110

Cathay Pacific Airways zählt aufgrund der hohen Servicequalität schon seit geraumer Zeit zu den Top Ten unter den Fluggesellschaften der Welt. Über 30 Jahre lang bestimmte die Boeing 747 das Bild der Flotte, jetzt ist es die Boeing 777-300ER und zunehmend der Airbus A350. Cathay Pacific betreibt eine bedeutende Cargo-Sparte mit einer der weltgrößten Flotten von noch jungen Boeing 747-Frachtern. Während die Frachter aber praktisch voll beschäftigt sind, hat neben der Coronakrise die zunehmende Unterdrückung der ehemaligen britischen Kronkokonie und die Freiheitsbeschränkungen seitens der chinesischen Zentralregierung Hongkong und damit Cathay Pacifics Passageflotte besonders schwer getroffen. Mehr als die Hälfte der Passagierjets wurde eingemottet, darunter über vier Fünftel der großen 777-Flotte. Etliche 777-300ER gehen zwar planmäßig an Leasinggeber zurück, das Gros der ehemals weltweit zweitgrößten 777-300ER-Flotte wurde aber langfristig eingelagert. Unklar ist, wieviele die Airline davon noch zu ihrer Flotte zählt, bzw. wieviele den Rest ihres Leasingvertrages in der australischen Wüste absitzen. Da als sicher gilt, dass die angejahrten 777-300 nicht wieder zurückkehren, sind diese hier nicht mehr aufgeführt. Auch die Zahl der A330 wurde stark reduziert, und die Auslieferung der als Ersatz für die 777-300ER bestellten 777-9 wird um mehrere Jahre verschoben. Zudem wurde im Oktober 2020 die Regionaltochter Cathay Dragon eingestellt. Der Markenauftritt von Cathay Pacific ist die 2016 vorgestellte sehr elegante Evolution eines Mitte der 1990er-Jahre eingeführten unverwechselbaren Entwurfs der Designagentur Landor.

Airbus A321neo: 2 (Bj. 2020)

Airbus A330-300: 14 (Bj. 2003 - 2013)

Airbus A350-900: 27 (Bj. 2016 - 2020)

Airbus A350-1000: 14 (Bj. 2018 - 2021)

Boeing 777-300ER: ca. 30 (Bj. 2007 - 2015)

Boeing 747-400F: 6 (Bj. 2008 - 2009)

Boeing 747-8F: 14 (Bj. 2011 - 2016)

Cebu Pacific Airlines

IATA-Code: 5J, ICAO-Code: CEB, Rufzeichen: CEBU PACIFIC
Sitz: Pasay City/Philippinen, Basis: Mactan-Cebu Airport (CEB)
Flotte (Frühjahr 2021): ca. 60

Die philippinische Billigfluggesellschaft Cebu Pacific Airlines fliegt seit 1996. Anfangs nur im Inland unterwegs, jetzt wird auch bis nach Australien und den Mittleren Osten geflogen. Cebu Pacific ist erheblich von der Coronakrise betroffen. Ein Drittel der jungen Flotte (Durchschnittsalter etwa fünfeinhalb Jahre), insbesondere A320, wurde zeitweise aus dem aktiven Dienst genommen, was die geplante starke Expansion in Frage stellt.

Airbus A320-200: 22 (Bj. 2011 - 2016)

Airbus A320neo: 5 (Bj. 2019 - 2020)

Airbus A321neo: 7 (Bj. 2019 - 2020)

Airbus A330-300: 7 (Bj. 2013 - 2017)

ATR 72: 21 (Bj. 2008 - 2019)

Chengdu Airlines

IATA-Code: EU, ICAO-Code: UEA, Rufzeichen: UNITED EAGLE
Sitz: Chengdu/VR China, Basis: Chengdu-Shuangliu Airport (CTU)
Flotte (Frühjahr 2021): ca. 60

Die erst 2010 gegründete, in der gleichnamigen zentralchinesischen Metropole beheimatete Chengdu Airlines ist die bisher einzige Airline, bei der der einheimischen Comac ARJ21, so etwas wie einem mit neuen Flügeln und Antrieben überarbeiteten Klon der seligen DC-9/Boeing 717, eine massgebliche Rolle innerhalb der Flotte zukommt. Chengdu Airlines war Erstkunde dieses Regionaljets und betreibt mehr als 50% der seit 2015 ausgelieferten Maschinen, weitere sind bestellt. Die Flotte ist mit einem Durchschnittsalter von rund fünf Jahren sehr jung - typisch für alle expandierenden chinesischen Airlines. Über sicherheitsrelevante Ereignisse ist nichts bekannt, Unfälle sind jedenfalls bisher keine zu beklagen. Der Markenauftritt ist mit seinen geschwungenene Linien und den Farben rot und goldgelb landestypisch.

Airbus A319: 4 (Bj. 2017 - 2018)

Airbus A320-200: 34 (Bj. 2006 - 2019)

Comac ARJ21: 23 (Bj. 2015 - 2020)

China Airlines

IATA-Code: CI, ICAO-Code: CAL, Rufzeichen: DYNASTY
Sitz: Taipeh/Taiwan, Basis: Taiwan Taoyuan International Airport (TPE)
Flotte (Frühjahr 2021): ca. 90
Allianz: SkyTeam

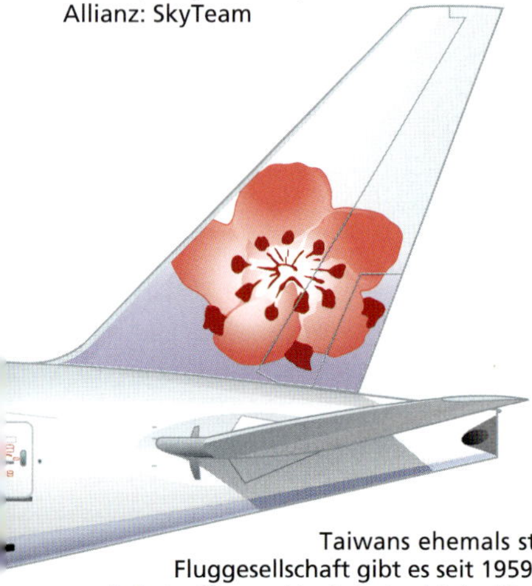

Taiwans ehemals staatliche, 1991 privatisierte Fluggesellschaft gibt es seit 1959. Sie ist von der Coronakrise wenig betroffen und in Anbetracht der überschaubaren Größe Taiwans vor allem international tätig, trotz der politischen Verwicklungen auch in der Volksrepublik China. Fernziele liegen in Ozeanien, in Europa - hier auch Frankfurt am Main - und den USA. In den letzten Jahren wurde die Flotte durch Airbus A350-900 modernisiert, die vor allem Boeing 747-400 ersetzten, die für Jahrzehnte das Rückgrat der Airline bildeten. Die letzten verbliebenen 747-400, übrigens die letztgebauten mit Auslieferung 2005, schieden Ende 2020 aus dem regulären Dienst aus, werden bis auf Weiteres aber z.B. zur Schulung der Frachterpiloten eingesetzt. Im Vergleich zur Passageflotte ist die Frachtsparte von China Airlines sehr groß, sie besteht sogar aus einer der weltweit größten Flotten von 747-400F. Die eigenständige, attraktive Flugzeugbemalung in ungewöhnlichen Farben stammt von 1995. Sie folgt keinen Trends und besitzt daher eine gewisse Zeitlosigkeit. Vor wenigen Jahren wurde sie leicht modifiziert, in dem man den Titeln und der Blume im Leitwerk eine subtile Überarbeitung angedeihen ließ. Mit der Auslieferung der ersten 777F Ende 2020 wurde das Titeldesign abermals geändert, ob das auch die Passageflotte betreffen wird, ist aber noch fraglich. China Airlines Sicherheitsbilanz war früher alles andere als gut, der letzte Absturz ist aber mittlerweile lange her, datiert von 2002 und war gleichzeitig das letzte Unglück einer 747-Passagiermaschine überhaupt. Das Flottendurchschnittsalter liegt bei gut 10 Jahren.

Airbus A330-300: 23 (Bj. 2004 - 2014)

Airbus A350-900: 14 (Bj. 2016 - 2018)

Boeing 737-800: 19 (Bj. 1999 - 2016)

Boeing 777F: 3 (Bj. 2020 - 2021)

Boeing 777-300ER: 10 (Bj. 2014 - 2016)

Boeing 747-400: 3 (Bj. 2004 - 2005)

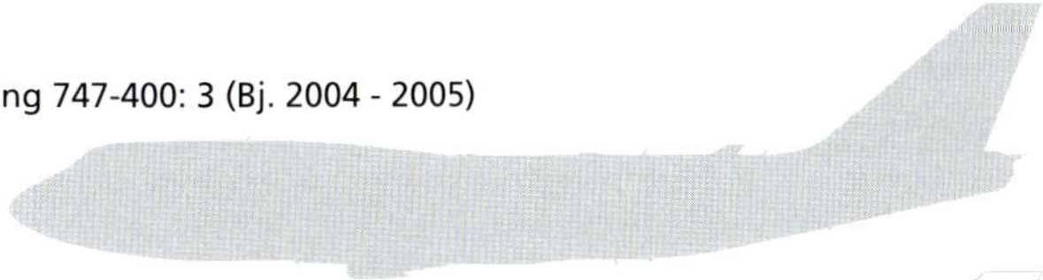

Boeing 747-400F: 18 (Bj. 2000 - 2006)

China Eastern Airlines

IATA-Code: MU, ICAO-Code: CES, Rufzeichen: CHINA EASTERN
Sitz: Schanghai/VR China, Basis: Shanghai-Pudong Intl. Airport (PVG)
Flotte (Frühjahr 2021): ca. 555 + 22 (China Yunnan) + 10 (China Cargo)
Allianz: SkyTeam

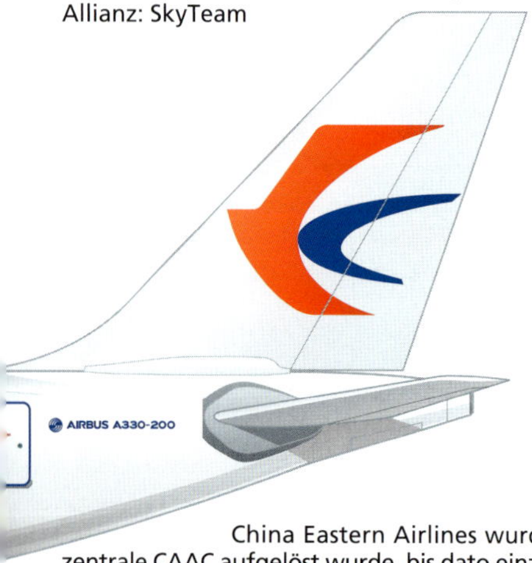

China Eastern Airlines wurde 1988 gegründet, als die zentrale CAAC aufgelöst wurde, bis dato einzige Fluggesellschaft Chinas. Die anfangs nur regional fliegende Airline ist heute die zweitgrößte des Landes nach China Southern. In Europa wird u.a. Frankfurt am Main angeflogen. Die Flotte gehört nach dem Flagcarrier Air China zu den typenreichsten weltweit, nur an die ganz großen Flugzeuge hat sich China Eastern nicht herangetraut, zwei Jumbo-Frachter ausgenommen. Zu China Eastern gehört nämlich auch die Langstreckenrouten bedienende Frachtsparte China Cargo, die dasselbe Logo nutzt. Dies trifft auf China Eastern Yunnan Airlines zu, deren kleine Boeing 737-Flotte bis auf Zusatztitel nicht von der der Muttergesellschaft zu unterscheiden ist. China Easterns 2014 eingeführte Flugzeugbemalung gehört zu den uninspiriertesten der Welt. Es handelt sich um einen Look, der zu billigen Charterairlines mit einem Dutzend alterschwacher Jets passt, aber keinesfalls zu einem Marktführer. Weisser Rumpf, Schriftzüge, die von der alten Bemalung übernommen wurden, ein schlichtes, wenig aussagefähiges Logo am Heck, tristgraue Triebwerke. Nichts, an dem das Auge hängenbleiben könnte. Der öde, ja halbfertig wirkende Auftritt ist in den Augen des Autors ein Armutszeugnis für ein solch großes Unternehmen, nach dem Motto: man kann es mit der Sparsamkeit auch übertreiben. Dem Ruf der Airline tut das aber wenig Abbruch, das Produkt scheint zu stimmen. Die Flotte ist modern und jung, im Durchschnitt ist ein Flugzeug nur gut sieben Jahre alt. Der letzte Absturz einer Maschine von China Eastern datiert von 2004.

Airbus A319: 35 (Bj. 2006 - 2016)

Airbus A320-200: 178 (Bj. 1997 - 2018)

Airbus A320neo: 49 (Bj. 2017 - 2021)

Airbus A321-200: 77 (Bj. 2004 - 2017)

Airbus A321neo: 1 (Bj. 2019)

Airbus A330-200: 30 (Bj. 2007 - 2015)

Airbus A330-300: 25 (Bj. 2007 - 2018)

Airbus A350-900: 8 (Bj. 2018 - 2020)

Boeing 737-700: 26 + 13 China Yunnan (Bj. 1998 - 2015)

Boeing 737-800: 102 + 8 China Yunnan (Bj. 2009 - 2019)

Boeing 737-MAX 8: 2 + 1 China Yunnan (Bj. 2017)

Boeing 787-9: 3 (Bj. 2018 - 2019)

Boeing 777F: 8 (China Cargo, Bj. 2010 - 2020)

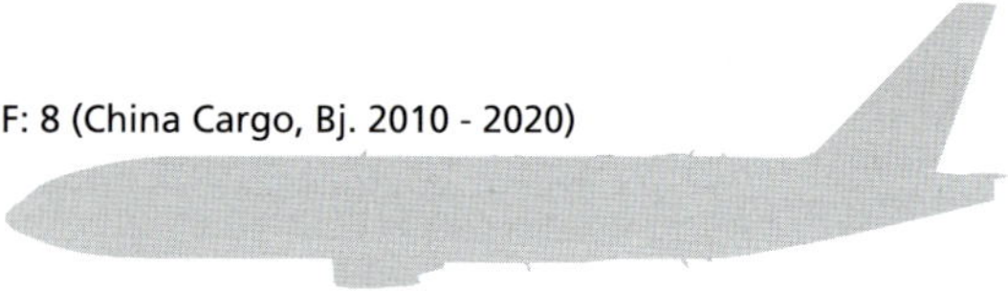

Boeing 777-300ER: 20 (Bj. 2014 - 2017)

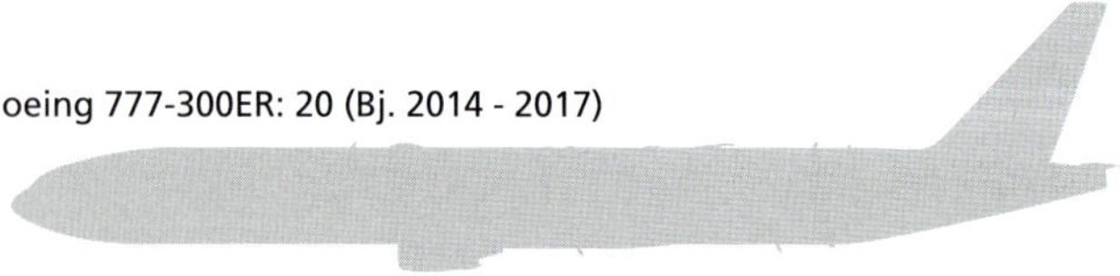

Boeing 747-400F: 2 (China Cargo, Bj. 2006 - 2007)

China United Airlines

IATA-Code: KN, ICAO-Code: CUA, Rufzeichen: LIANHANG
Sitz: Peking/VR China, Basis: Peking-Daxing Airport (PKX)
Flotte (Frühjahr 2021): ca. 50

China United Airlines existiert schon seit 1986, flog also schon vor der Deregulierung des zivilen Luftverkehrs in der Volksrepublik China. Damals für zivile Aufgaben der sogenannten Volksbefreiungsarmee gegründet, fliegt sie heute als ziviles Unternehmen regionale Strecken innerhalb der Volkrepublik China. Ihre Basis war aber noch bis ins Jahr 2019 auf dem hauptsächlich militärischen Nanyuan-Flughafen der Hauptstadt Peking. China United Airlines zählt heute zu den Billigairlines und ist eine Tochtergesellschaft von Shanghai Airlines - einer Fluggesellschaft, die wiederum zum Riesen China Eastern gehört - und fliegt auch in den kirschroten Farben von Shanghai Airlines, allerdings auf Basis der alten Bemalung der Muttergesellschaft. Einige Maschinen sind in knallbunten, für europäische Augen ausgesprochen kitschigen Sonderbemalungen unterwegs. Die Flotte ist jung, unter sechseinhalb Jahre im Schnitt.

Boeing 737-700: 8 (Bj. 2002 - 2009)

Boeing 737-800: 45 (Bj. 2009 - 2017)

China Express Airlines

IATA-Code: G5, ICAO-Code: HXA, Rufzeichen: CHINA EXPRESS
Sitz: Guiyang/VR China, Basis: Guiyang Airport (KWE)
Flotte (Frühjahr 2021): ca. 55

Die südchinesische China Express Airlines ist ein junges, sich auf den regionalen Flugverkehr innerhalb Chinas konzentrierendes Luftfahrtunternehmen, das seit 2006 aktiv ist. Die Flotte ist sehr jung, im Durchschnitt sind die Flugzeuge nur etwa viereinhalb Jahre alt. Mit der A320 wurde ein gefälligerer, aber durchaus typisch chinesischer Markenauftritt lanciert. China Express betreibt eine der größten Flotten von Bombardier (seit 2019: DeHavilland Canada) CRJ900-Regionaljets.

Airbus A320-200: 11 (Bj. 2017 - 2019)

Airbus A320neo: 3 (Bj. 2020)

Bombardier CRJ200: 2 (Bj. 2002)

Bombardier CRJ900: 38 (Bj. 2013 - 2018)

Comac ARJ-21: 2 (Bj. 2020)

China Postal Airlines

IATA-Code: CF, ICAO-Code: CYZ, Rufzeichen: CHINA POST
Sitz: Tianjin/VR China, Basis: Tianjin Airport (TSN)
Flotte (Frühjahr 2021): ca. 30

China Postal Airlines ist eine seit dem Jahr 1996 bestehende Frachtgesellschaft, die inzwischen auch international in die Region um China fliegt. Sie gehört zu gut der Hälfte der chinesischen Post, 49% sind in Händen von China Southern Airlines. Gegenwärtig befindet sich die Airline am Beginn einer angesichts eines sehr hohen Durchschnittsalters von 25 Jahren notwendig gewordenen Flottenmodernisierung mit umgebauten 737-800. Warum Ende 2020 fast die ganze Flotte gegroundet wurde kann an dieser Stelle leider nicht gesagt werden.

Boeing 737-300SF: 11 (Bj. 1991 - 1998)

Boeing 737-400SF: 8 (Bj. 1996 - 1998)

Boeing 737-800BCF: 4 (Bj. 2002 - 2005)

Boeing 757-200PCF: 7 (Bj. 1993 - 2001)

China Southern Airlines

IATA-Code: CZ, ICAO-Code: CSN, Rufzeichen: CHINA SOUTHERN
Sitz: Guangzhou/VR China, Basis: Guangzhou-Baiyun Intl. Airport (CAN)
Flotte (Frühjahr 2021): ca. 630

China Southern Airlines war eine der fünf Airlines, die 1988 nach der Auflösung der staatlichen CAAC gegründet worden waren. Sie ist mittlerweile nicht nur die größte Airline Chinas, sondern ganz Asiens sowie die einzige des bevölkerungsreichsten Landes der Welt, die sich entschließen konnte, den Airbus A380 zu ordern, auch wenn es nur fünf waren. Die Flotte von China Southern beinhaltet praktisch alle Typen mit über 100 Sitzen, die auf dem Markt für Verkehrsflugzeuge zu haben sind. Eine weitere Expansion ist geplant, China Southern soll in den 2020er-Jahren zur weltgrößten Airline heranwachsen. Bis 2019 war sie Mitglied der SkyTeam Airline-Allianz. China Southern betreibt neben ihrer riesigen Passageflotte eine respektabel große Frachtsparte, die aus zwei Boeing 747-400F und gleich vierzehn 777F besteht. Beim Markenauftritt ist China Southern konsequent, die nicht mehr ganz taufrische aber immer noch gefällige Bemalung der Flotte wird von Anfang an verwendet. Einige Boeing 787 fliegen allerdings in einem abgewandelten Look. In den ersten Jahren des Bestehens gab es mehrere Unfälle, seit über 20 Jahren hat die Airline aber in Punkto Sicherheit eine weiße Weste. Das Flottendurchschnittsalter ist mit ca. siebeneinhalb Jahren recht jung. Das Routennetz reicht international bis Europa, u. a. mit Frankfurt und Wien, sowie Afrika und Nordamerika. Wie bei eigentlich allen chinesischen Airlines hat die Coronakrise für das weiter wachsende Unternehmen China Southern Airlines wenig Auswirkungen gehabt, sogar die A380 sind aktiv, die Flotte wurde in 2020 noch vergrößert.

Airbus A319: 9 (Bj. 2006 - 2016)

Airbus A320-200: 112 (Bj. 1997 - 2018)

Airbus A320neo: 36 (Bj. 2017 - 2021)

Airbus A321-200: 102 (Bj. 2004 - 2017)

Airbus A321neo: 43 (Bj. 2018 - 2021)

Airbus A330-200: 14 (Bj. 2007 - 2015)

Airbus A330-300: 29 (Bj. 2007 - 2018)

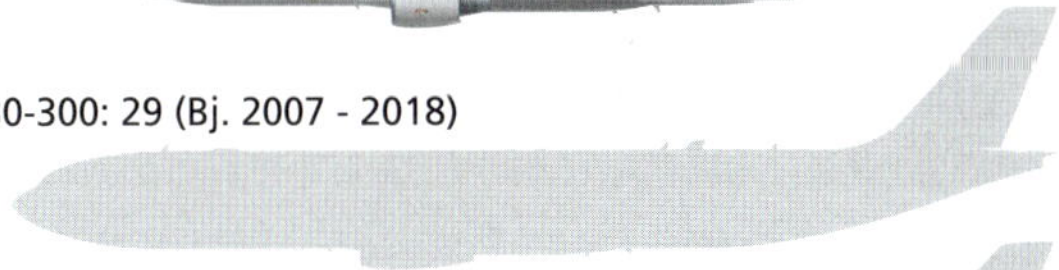

Airbus A350-900: 8 (Bj. 2018 - 2020)

Airbus A380: 5 (Bj. 2011 - 2013)

Comarc ARJ21: 3 (Bj. 2020)

Boeing 737-700: 26 (Bj. 2004 - 2012)

Boeing 737-800: 163 (Bj. 2001 - 2018)

Boeing 737-Max 8: 24 (Bj. 2017 - 2019)

Boeing 787-8: 10 (Bj. 2013 - 2014)

Boeing 787-9: 15 (Bj. 2018 - 2019)

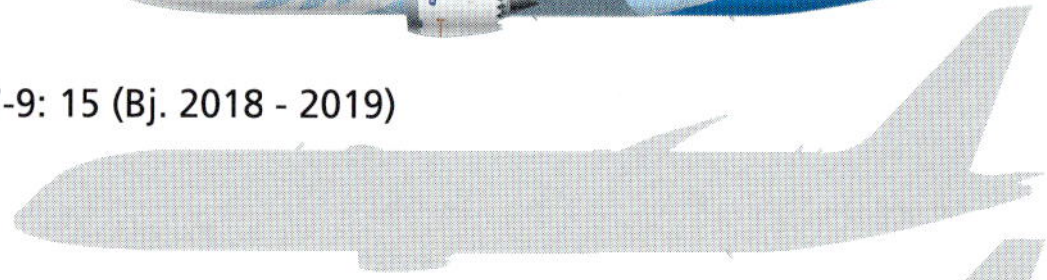

Boeing 777-300ER: 15 (Bj. 2014 - 2019)

Embraer 190: 3 (Bj. 2013)

Boeing 777F: 14 (Bj. 2010 - 2020)

Boeing 747-400F: 2 (Bj. 2002)

Citilink

IATA-Code: QG, ICAO-Code: CTV, Rufzeichen: SUPERGREEN
Sitz: Jakarta/Indonesien, Basis: Jakarta Soekamo-Hatta Airport (CGK)
Flotte (Frühjahr 2021): ca. 60

Die 2004 gegründete Citilink ist die Billigmarke des indonesischen Flagcarriers Garuda Indonesia. Sie wurde gegründet, um im Inland dem schnell wachsenden einheimischen Konkurrenten Lionair Paroli bieten zu können. Das Corporate Design von Citilink ist praktisch Garuda in Grün. Die Flotte ist jung, mit nur sechs Jahren im Schnitt sogar noch deutlich jünger als die der Muttergesellschaft. Interessanterweise fliegt die Airline, nachdem sie anfangs alte Boeing 737 der Garuda übernommen hatte, heute im Wesentlichen mit Airbus A320, während Garuda aktuell noch auf die Boeing 737 setzt. Die A320-Flotte von Citilink wird sukzessive durch A320neo ersetzt werden. Aufgrund der Coronakrise musste eine Reihe von A320 abgestellt werden. Bei den beiden kürzlich erworbenen fabrikneuen A330neo, die auf den aufkommenstärksten inländischen Routen sowie auf Pilgerflügen nach Mekka eingesetzt werden handelt es sich um Exemplare, die für die inzwischen bankrotte isländische Wow Air gebaut wurden, aber nicht mehr abgenommen werden konnten.

Airbus A320-200: 41 (Bj. 2005 - 2017)

Airbus A320neo: 10 (Bj. 2017 - 2019)

Airbus A330-900neo: 2 (Bj. 2019 - 2020)

ATR 72: 7 (Bj. 2011 - 2018)

Boeing 737-500SF: 1 (Bj. 1997)

Condor Flugdienst

IATA-Code: DE, ICAO-Code: CFG, Rufzeichen: CONDOR
Sitz: Neu-Isenburg/Deutschland, Basis: Flughafen Frankfurt a. M. (FRA)
Flotte (Frühjahr 2021): ca. 50

Deutschlands traditionsreichste Urlauberairline, 1955 gegründet, kann auf eine wechselvolle Geschichte zurückblicken. 2019 stand sie infolge der Insolvenz des Eigentümers Thomas Cook vor der Pleite, im Frühjahr 2020 scheiterte aufgrund der Coronakrise der Verkauf an die polnische LOT, und Condor mußte mit Staatshilfen gerettet werden, ein Thema, das auch im Frühjahr 2021 noch akut ist. Die teilweise gebraucht erworbene Flotte, sicher noch länger in den durchaus attraktiven Farben von Thomas Cook lackiert, ist bis auf die A321 schon recht alt, die 757-Teilflotte mußte 2020 fast komplett eingemottet werden.

Airbus A320-200: 14 (Bj. 1998 - 2010)

Airbus A321-200: 10 (Bj. 2010 - 2016)

Boeing 757-300: 13 (Bj. 1999 - 2000)

Boeing 767-300ER: 15 (Bj. 1994 - 2001)

Copa Airlines

IATA-Code: CM, ICAO-Code: CMP, Rufzeichen: COPA
Sitz: Panama City/Panama, Basis: Panama Tocumen Airport (PTY)
Flotte (Frühjahr 2021): ca. 70
Allianz: Star Alliance

Die nationale Airline Panamas wurde 1944 während des 2. Weltkrieges gegründet. 1998 wurde die große US-Fluggesellschaft Continental Airlines größter Aktionär. Der Markenauftritt wurde weitgehend angeglichen und auch heute noch fliegt Copa in diesem Look, obwohl Continental längst Geschichte ist. Nur das Logo wurde zwischenzeitlich modernisiert. Copa war eine der Leidtragenden des fast zweijährigen Flugverbots der Boeing 737-MAX. Direkt nach dessen Aufhebung kamen schon Anfang 2021 neue Maschinen hinzu. Das Flottendurchschnittsalter liegt bei etwa 10 Jahren, Unfälle hat es seit fast 30 Jahren nicht gegeben. Die Coronakrise hat Copa aber stark getroffen, alle 737-700 und Embraer werden 2021 die Flotte verlassen.

Boeing 737-700: 2 (Bj. 2004 - 2006)

Boeing 737-800: 50 (Bj. 2003 - 2018)

Boeing 737-MAX 9: 12 (Bj. 2018 - 2019)

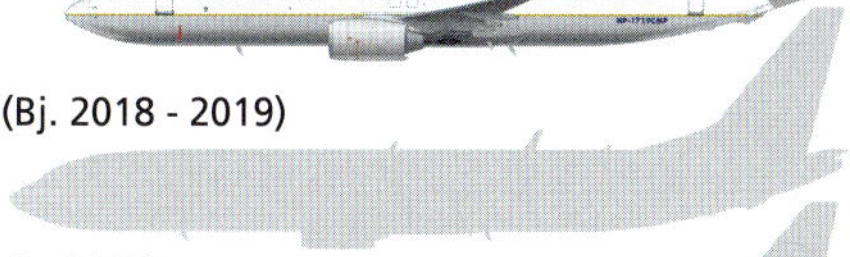

Embraer 190: 6 (Bj. 2006 - 2007)

Corendon Airlines

IATA-Code: XC, ICAO-Code: CAI, Rufzeichen: CORENDON
Sitz: Antalya/Türkei, Basis: Antalya Airport (AYT)
Flotte (Frühjahr 2021): 13 + 6 (Corendon Europe) + 3 (Corendon Dutch)

Corendon Airlines ist eine Billigairline bestehend aus drei Teilgesellschaften und gehört zum gleichnamigen türkisch-holländisch-belgischen Tourismuskonzern, der u. a. auch eine Hotelkette betreibt. Neben der türkischen Dependence, die im Verbund die größte Flotte besitzt, gibt es auch noch Corendon Dutch Airlines und Corendon Airlines Europe (Malta), deren kleine Flotten hier mitaufgeführt sind. Das Flottenalter kann sich sehen lassen, ist mit durchschnittlich etwas über 12 Jahren aber nicht mehr sonderlich jung. Boeing 737-MAX 8 sind aber bereits bestellt. Da Urlaubsflüge Saisongeschäft sind, werden Corendons Flugzeuge im Winter regelmäßig weitervermietet, während der Coronakrise mußten die meisten aber abgestellt werden. Am Amsterdamer Hauptquartier hat Corendon 2019 eine ehemalige KLM Boeing 747-400 als Blickfang neben die Autobahn gestellt und in ihren Farben lackieren lassen.

Boeing 737-800: 23 (Bj. 2000 - 2012)

Boeing 737-MAX 8: 1 (Bj. 2018)

Croatia Airlines

IATA-Code: OU, ICAO-Code: CTN, Rufzeichen: CROATIA
Sitz: Zagreb/Kroatien, Basis: Zagreb Airport (ZAG)
Flotte (Frühjahr 2021): 13
Allianz: Star Alliance

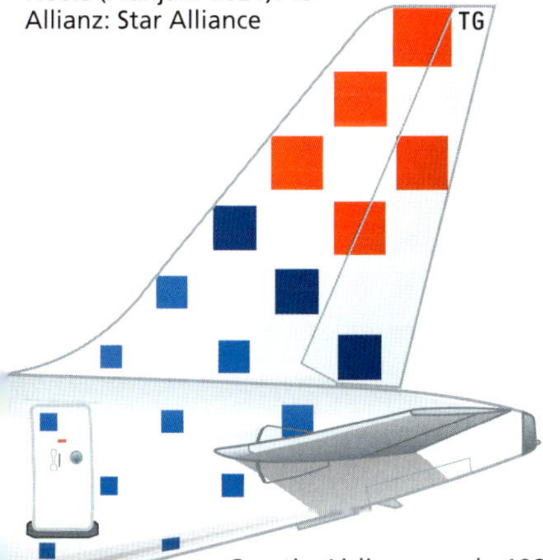

Croatia Airlines wurde 1989 gegründet. Die kleine nationale Fluggesellschaft Kroatiens fliegt ausschließlich Ziele innerhalb Europas an, darunter auch mehrere deutsche Städte, aber auch Wien und Zürich. Die Flotte kommt so langsam in die Jahre, das durchschnittliche Alter einer Maschine liegt mit 16 Jahren aber noch im Rahmen. Die meisten Flugzeuge wurden ab Werk direkt an die Airline ausgeliefert, nach 2010 kam aber keine einzige Neuanschaffung hinzu. Schwere Unfälle hat Croatia Airlines nicht zu verzeichnen gehabt. Die Bemalung ihrer Flugzeuge ist eher unauffällig und auch nicht mehr ganz frisch, sie wurde vor wenigen Jahren vereinfacht, der Rumpf ist jetzt gänzlich weiss.

Airbus A319: 5 (Bj. 1998 - 2012)

Airbus A320-200: 2 (Bj. 1999 - 2000)

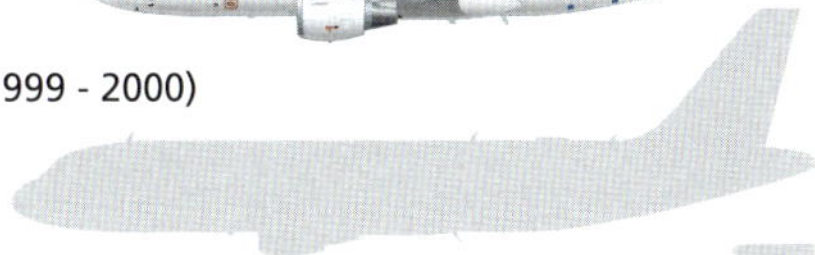

Bombardier Dash-8-400: 6 (Bj. 2008 - 2010)

Delta Airlines

IATA-Code: DL, ICAO-Code: DAL, Rufzeichen: DELTA
Sitz: Atlanta, Georgia/USAa, Basis: Atlanta Heartsfield-Jackson (ATL)
Flotte (Frühjahr 2021): ca. 800
Allianz: SkyTeam

Delta Airlines, deren Ursprünge auf das Jahr 1924 zurückgehen, ist eine der drei großen internationalen Fluggesellschaften (Legacy carrier) der USA. Durch eine Vielzahl von Übernahmen wuchs sie immer mehr, durch den Merger mit Northwest Airlines 2009 wurde sie schließlich für kurze Zeit zur größten Airline des Landes und fliegt seither praktisch in alle Welt. Das simple, betont geschäftsmäßige Logo und somit auch die ebenfalls eher zeitlos zurückhaltende als trendsetzende Flugzeugbemalung stammen aus dem Jahr 2009. In der Folge der auch Delta stark zusetzenden Corona-Krise wurde als erste große Maßnahme der Flottenpolitik die Außerdienststellung aller - durchschnittlich nur 15 Jahre alten - Boeing 777-200ER und -200LR bis Ende 2020 beschlossen. Im Herbst 2020 wurde auch das baldige Ende für die Boeing 717 (Anfang Januar 2021 allein sieben Ausflottungen) und die 767-300ER verkündet. Die neue A350 wird auf absehbare Zeit der größte Typ in der Flotte sein. Trotz der Reduzierungen hat Delta damit die drittgrößte Flotte der Welt, nur knapp hinter United. Lange hatte Delta die mit Abstand größte Anzahl an Flugzeugen der MD-80/90-Reihe, die letzten flogen aber 2020 schon in die Wüste. Mit fast 15 Jahren ist das Durchschnittsalter der Flotte etwas hoch, was vor allem an den sehr alten A320-, 757- und 767-300-Teilflotten liegt, die aber seit 2018 durch A220 und A330neo, ab 2021 auch durch mindestens 100 A321neo ersetzt werden. Eine Besonderheit ist die sehr seltene Boeing 767-400, von denen Delta 21, das sind mehr als die Hälfte aller jemals produzierten, betreibt und die auch nach Deutschland fliegt.

Airbus A220-100: 41 (2018 - 2021)

Airbus A220-300: 6 (2020 - 2021)

Airbus A319: 57 (Bj. 1999 - 2003)

Airbus A320-200: 61 (Bj. 1990 - 2003)

Airbus A321-200: 111 (Bj. 2016 - 2021)

Airbus A330-200: 11 (Bj. 2004 - 2006)

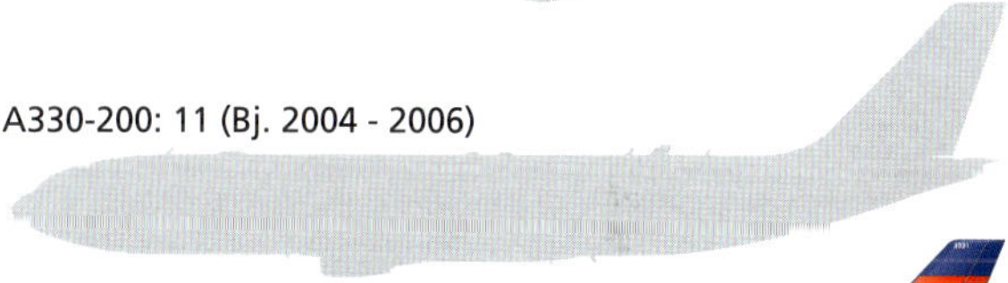

Airbus A330-300: 31 (Bj. 2003 - 2017)

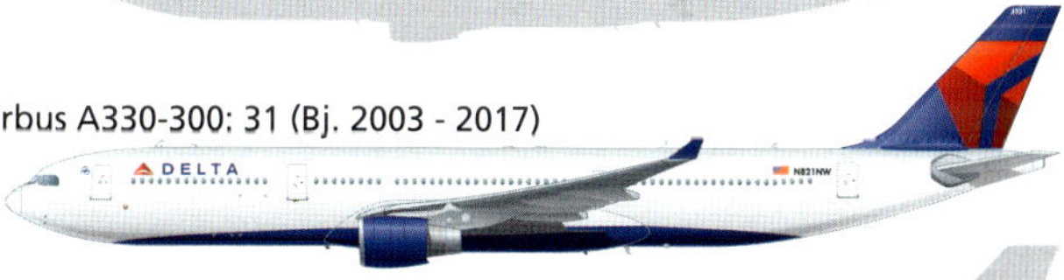

Airbus A330-900neo: 8 (2020)

Airbus A350-900: 15 (Bj. 2017 - 2020)

Boeing 717-200: 73 (weltgrößte Flotte, Bj. 1999 - 2005)

Boeing 737-800: 77 (Bj. 1998 - 2017)

Boeing 737-900ER: 130 (Bj. 2013 - 2019)

Boeing 757-200: 111 (Bj. 1989 - 2005)

Boeing 757-300: 16 (Bj. 2002 - 2003)

Boeing 767-300ER: 34 (Bj. 1990 - 2001)

Boeing 767-400: 21 (weltgrößte Flotte, Bj. 2000 - 2002)

Danish Air Transport

IATA-Code: DX, ICAO-Code: DTR, Rufzeichen: DANISH
Sitz: Varndrup/Dänemark, Basis: Esbjerg Airport (EBJ)
Flotte (Frühjahr 2021): 18

Die 1989 gegründete, im Privatbesitz befindliche Danish Air Transport aus dem Legoland Dänemark fliegt interessanterweise auch in den knallbunten Farben der Spielsteine, die die Welt eroberten. Das Unternehmen ist regional in Dänemark und Norwegen unterwegs, fliegt aber auch Charter. Die für die geringe Größe der Airline recht vielfältige Flotte ist mit über 23 Jahren im Durchschnitt schon recht alt, was insbesondere an den beiden einzigen in Westeuropa verbliebenen MD-82/83 liegt.

Airbus A320-200: 2 (Bj. 1993 - 1998)

Airbus A321-200: 1 (Bj. 1998)

ATR42: 6 (Bj. 1986 - 1997)

ATR72: 7 (Bj. 1989 - 2018)

McDonnell Douglas MD-82/MD-83: 2 (Bj. 1990 - 1991)

DHL Air

IATA-Code: D0, ICAO-Code: DHK, Rufzeichen: WORLD EXPRESS
Sitz: London/Großbritannien, Basis: East Midlands Airport (EMA)
Flotte (Frühjahr 2021): 26

Die britische DHL Air wurde 1989 gegründet und gehört zu 100% der Deutschen Post. Die Frachtairline ist neben der deutschen EAT für den europäischen Markt von DHL zuständig. Während es sich bei der recht großen Boeing 757-Flotte zumeist um alte, zu Frachtern umgebaute ehemalige Passagiermaschinen von British Airways und American Airlines handelt, wurden die drei Boeing 767-300F ab Werk neu geliefert und sind wesentlich jünger. Insgesamt ist das Flottenalter mit fast 23 Jahren im Durchschnitt aber recht hoch, allerdings noch im normalen Bereich für eine Frachtairline. Die gesamte Flotte fliegt in der auffälligen postgelben und dunkelroten Lackierung von DHL Express. Anfang 2021 orderte DHL acht Boeing 777F, welches für DHL fliegende Unternehmen diese betreiben wird, ist aber noch nicht bekannt.

Boeing 757-200(F): 23 (Bj. 1987 - 2002)

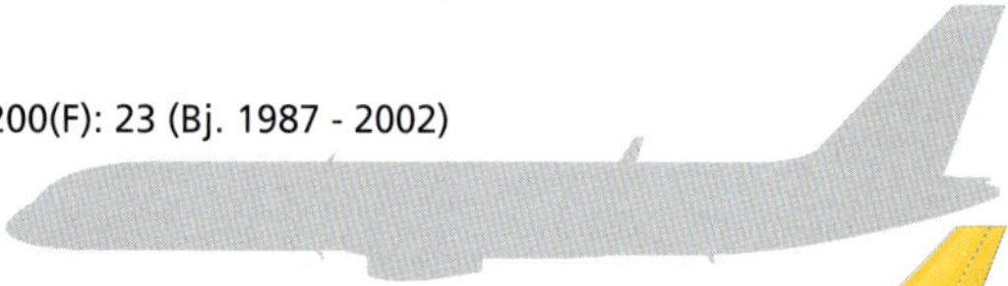

Boeing 767-300F: 3 (Bj. 2009)

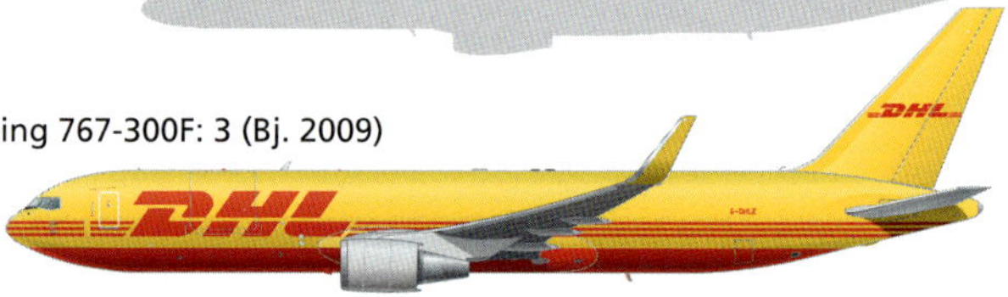

Donghai Airlines

IATA-Code: DZ, ICAO-Code: EPA, Rufzeichen: DONGHAI AIR
Sitz: Shenzhen/VR China, Basis: Shenzhen Bao´an Airport (SZX)
FFlotte (Frühjahr 2021): 23

Donghai Airlines ist eine seit 2006 bestehende regional tätige chinesische Fluggesellschaft mit Basis in der Wirtschaftsmetropole Shenzhen nahe Hong Kong. Die Routen der Airline führen vor allem zu Zielen im Osten der Volksrepublik. Die längste Strecke ist die nach Urumtschi im Nordwesten, Auslandsflüge gibt es (noch) nicht. In der Anfangszeit flog Dhonghai Airlines Fracht mit schon recht angejahrten, zu Frachtern umgebauten Boeing 737-300, dieser Geschäftszweig wurde aber vor wenigen Jahren aufgegeben. Die Flotte besteht gegenwärtig ausschliesslich aus Boeings Bestseller 737-800. Dabei handelt es sich um zumeist neu, teilweise aber auch gebraucht erworbene Flugzeuge. Das Nachfolgemuster 737-MAX8 wurde aber bereits geordert, ebenso einige 787-9 für die internationale Expansion. Die Flotte ist mit unter fünf Jahren im Durchschnitt aber schon jetzt sehr jung. Donghai Airlines Unternehmensgeschichte ist unfallfrei, das aktuelle Corporate Design und die kurvige Bemalung mit dem hübschen bunten Vogel im Leitwerk gibt es von Anfang an.

Boeing 737-800: 23 (Bj. 2007 - 2019)

Easyjet

IATA-Code: U2, ICAO-Code: EZY, Rufzeichen: EASY
Sitz: Luton/Großbritannien, Basis: London-Luton Airport (LTN)
Flotte (Frühjahr 2021): ca. 170 + 117 (Europe) + 27 (Switzerland)

Easyjet ist Europas zweitgrößte Billigairline. 1995 gegründet, setzt die britische Firma mit ihren Töchtern Easyjet Europe und Easyjet Switzerland seit Jahren nur noch Flugzeuge aus der Airbus A320-Familie ein, dabei fliegen die neuen „neos" bis jetzt fast alle für die britische Hauptgesellschaft. Luton, eine knappe Stunde nördlich von London, ist die Heimat der auch optisch auf billig getrimmten Flotte. Der seit den Anfängen genutzte Schriftzug wirkt wie aus den 1970er Jahren entsprungen, die urspüngliche Livery zwischenzeitlich aber deutlich modernisiert. Frisch ist auch das durchschnittliche Alter der Drei-Airline-Flotte: es beträgt rund acht Jahre. Ernsthafte Unglücke hat Easyjet glücklicherweise bisher nicht zu verzeichnen gehabt, sie ist aber wie viele Billigfirmen bekannt dafür es mit den Fluggastrechten nicht allzu genau zu nehmen. Corona hat sich bisher noch moderat auf die Flottenpolitik ausgewirkt.

Airbus A319: 98 (Bj. 2004 - 2011)

Airbus A320-200: 165 (Bj. 2006 - 2018)

Airbus A320neo: 37 (Bj. 2017 - 2020)

Airbus A321neo: 14 (Bj. 2018 - 2020)

European Air Transport (EAT)

IATA-Code: QY, ICAO-Code: BCS, Rufzeichen: EUROTRANS
Sitz: Schkeuditz, Leipzig/Deutschland, Basis: Leipzig-Halle Airport (LEJ)
Flotte (Frühjahr 2021): ca. 35

European Air Transport ist ein 2005 gegründetes, seit 2010 Fracht fliegendes Unternehmen. Die hundertprozentige Tochter der Deutschen Post bzw. des Versenders DHL Express verfügt in vielen Ländern und weltweit über Airline-Dependencen, wie z.B. in Südamerika, oder über langfristige Charter. Dazu zählen auch etliche 747-400F und -8F der US-Airlines Polar Air Cargo und Kalitta Air, die für den interkontinentalen Transport zuständig sind. Die postgelbe Livery der Flugzeuge wird also längst nicht nur von EAT geflogen. Sie ist zweifellos die weltweit auffälligste unter allen Frachtairlines, auch wenn das DHL-Logo selbst inzwischen doch etwas angestaubt daherkommt. EAT fliegt Kurz- und Mittelstrecken in Europa und nach Afrika sowie den Nahen Osten. Kernpunkt der Flotte sind zu Frachtern umgebaute A300-600 und Boeing 757-200, die sukzessive durch modernere A330F ergänzt werden bzw. ersetzt werden sollen.

Airbus A300-600(F): 22 (Bj. 1991 - 2006)

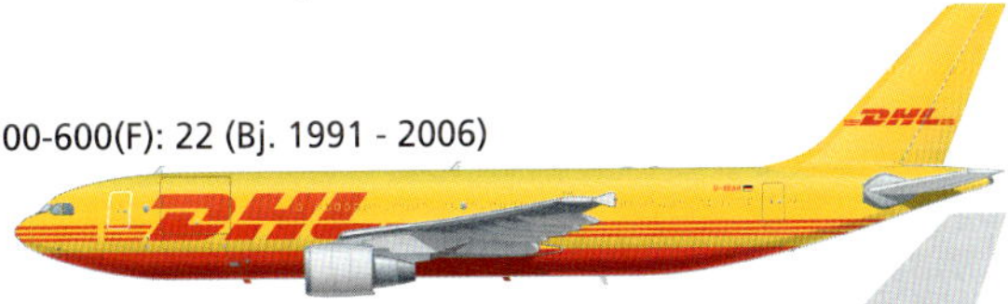

Airbus A330-200F: 4 (Bj. 2010 - 2017)

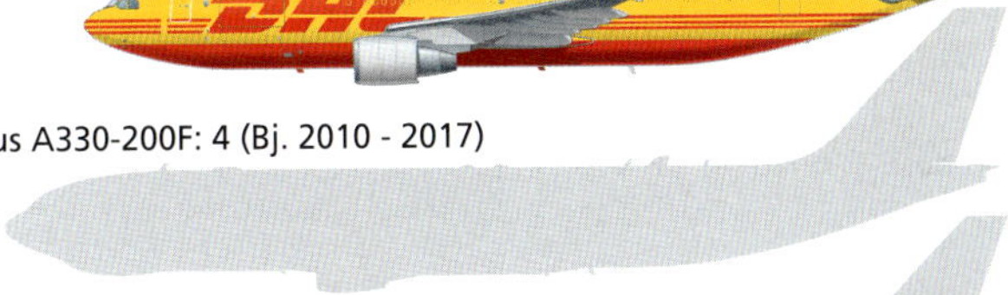

Boeing 757-200(F): 9 (Bj. 1995 - 2002)

Edelweiss Air

IATA-Code: WK, ICAO-Code: EDW, Rufzeichen: EDELWEISS
Sitz: Kloten/Schweiz, Basis: Zürich-Kloten Airport (ZRH)
Flotte (Frühjahr 2021): 16

Edelweiss Air ist die neben Swiss International Air Lines zweite auch Langstrecken bedienende Fluggesellschaft der Schweiz. Wie Swiss auch gehört sie zum Lufthansa-Konzern. Während die A340 von der Swiss übernommen wurden, sind die beiden A330 Direktauslieferungen, die A320 kommen aus verschiedenen Quellen. Edelweiss wurde 1995 gegründet, die aktuelle Livery stammt von 2015. Aufgrund der Coronakrise mussten zeitweise drei der vier A340 vorübergehend stillgelegt werden, und gerüchteweise sollen beide A330 veräußert werden. Das Routennetz ist angesichts der geringen Größe der Airline ungewöhnlich weit gespannt und umfasst neben Europa Ziele in Nord- und Südamerika, Afrika sowie Asien.

Airbus A320-200: 10 (Bj. 1999 - 2010)

Airbus A330-300: 2 (Bj. 2011 - 2016)

Airbus A340-300: 4 (Bj. 2003)

Enter Air

IATA-Code: E4, ICAO-Code: ENT, Rufzeichen: ENTER
Sitz: Warschau/Polen, Basis: Warschau-Chopin Airport (WAW)
Flotte (Frühjahr 2021): 24

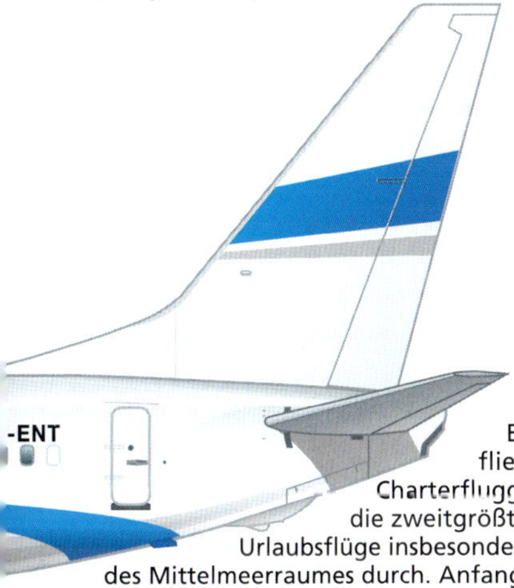

Enter Air ist eine regional fliegende, 2009 gegründete Charterfluggesellschaft und nach LOT die zweitgrößte Airline Polens. Sie führt Urlaubsflüge insbesondere in verschiedene Länder des Mittelmeerraumes durch. Anfangs flog Enter Air mit einer Flotte von Boeing 737-400, die jedoch seit 2017 sämtlich von Boeings bisherigem absoluten Bestseller, der moderneren und größeren 737-800 abgelöst worden ist, Maschinen, die aber ebenfalls gebraucht erworben wurden und früher z.B. bei Air Berlin oder Ryanair flogen. Die nächste Stufe der Modernisierung ist die 737-MAX8, das erste Neuflugzeug von Enter Air. Die schlichte, unspektakuläre Bemalung der Flotte wird von Anfang an verwendet, das Flottenalter liegt gegenwärtig im Durchschnitt bei gut 16 Jahren und damit etwas über dem internationalen Mittelfeld. Sicherheitsrelevante negative Ereignisse gab es in der noch jungen Unternehmensgeschichte bisher nicht.

Boeing 737-800: 22 (Bj. 1999 - 2012)

Boeing 737-MAX 8: 2 (Bj. 2018 - 2019)

Egypt Air

IATA-Code: MS, ICAO-Code: MSR, Rufzeichen: EGYPTAIR
Sitz: Kairo/Ägypten, Basis: Cairo International Airport (CAI)
Flotte (Frühjahr 2021): ca. 80 (inkl. Cargo)
Allianz: Star Alliance

Egypt Air als ägyptischer Flagcarrier wurde schon 1932 unter dem Namen Misr Airwork gegründet und fliegt seit 1971 unter dem jetzigen Namen. Die Fluggesellschaft hatte und hat immer wieder mit ungewöhnlichen Krisensituationen fertig zu werden, sei es mit den Folgen der Revolution 2011 die zeitweise zu bis zu 80% Buchungseinbussen führte, oder mit starken Einbrüchen im Tourismus infolge von Terroranschlägen durch verblendete islamische Extremisten. Da ist die Coronakrise nur ein weiteres Problem, das aber nur einen kleinen Teil der mit acht Jahren Durchschnittsalter recht modernen Flotte betraf. Das aktuelle Firmendesign und die Flugzeugbemalung mit dem auffälligen, riesigen Horuskopf auf dem Vorderrumpf wurde 2008 eingeführt. Die Sicherheitsbilanz von Egypt Air hingegen war aber lange Zeit durch sehr viele Totalverluste äußerst schlecht und ist immer noch getrübt. Zuletzt wurde 2011 eine Boeing 777-200ER durch einen Cockpitbrand zerstört, glücklicherweise ohne dass Menschen zu Schaden kamen, und 2016 stürzte ein Airbus A320 über dem Mittelmeer ab. Das Routennetz umfasst international neben den meisten Nachbarländern Ziele in Europa, hier auch in alle deutschsprachigen Länder, sowie Destinationen in Afrika, Asien und Nordamerika. Egypt Air unterhält mehrere Tochtergesellschaften, neben der Frachtsparte Egypt Air Cargo sind das die in einer abgewandelten Bemalung fliegende Regionalairline Egypt Air Express, Air Sinai und Smart Aviation, wobei beide letzteren unter eigenen Farben fliegen und daher hier nicht weiter erwähnt werden sollen.

Airbus A220-300: 12 (Bj. 2019 - 2020)

Airbus A320-200: 4 (Bj. 2003)

Airbus A320neo: 8 (Bj. 2020)

Airbus A300B4(F): 1 (Bj. 1983)

Airbus A330-200: 3 (Bj. 2005)

Airbus A330-200F/P2F: 3 (Bj. 2004 -2005)

Airbus A330-300: 4 (Bj. 2010 - 2011)

Boeing 737-800: 29 (Bj. 2006 - 2017)

Boeing 787-9: 6 (Bj. 2019)

Boeing 777-300ER: 6 (Bj. 2010 - 2011)

Embraer 170: 5 (Bj. 2007 - 2009)

El Al Israel Airlines

IATA-Code: LY, ICAO-Code: ELY, Rufzeichen: EL AL
Sitz: Tel Aviv/Israel, Basis: Tel Aviv Ben Gurion Airport (TLV)
Flotte (Frühjahr 2021): ca. 45

Die 1949 gegründete nationale Airline Israels war und ist ein Sonderfall, aufgrund der besonders umfangreichen Sicherheitsmaßnahmen, die ihre Flugzeuge wegen der Gefahr vor allem durch palästinensische und islamistische Terrorakte umgeben. Die Konzentration auf eine reine Boeing-Flotte ist ob der starken Unterstützung des Landes durch die USA nicht verwunderlich. 2019 wurden die letzten der über 48 Jahre hinweg geflogenen Boeing 747 außer Dienst gestellt. Ebenfalls bis 2019 beschäftigte El Al eine 747-400F für Frachtflüge, seither hat der Cargo-Arm der El Al kein eigenes Flugzeug mehr, sondern chartert eine Maschine gleichen Typs von Atlas Air. Eine 747-200 der El Al hält übrigens den Rekord für die meisten Menschen, die je auf einem einzelnen Flug transportiert worden waren. Ein Evakuierungsflug, der 1991 sage und schreibe 1.137 jüdische Äthiopier aus dem Bürgerkriegsland rettete. Heute sind es Boeing 777-200ER und die 787, die die internationalen Langstreckenrouten insbesondere in die USA bedienen. Die Folgen der Coronapandemie setzen auch Israel stark zu, durch rigorose Shutdown-Maßnahmen war ein Großteil der Flotte der El Al vorübergehend inaktiv, die 777 sind es bei Drucklegung immer noch. Bis auf die meisten Boeing 737-800 wurden alle Maschinen der El Al als Neuflugzeuge nach Israel ausgeliefert und später mit besonderen Schutzausrüstungen ausgestattet, die unter dem Hinterrumpf angebracht sind. Die aktuelle Bemalung stammt vom Ende der 1990er Jahre, sie wurde zuletzt 2019 subtil überarbeitet. Eine 787-9 fliegt als Retrojet in der Bemalung der 1960er Jahre.

Boeing 737-800: 15 (Bj. 1999 - 2014)

Boeing 737-900ER: 8 (Bj. 2013 - 2016)

Boeing 787-8: 3 (Bj. 2019 - 2020)

Boeing 787-9: 12 (Bj. 2018 - 2019)

Boeing 777-200ER: 6 (Bj. 2000 - 2007)

Emirates

IATA-Code: EK, ICAO-Code: UAE, Rufzeichen: EMIRATES
Sitz: Dubai/Vereinigte A. Emirate, Basis: Dubai International (DXB)
Flotte (Frühjahr 2021): ca. 265 (inkl. Cargo)

Emirates wurde seit der Gründung 1985 in nur drei Jahrzehnten zu einer der größten Airlines der Welt, und das alles mit einem inzwischen wieder sehr kleinen Typenmix, der aktuell aus den mit Abstand größten Airbus A380- und Boeing 777-Flotten besteht. 50 Airbus A350-900, 30 Boeing 787-9 sind aber zur Abrundung und Erneuerung der Flotte geordert, da das Wachstum nur mit sehr großen Flugzeugen ausgereizt ist und die für Emirates-Verhältnisse schon recht alten 777-200LR-Superlangstreckenjets demnächst ohnehin zur Ausmusterung anstehen. Die 777-300 wurde bereits 2019 aus dem Dienst genommen. Für die schon in der kontinuierlichen Ausflottung befindlichen 777-300ER sind 777-9 als Ersatz bestellt, erste A380 gehen auch bereits planmäßig an Leasinggeber zurück, neue kommen aber weiter hinzu, die gesamte noch ausstehende A380-Produktion bis zur Einstellung 2021 ist ohnehin komplett für Emirates bestimmt. Corona trifft die Airline daher hart, zwingt den Großteil der A380 auf den Boden und führt zu einem generellen Umdenken. Gegenwärtig ist angedacht, die A380-Flotte um die Hälfte zu reduzieren, sicher wird letztlich auch die 777-Flotte reduziert werden müssen, die 777-9 wurde verschoben. Emirates Sicherheitsbilanz ist gut, allerdings hatte die Airline in den letzten Jahren einen spektakulären Unfall, als 2016 eine 777-300 auf dem Heimatflughafen eine Bruchlandung wie aus einem Hollywoodfilm hinlegte. Die Bemalung der Flotte ist eine etwa 20 Jahre alte Überarbeitung des seit Anfang eingesetzten Unternehmensauftritts. Das Leitwerksdesign stellt die stilisierte Landesflagge dar.

Airbus A319CJ: 1 (Bj. 2013)

Boeing 777-200LR: 10 (Bj. 2007 - 2009)

Boeing 777F: 11 (Bj. 2012 - 2019)

Boeing 777-300ER: 126 (Bj. 2006 - 2018)

Airbus A380: 117 (Bj. 2008 - 2020)

Ethiopian Airlines

IATA-Code: ET, ICAO-Code: ETH, Rufzeichen: ETHIOPIAN
Sitz: Addis Abbeba/Äthiopien, Basis: Addis Abbeba Airport (ADD)
Flotte (Frühjahr 2021): ca. 120 (inkl. Cargo)
Allianz: Star Alliance

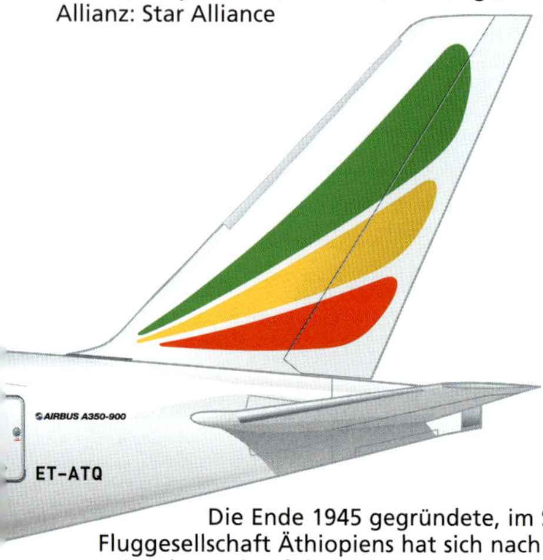

Die Ende 1945 gegründete, im Staatsbesitz befindliche Fluggesellschaft Äthiopiens hat sich nach der Jahrtausendwende zur mit Abstand erfolgreichsten Airline Afrikas entwickelt. Die insbesondere auf Langstreckenverbindungen ausgerichtete Flotte ist auch im internationalen Vergleich recht groß und dabei hochmodern - Airbus A350 und Boeing 787 machen bereits ein Drittel des Flugzeugparks aus. Ethiopians 787-Flotte umfasst auch einige der "Terrible teens" genannten 787-8, frühe Exemplare, die aufgrund höheren Gewichts und anderer Nachteile gegenüber der Serie von ihren ursprünglichen Bestellern abgelehnt worden waren und Jahre vor dem Erstflug am Boden verbrachten. Das Durchschnittsalter der Flotte beträgt junge sieben Jahre. Die Sicherheitsbilanz der Airline ist allerdings gemischt. Gerade in letzter Zeit gab es Negatives zu berichten. Schlagzeilen machte vor allem das furchtbare Unglück einer brandneuen Boeing 737-Max 8 Anfang 2019, in dessen Folge der vierten Generation der Boeing 737 weltweit für mehr als anderthalb Jahre bis Ende 2020 die Flugerlaubnis entzogen wurde. Am 22.Juli 2020 beklagte die Airline den weltweit ersten Verlust eines Boeing 777-Frachters, als eine Maschine dieses Typs auf dem Flughafen Shanghai-Pudong ausbrannte. Die aktuelle, schlichte Bemalung in den Farben der Landesflagge mit Titeln in lateinischer und äthiopischer Schrift stammt aus dem Jahr 2003. Ethiopian Airlines kommt recht gut durch die Coronakrise, es gibt kaum eine internationale Airline, die die Herausforderungen bisher so gut gemeistert hat. Zumindest, wenn man es an der aktiven Flotte bemisst.

Airbus A350-900: 16 (Bj. 2016 - 2020)

Boeing 737-700: 9 (Bj. 2003 - 2007)

Boeing 737-800: 16 + 2 Frachter
(Bj. 2002 - 2015)

Boeing 737-Max 8: 4 (Bj. 2018)

Boeing 767-300ER: 3 (Bj. 2003 - 2005)

Boeing 787-8: 19 (Bj. 2012 - 2017)

Boeing 787-9: 7 (Bj. 2017 - 2020)

Boeing 777-200LR: 6 (Bj. 2010 - 2013)

Boeing 777F: 9 (Bj. 2012 - 2019)

Boeing 777-300ER: 4 (Bj. 2013 - 2015)

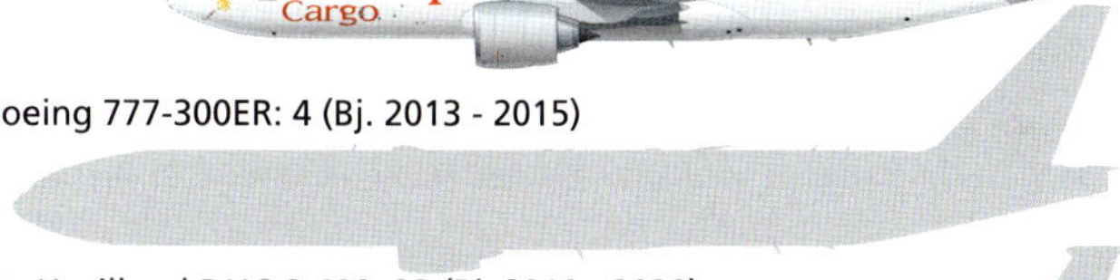

De Havilland DHC-8-400: 22 (Bj. 2010 - 2020)

Etihad Airways

IATA-Code: EY, ICAO-Code: ETD, Rufzeichen: ETIHAD
Sitz: Abu Dhabi/Vereinigte A. Emirate, Basis: Abu Dhabi Intl. (AUH)
Flotte (Frühjahr 2021): ca. 100 (inkl. Cargo)

Etihad aus Abu Dhabi ist noch eine recht junge internationale Airline. 2003 quasi als Konkurrent zum Riesen Emirates aus dem Nachbar-Emirat Dubai gegründet, expandierte auch Etihad sehr rasch. Im Gegensatz zu Emirates ist die Flotte Etihads aber wesentlich vielfältiger und beinhaltet auch Flugzeuge für den eher regionalen Verkehr. Die ungemein attraktive, unverwechselbare, vielleicht aber auch etwas modische Bemalung der mit im Schnitt nur sechs Jahre alten Flotte wurde 2014 mit den damals neuen A380 und Boeing 787 eingeführt. Wichtigster Typ in der Flotte ist die Boeing 787, von der Etihad immerhin neben der -9 allein schon neun Maschinen der noch sehr jungen Langversion -10 fliegt. Bisher wirkt sich die Coronakrise trotz etlicher abgestellter Maschinen noch eher moderat auf die Flottenpolitik aus, Einlagerungen betreffen die A380, was nicht überrascht, ungewöhnlicherweise aber auch die Kurzstreckenjets. Ausserdem sind inzwischen fast alle A330 ausgeflottet worden. Etihad will aus der Krise als solide mittelgroße Airline herauskommen. Konkret heisst das, dass vorläufig noch nicht abschließend entschieden ist, ob die (besonders opulent ausgestatteten) A380 und die kleinen A320 eine Zukunft bei der Fluggesellschaft haben - kurzfristig haben sie es jedenfalls nicht. Etliche A320neo sind noch bestellt, ob sie jemals zur Auslieferung kommen ist also unsicher. Beteiligungen an anderen Airlines wie Air Berlin, Jet Airways und Alitalia stellten sich bisher meist als besonders unglücklich heraus. Etihads Unternehmensgeschichte ist erfreulicherweise unfallfrei.

Airbus A320-200: 19 (Bj. 2004 - 2015)

Airbus A321-200: 10 (Bj. 2013 - 2015)

Airbus A330-200: 1 (Bj. 2007)

Boeing 787-9: 30 (Bj. 2014 - 2019)

Boeing 787-10: 9 (Bj. 2018 - 2020)

Boeing 777F: 5 (Bj. 2013 - 2016)

Boeing 777-300ER: 19 (Bj. 2006 - 2014)

Airbus A380: 10 (Bj. 2014 - 2017)

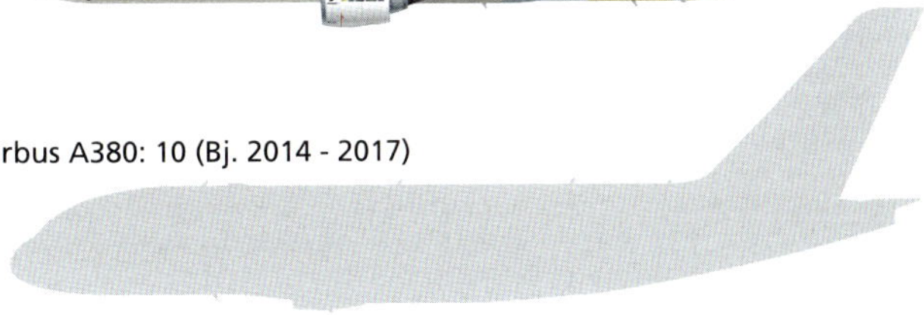

Eurowings

IATA-Code: EW, ICAO-Code: EWG, Rufzeichen: EUROWINGS
Sitz: Düsseldorf/Deutschland, Basis: Düsseldorf Airport (DUS)
Flotte (Frühjahr 2021): ca. 85 + 13 (Eurowings Europe)

Eurowings gibt es seit 1991. 2001 stieg die Lufthansa ein, seit 2011 ist die Fluggesellschaft deren 100%ige Tochterfirma. Unter Lufthansa-Regie wurden anfangs weiterhin Kurzstreckenflüge unter der Marke Lufthansa Regional angeboten. Seit 2015 ist Eurowings (bis 2020 zusammen mit der inzwischen eingestellten Germanwings als Schwester- bzw. Subunternehmen) im Konzern für Billigflüge zuständig und operiert abseits der Lufthansa-Drehkreuze Frankfurt und München. Es wurden Airbus-Flugzeuge der A320-Familie z.T. von der Lufthansa übernommen, auch Langstreckenmaschinen aus zweiter Hand kamen hinzu, bis hin zu kurzfristig eingesetzten A340-300. Schon vor der Coronakrise wurde 2019 entschieden, Fernflüge wieder einzustellen bzw. die Slots (hauptsächlich ab Düsseldorf) an die Mutterfirma zurückzugeben. Die verbliebenen A330-200 mußten in 2020 abgestellt werden und kommen nicht mehr zum Einsatz, eine einzelne A330-300, noch mit dem grauen Bauch des Ex-Betreibers Lufthansa lackiert, wird für Eurowings durch Brussels Airlines betrieben. Im Durchschnitt ist die Eurowings-Flotte 11 Jahre alt. Um auch in Österreich günstigere Flüge anbieten zu können die sonst an die Konkurrenz gegangen wären, wurde 2015 Eurowings Europe mit Sitz in Wien gegründet. Diese Tochtergesellschaft besteht gegenwärtig aus einem Dutzend Flugzeugen der A320-Familie. Eurowings modernes Design und damit die Flugzeugbemalung ist noch ziemlich jung, sie wurde 2016 vorgestellt. Mehrere Kurzstreckenmaschinen wurden in Werbe-Sonderbemalungen wie für Borussia Dortmund lackiert.

Airbus A319: 37 (Bj. 1999 - 2014)

Airbus A320-200: 54 (Bj. 2002 - 2017)

Airbus A321: 4 (Bj. 2003 - 2012)

Airbus A330-300: 1 (Bj. 2005)

Evelop Airlines

IATA-Code: E9, ICAO-Code: EVE, Rufzeichen: EVELOP
Sitz: Madrid/Spanien, Basis: Palma de Mallorca Airport (PMI)
Flotte (Frühjahr 2021): 7

Evelop Airlines ist eine junge spanische Langstreckenairline, die seit 2013 besteht und vor allem Flüge in spanischsprechende Überseeziele in der Karibik anbietet. Sie fliegt aber auch Touristen von Skandinavien aus, z. B. auf die Kanarischen Inseln. Seit neuestem gehören zwei Airbus A350 in der denkbar engsten Bestuhlung (432 Sitze!) zur Flotte. Ende 2020 wurde verkündet, mit der noch kleineren Schwestergesellschaft Orbest zu fusionieren und die gemeinsame Airline Iberojet zu nennen.

Airbus A320-200: 1 (Bj. 2013)

Airbus A330-200: 1 (Bj. 2006)

Airbus A330-300: 3 (Bj. 2005 - 2015)

Airbus A350-900: 2 (Bj. 2019 - 2020)

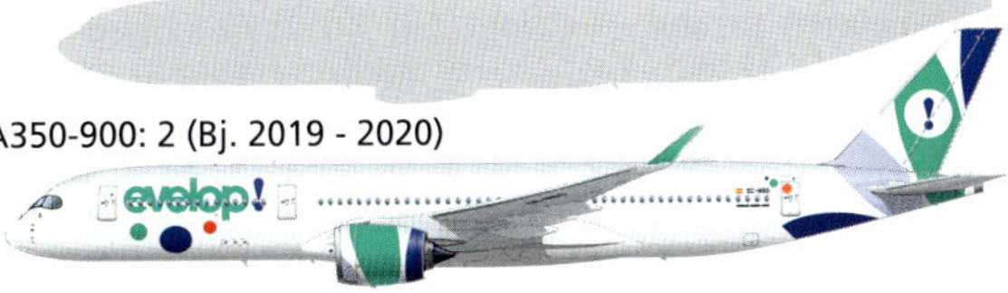

Eva Air

IATA-Code: BR, ICAO-Code: EVA, Rufzeichen: EVA
Sitz: Taipeh/Taiwan, Basis: Taiwan Taoyuan International Airport (TPE)
Flotte (Frühjahr 2021): ca. 85
Allianz: Star Alliance

Eva Air ist nach China Airlines die zweite große Airline Taiwans. Die 1989 gegründete Fluggesellschaft gehört zur ebenfalls taiwanesischen Evergreen Group, die auch eine der größten Containerschiffreedereien der Welt betreibt. Die Flotte ist für eine Airline, die zum überwiegenden Teil Großraumjets betreibt sehr jung. Im Durchschnitt sind die Flugzeuge gerade mal sechs Jahre alt. Wie schon bei den ersten 777 vor 2020, so tragen auch einige 787 zusätzlich große Typenbezeichnungen auf dem Rumpf. Die aktuelle, im Vergleich zur Vergangenheit farbenfrohere und verspieltere Flugzeugbemalung ist das dritte Corporate Design der Unternehmensgeschichte und stammt von 2015. Bemerkenswert: Eva Air betreibt eine der weltweit größten Flotten von Boeing 777-300ER. Diese Teilflotte macht weit mehr als ein Drittel der Gesamtflotte aus. Ergänzt und letztlich zum Teil ersetzt - die ältesten 777 wurden bereits an die Leasinggeber zurückgegeben - wird diese vor allem durch neu hinzukommende Boeing 787-10. Die internationalen Ziele der Passageairline liegen neben Südostasien in Australien, Nordamerika und Europa, hier sind es z.B. Wien und Amsterdam. Ein nicht unwichtiger Geschäftszweig von Eva Air ist die Frachtsparte, die aber seit dem Ersatz der Boeing 747-400F durch die 777F im Jahr 2018 spürbar geschrumpft ist. Taiwan kam bisher recht gut durch die Coronakrise, entsprechend sind nur sehr wenige Flugzeuge der Eva Air geparkt. Was das Thema Sicherheit angeht, hat die Airline einen guten Ruf. Unfälle hat es in der Unternehmensgeschichte jedenfalls bisher nicht gegeben.

Airbus A321-200: 22 (Bj. 2012 - 2016)

Airbus A330-200: 3 (Bj. 2005 - 2006)

Airbus A330-300: 9 (Bj. 2011 - 2017)

ATR 72: 2 (Bj. 2016)

Boeing 787-9: 4 (Bj. 2018 - 2019)

Boeing 787-10: 6 (Bj. 2019 - 2020)

Boeing 777F: 5 (Bj. 2017 - 2019)

Boeing 777-300ER: 34 (Bj. 2008 - 2017)

FedEx Express

IATA-Code: FX, ICAO-Code: FDX, Rufzeichen: FEDEX
Sitz: Memphis, Tennessee/USA, Basis: Memphis Intl. (MEM)
Flotte (Frühjahr 2021): ca. 420 zzgl. 280 bei Fedex Feeder

Das weltumspannende Frachtunternehmen Fedex, mit vollem Namen Federal Express, betreibt die zahlenmäßig weltgrößte Frachtfluggesellschaft: FedEx Express, gegründet 1973. Die Airline betreibt die jeweils größten Teilflotten von Airbus A300F (darunter die allerletzte A300), ATR42, Boeing 757F, Boeing 767-300F, Boeing 777F und McDonnell Douglas MD-11F, ausserdem das Gros der wenigen noch aktiven Douglas MD-10 (DC-10). Letztere sollen aber zügig bis Ende 2021 ausgeflottet und durch Boeing 767-300F ersetzt werden, in Anbetracht des sehr hohen Alters von über 40 Jahren nicht überraschend. Auch die MD-11-Flotte wird langsam abgebaut und durch weitere 777 ersetzt. Lange war Fedex auch der größte Betreiber der A310. Die letzte Maschine dieses Typs wurde Anfang 2020 in die Wüste überstellt. Generell ist Fedex Express´ Flotte ein Mix aus neu erworbenen und Gebrauchtmaschinen. Alle Boeing 757 und viele MD-11 sind umgebaute Passagierflugzeuge. Im Laufe der Unternehmensgeschichte hatte Federal Express einige Flugzeugverluste zu beklagen, insbesondere die Dreistrahler DC-10 und MD-11 waren mit sieben Totalverlusten davon betroffen. Das Design von Fedex stammt von Anfang der 1990er-Jahre und war damals für ein Frachtunternehmen ausserordentlich modern, die blau-purpurne Hauptfarbe fällt trotz der Schlichtheit des Designs auf. Zu Fedex Express gehört auch eine große Flotte von „Feedern", kleine, hier nicht weiter erwähnte Maschinen, die Fracht zu den großen Umschlagflughäfen liefern. Ausser der eigenen Flotte fliegen auch noch gecharterte Flugzeuge anderer Gesellschaften wie ASL in Fedex-Farben.

Airbus A300-600RF/F: 66 (Bj. 1987 -2007)

ATR 42F: 19 (Bj. 1987 - 1993)

ATR 72: 15 (Bj. 1991 - 1994)

Boeing 757-200SF: 113 (Bj. 1983 - 1998)

Boeing 767-300F: 97 (Bj. 2012 - 2020)

Boeing 777F: 46 (Bj. 2010 - 2020)

Mc Donnell Douglas MD-10F: 16 (Bj. 1972 - 1988)

Mc Donnell Douglas MD-11F: 54 (Bj. 1990 - 1999)

Finnair

IATA-Code: AY, ICAO-Code: FIN, Rufzeichen: FINNAIR
Sitz: Helsinki/Finnland, Basis: Helsinki-Vantaa Airport (HEL)
Flotte (Frühjahr 2021): ca. 60 + 24 Nordic Regional (NORRA)
Allianz: Oneworld

Die 1923 unter anderem Namen gegründete Finnair ist eine der ältesten Airlines der Welt. Die nationale Fluggesellschaft Finnlands legte schon immer Wert auf eine moderne, aber typenmäßig sehr straffe, auf wenige Typen beschränkte Flotte. 2015 war Finnair die erste europäische Airline, die den damals brandneuen Airbus A350 ausgeliefert bekam. Aktuell besitzt sie die nach der Lufthansa größte A350-Flotte in Europa, was in Anbetracht der moderaten Größe von Finnair durchaus bemerkenswert ist. Die überaus schlichte Bemalung mit den riesigen Billboard-Titeln in glänzendem Dunkelblau stammt von 2010. Schlichtheit war aber immer schon ein Kennzeichen der wechselnden Designs von Finnair. Mehrere Maschinen fliegen in Oneworld-Allianz-Bemalung, ansonsten gibt es immer mal wieder Flugzeuge, die in Sonderbemalungen mit signalhaften grafischen Mustern des einheimischen, weltbekannten Stoffproduzenten Marimekko unterwegs sind. Aktuell sind es je eine A330 und eine A350. Die Flotte ist mit einem Durchschnittsalter von 11 Jahren noch recht jung. Finnair gilt als sichere, qualitativ hochwertige Airline. Der letzte Unfall liegt über 50 Jahre zurück. Finnair bietet neben vielen innereuropäischen Routen eine große Zahl von interkontinentalen Zielen in den USA und Asien, insbesondere Ostasien an. Los Angeles bzw. Tokio sind in West und Ost die entferntesten Destinationen. Regional- und Zubringerdienste leistet die nur teilweise im Besitz der Finnair befindliche Nordic Regional Airlines (NORRA) mit je 12 zumeist in vollem Finnair-Design fliegenden E190 und ATR72.

Airbus A319: 6 (Bj. 1999 - 2004)

Airbus A320-200: 10 (Bj. 2000 - 2014)

Airbus A321-200: 19 (Bj. 1999 - 2018)

Airbus A330-300: 8 (Bj. 2009 - 2010)

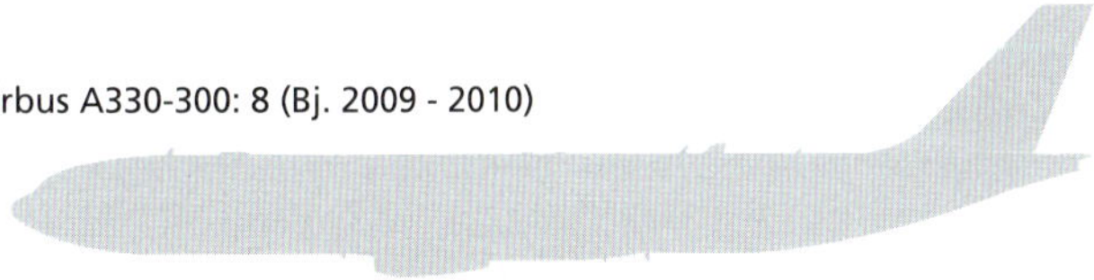

Airbus A350-900: 16 (Bj. 2014 - 2020)

ATR 72: 12 (Norra, Bj. 2007 - 2012)

Embraer 190: 12 (Norra, Bj. 2006 - 2011)

FlyDubai

IATA-Code: FZ, ICAO-Code: FDB, Rufzeichen: SKYDUBAI
Sitz: Dubai/Vereinigte A. Emirate, Basis: Dubai Airport (DXB)
Flotte (Frühjahr 2021): ca. 50

FlyDubai ist eine schnell gewachsene, in dem gleichnamigen Emirat beheimatete Airline, die seit 2008 im Nahen und Mittleren Osten, sowie Europa und Nordafrika Billigflüge anbietet. Obwohl auch staatlich, ist sie vom großen Nachbarn Emirates unabhängig. 2019 wurde sie mitten im Beginn einer weiteren Expansionswelle durch das Flugverbot für die neue Boeing 737-MAX stark getroffen. FlyDubai war eine der Airlines, die von 2017 bis Anfang 2019 eine der größten Zahlen von Flugzeugen dieses Typs erhalten hatte, überhaupt mit die größte Menge an 737-MAX weltweit (insgesamt 290!) geordert hat. Die Flotte ist also sehr jung. FlyDubai hat in ihrer kurzen Geschichte aber bereits ein schweres Unglück zu verkraften gehabt, als 2016 eine 737-800 bei Rostow am Don in Südrussland abstürzte.

Boeing 737-800: 37 (Bj. 2012 - 2017)

Boeing 737-MAX 8: 11 (Bj. 2017 - 2019)

Boeing 737-MAX 9: 3 (Bj. 2018 - 2019)

Flynas

IATA-Code: XY, ICAO-Code: KNE, Rufzeichen: NAS EXPRESS
Sitz: Riadh/Saudi-Arabien, Basis: Riadh Airport (RUH)
Flotte (Frühjahr 2021): ca. 25

Flynas ist eine 2006 unter dem Namen Nas Air gegründete saudiarabische Billigfluggesellschaft, die 2013 umbenannt wurde. Sie ist im Wesentlichen regional im Nahen und Mittleren Osten sowie Nordafrika aktiv. In Europa werden Großbritannien und Österreich angeflogen. Ein Teil des Geschäfts von Flynas sind Pilgerflüge, für die die Airline immer mal wieder Boeing 747-400 gechartert und teilweise auch in ihren vollen Farben eingesetzt hat. Wegen der Coronakrise wurden die beiden zuletzt geflogenen Jumbojets 2020 ausgeflottet. Ob endgültig oder temporär ist nicht bekannt. Während die Airbus A320-200 „Classics" aus zweiter Hand stammen, handelt es sich bei den neuen A320neo um Auslieferungen direkt ab Werk. Die Flotte ist recht jung, im Durchschnitt sind es etwa 9,5 Jahre.

Airbus A320-200: 16 (Bj. 2003 - 2011)

Airbus A320neo: 11 (Bj. 2018 - 2021)

Frontier Airlines

IATA-Code: F9, ICAO-Code: FFT, Rufzeichen: FRONTIER FLIGHT
Sitz: Denver, Colorado/USA, Basis: Denver Intl. Airport (DEN)
Flotte (Frühjahr 2021): ca. 100

Frontier Airlines ist eine US-Billigfluggesellschaft mit Schwerpunkt im Westen des Landes. In den ersten 10 Jahren des Bestehens ab 1994 flog sie ausschließlich Boeing 737, seit 2005 alle Baureihen der A320-Familie, wobei die kurze A318, für die Frontier Erstkunde war, schnell wieder abgestoßen wurde. Durch die große Zahl an A320neo gilt Frontier als treibstoffeffizenteste Airline der USA. Interessant ist die Bemalung der extrem jungen Flotte: alle Maschinen tragen große Fotos einheimischer Tiere im Leitwerk, die unaufgeräumte Gestaltung insgesamt sieht allerdings sehr nach Discounter aus - mithin passend zum Billigimage.

Airbus A319: 3 (Bj. 2005 - 2006)

Airbus A320-200: 19 (Bj. 2008 - 2016)

Airbus A320neo: 61 (Bj. 2016 - 2021)

Airbus A321-200: 21 (Bj. 2015 - 2018)

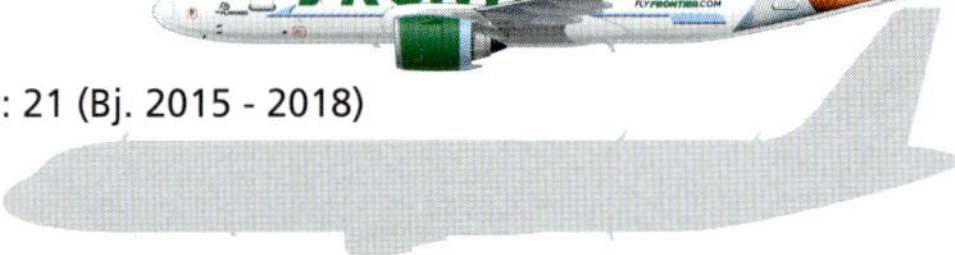

Fuzhou Airlines

IATA-Code: FU, ICAO-Code: FZA, Rufzeichen: STRAIT AIR
Sitz: Fuzhou/VR China, Basis: Flughafen Fuzhou-Changle (FOC)
Flotte (Frühjahr 2021): 16

Die 2014 gegründete chinesische Airline, die in der Taiwan gegenüberliegenden gleichnamigen Hafenstadt beheimatet ist, bietet bisher ausschließlich Flüge innerhalb der Volksrepublik an. Die mit etwa sechseinhalb Jahren im Durchschnitt sehr junge Flotte musste ihre geplante weitere Expansion aufgrund des Flugverbots für die Boeing 737-MAX 8, die als zukünftig einziger Typ in der Flotte vorgesehen war, vorerst unterbrechen. Fuzhou Airlines, über Hainan Airlines zum großen HNA-Konglomerat gehörend, hat ein typisch chinesisches Design, mit schwingenden Linien über den ganzen, in einem sehr hellen Grau gehaltenen Rumpf und in der Hausfarbe der HNA Group, dem generell im Reich der Mitte gern gewählten Hellrot. Wichtige sicherheitsrelevante Vorkommnisse hat es in der ja noch sehr jungen Unternehmensgeschichte bisher nicht gegeben.

Boeing 737-800: 14 (Bj. 2006 - 2018)

Boeing 737-MAX 8: 2 (Bj. 2018)

Garuda Indonesia

IATA-Code: GA, ICAO-Code: GIA, Rufzeichen: INDONESIA
Sitz: Jakarta/Indonesien, Basis: Jakarta Soekamo-Hatta Airport (CGK)
Flotte (Frühjahr 2021): ca. 140
Allianz: SkyTeam

Die 1949 mit Hilfe der niederländischen KLM gegründete Garuda Indonesia ist Indonesiens Flagcarrier. Der Namensgeber Garuda ist ein mythischer Vogel. Indonesien ist das bevölkerungsreichste muslimische Land. Um dem Brauch einmal im Leben in Mekka gewesen zu sein Rechnung zu tragen, werden seit den 1980er-Jahren alljährlich mehrere Boeing 747 hinzugechartert, die in den etwa zwei Monaten der Hadj-Pilgersaison in allen möglichen Hybridbemalungen fliegen. Garuda hatte für ihre Inlands- bzw. Regionalflotte als Ersatz für die Boeing 737-800 fünfzig 737-MAX8 bestellt. Eine einzige Maschine wurde geliefert. Nachdem dieser Typ nach zwei schweren Unfällen aufgrund technischer Mängel mit einem langen Flugverbot belegt wurde, stornierte die mit Recht verärgerte Garuda alle ausstehenden Bestellungen. Im März 2021 orderte die Airline vier A330-800neo zur Erneuerung der Langstreckenflotte. Die Flotte ist mit einem Durchschnittsalter von acht Jahren ziemlich jung. Zu Garuda gehört eine hauptsächlich Airbus A320 fliegende Tochtergesellschaft namens Citilink. Es handelt sich dabei um eine regional fliegende Billigairline, die dem großen einheimischen Konkurenten Lion Air Paroli bieten soll. Citilinks Design ist praktisch Garuda in grün. Garudas aktuelle Livery stammt von 2011. Indonesiens Fluggesellschaften geniessen nicht den besten Ruf, der Luftverkehr des Inselreichs ist einer der unfallträchtigsten der Welt. Auch Garuda hatte in der Unternehmensgeschichte zwar etliche Abstürze zu verzeichnen, der letzte schwere Unfall ereignete sich aber schon vor mehr als einem Jahrzehnt.

Airbus A330-200: 7 (Bj. 2010 - 2013)

Airbus A330-300: 17 (Bj. 1996 - 2016)

Airbus A330-900neo: 3 (Bj. 2019)

ATR 72: 13 (Bj. 2013 - 2018)

Boeing 737-800: 73 (Bj. 2001 - 2015)

Boeing 737-MAX8: 1 (Bj. 2017)

Boeing 777-300ER: 9 (Bj. 2013 - 2015)

Bombardier CRJ1000: 18 (Bj. 2012 - 2015)

Getjet

IATA-Code: GW, ICAO-Code: GJT, Rufzeichen: GETJET
Sitz: Vilnius/Litauen, Basis: Vilnius Airport (VNO)
Flotte (Frühjahr 2021): 11

Getjet ist ein litauisches Charterunternehmen. Es fliegt seit 2016 und hat eine recht diverse Flotte, bei der ein steter Austausch stattfindet. Fast alle Flugzeuge mußten wegen der Coronakrise geparkt werden. Die Livery ist betont schlicht, die im Schnitt etwa 20 Jahre alten Maschinen können so leicht auch in den Farben der Auftragnehmer gestaltet werden, sollte es gewünscht werden. Getjet hat auch noch einen kleinen Ableger in Malta.

Airbus A319: 2 (Bj. 2006 - 2007)

Airbus A320-200: 4 (Bj. 1999 - 2003)

Airbus A330-300: 1 (Bj. 2006)

Boeing 737-300: 1 (Bj. 1998)

Boeing 737-400: 3 (Bj. 1991 - 1997)

GoAir

IATA-Code: G8, ICAO-Code: GOW, Rufzeichen: GOAIR
Sitz: Mumbai/Indien , Basis: Mumbai Chhatrapati Shivaji Intl. (BOM)
Flotte (Frühjahr 2021): ca. 55

GoAir ist eine seit 2005 inländische, später auch ostasiatisch-regionale Flüge anbietende indische Billig-Airline. Von Anfang an setzte sie auf eine junge Flotte aus Airbus A320 und relativ kurze Leasingverträge. Die „klassische" A320 befindet sich gerade im Austausch durch das Nachfolgemuster A320neo, von dem die Airline gegenwärtig eine der größten Flotten nach dem generell größeren Rivalen Indigo besitzt. GoAir hat eine der jüngsten Flotten der Welt. Die Flottenpolitik ist auf starke Expansion aus - etwa 100 A320neos stehen noch in den Auftragsbüchern, während nur ein knappes Dutzend „alte" A320 auf die Ausflottung warten! Neben Mumbai (Bombay) betreibt GoAir auch in Neu-Delhi ein Drehkreuz. Die Sicherheitsbilanz der Airline ist gut, Unfälle gab es nicht in der noch jungen Geschichte der Airline. Logo und Flugzeugbemalung sind für eine Billigairline - eine Unternehmenssparte, die weltweit bekanntermaßen zumeist auf auffällige Designs in lauten Farben Wert legt - eher schlicht und wurde seit Gründung nicht verändert. Mehrere A320 flogen bzw. fliegen in anderen Farben als dem Standard-Mittelblau, in rot, rosa, grün, hellblau oder schwarz. Das hat mit der Standardisierung auf die A320neo aber wohl ein Ende wie es scheint.

Airbus A320-200: 9 (Bj. 2009 - 2014)

Airbus A320neo: 46 (Bj. 2016 - 2020)

Gol Linhas Aéreas

IATA-Code: G3, ICAO-Code: GLO, Rufzeichen: GOL
Sitz: Sao Paulo/Brasilien, Basis: Aeroporto Sao Paulo Congonhas (CGH)
Flotte (Frühjahr 2021): ca. 125

Im Jahr 2000 gegründet, hat sich der Lowcost Carrier Gol Linhas Aéreas schnell zu Brasiliens zweitgrößter Airline entwickelt. Bereits 2007 war sie so groß, dass sie in der Lage war, den in schwere Schieflage geratenen Flagcarrier Varig aufzukaufen. Wie viele Billigairlines setzt auch Gol auf einen stetigen Fluß geleaster neuer Flugzeuge. Bis auf die Boeing 737-700 ist der Flugzeugpark also recht jung, als Ersatz für die gegenwärtige Flotte sind rund 100 Boeing 737-MAX 8 bestellt. Nach mehr als eineinhalbjährigem Flugverbot konnte GOL diesen Typ als erste Airline wieder in Dienst stellen. In den ersten Jahren des Bestehens hatte Gol ein schweres Unglück zu beklagen, als 2006 eine brandneue Boeing 737-800 nach einer Kollision mit einem Businessjet abstürzte. Das selbstbewusste Design von Gol stammt von 2015. Gol läßt auch immer wieder Flugzeuge mit aufwendigen Sonderlackierungen lackieren.

Boeing 737-700: 21 (Bj. 1998 - 2011)

Boeing 737-800: 96 (Bj. 2002 - 2016)

Boeing 737-MAX 8: 8 (Bj. 2018 - 2019)

GX Airlines

IATA-Code: GX, ICAO-Code: CBG, Rufzeichen: GREEN CITY
Sitz: Nanning/VR China, Basis: Nanning-Wuxu (NNG)
Flotte (Frühjahr 2021): 24

GX Airlines ist eine kleine Fluggesellschaft aus Nanning ganz im äußersten Südostzipfel Chinas. Sie wurde 2014 als Tochterunternehmen von Tianjin Airlines gegründet, die wiederum zur großen, mehrere Airlines besitzenden HNA Group gehört und hat ein Routennetz, das sich über den dichtbesiedelten Osten Chinas erstreckt und vor allem sekundäre Ziele, also kleinere Städte beinhaltet. Einziges ausländisches Ziel ist Bangkok. Die Bemalung der Flotte von GX Airlines ist der von Tianjin Airlines ähnlich, ist eher simpel und greift auf die bei chinesischen Airlines beliebten Farben rot und gelb zurück, die Wohlstand verheissen sollen und von allen Airlines der HNA Group verwendet werden. Von irgendwelchen sicherheitsrelevanten Ereignissen, gar Unfällen ist nichts bekannt. Die Flotte ist mit einem Flugzeugdurchschnittsalter von etwa sieben Jahren jung und soll durch weitere Embraer der neuen Generation erweitert werden.

Airbus A320-200: 6 (Bj. 2012 - 2015)

Airbus A320neo: 4 (Bj. 2018 - 2019)

Embraer 190: 14 (Bj. 2008 - 2012)

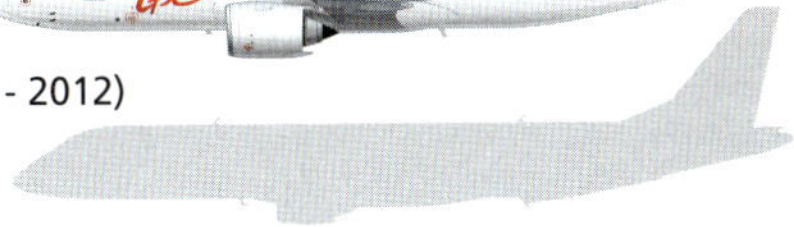

Gulf Air

IATA-Code: GF, ICAO-Code: GFA, Rufzeichen: GULF AIR
Sitz: Muharraq/Bahrain, Basis: Bahrain International Airport (BAH)
Flotte (Frühjahr 2021): ca. 35

Gulf Air aus dem Königreich Bahrain ist die älteste unter den international tätigen Fluggesellschaften der kleinen arabischen Monarchien. Im Jahr 2020 feierte die Airline ihren 70sten Geburtstag, aus diesem Anlass wurde eine Boeing 787 in einer Retrobemalung im Stil der 1970er-Jahre lackiert. Heute ist Gulf Air praktisch nur noch die Airline Bahrains, nachdem Qatar und Abu Dhabi eigene, inzwischen deutlich größere Fluggesellschaften gründeten. Die einst regional vorherrschende Rolle ist also passé, statt Expansion war das letzte Jahrzehnt von Konsoldierung, von Schrumpfung geprägt. Gulf Air befindet sich aber gegenwärtig mitten in einer großen Flottenumstellung mit einem neuen Anlauf zur Expansion. Die Airbus A330 wurden ab 2018 durch die Boeing 787-9 ersetzt. Weitere 787 sollen hinzukommen, und die A320neo sowie demnächst auch Airbus A220-100 verdrängen ältere Maschinen der A320-Familie. Im Durchschnitt ist die Flotte aber mit rund sechseinhalb Jahren auch aktuell schon sehr jung. In den letzten 20 Jahren hatte Gulf Air keinen Unfall zu beklagen. Der aktuelle, durchaus attraktive Markenauftritt der Airline wurde 2018 vorgestellt. Er ist vielleicht nicht ganz so auffällig wie der vorherige, seit 2003 genutzte, kräftig goldene und setzt auf die eher blassen Farben der Wüste. Das Markenzeichen, der goldene Falke, wurde ebenfalls neu und weniger abstrakt gestaltet. Viele Flugzeuge tragen seit längerer Zeit schon Werbetitel für den lokalen Formel 1-Grand Prix. Wegen der Coronakrise mußte ein knappes Viertel der Flotte - ältere Airbus-Maschinen - geparkt werden.

Airbus A320-200: 11 (Bj. 2009 - 2011)

Airbus A320neo: 6 (Bj. 2018 - 2020)

Airbus A321: 6 (Bj. 2012 - 2014)

Airbus A321neo: 2 (Bj. 2020 - 2021)

Boeing 787-9: 7 (Bj. 2018 - 2019)

Helvetic Airways

IATA-Code: 2L, ICAO-Code: OAW, Rufzeichen: HELVETIC
Sitz: Zürich/Schweiz, Basis: Zürich-Kloten (ZRH)
Flotte (Frühjahr 2021): 15

Helvetic Airways fliegt seit 2003 und war als erste Billigfluggesellschaft der Schweiz gegründet worden. Mit einer schnell notwendig gewordenen Strategieumstellung wurde 2006 ein sehr schweizerisches Design eingeführt. Helvetic führt ausschliesslich Kurzstreckenflüge durch, u. a. auch Sportcharter. Die alte Flotte, die aus Fokker 100, McDonnell Douglas MD-83 und Airbus A319 bestand, wurde in den letzten Jahren durch gebraucht erstandene Embraer 190 modernisiert, die seit 2020 aber wiederum wieder gegen die noch ökonomischere 190-E2 ausgetauscht werden. Ab 2021 kommt auch noch die etwas größere 195-E2 hinzu. Die Coronakrise zwang auch Helvetic, einige Maschinen vorläufig abzustellen.

Embraer 190/190-E2: 15 (Bj. 2006 - 2020)

Hainan Airlines

IATA-Code: HU, ICAO-Code: CHH, Rufzeichen: HAINAN
Sitz: Haikou/VR China, Basis: Haikou-Mailan Airport (HAK)
Flotte (Frühjahr 2021): ca. 220

Die 1993 gegründete Hainan Airlines ist die größte private Fluggesellschaft in der Volksrepublik China. Sie befindet sich wie viele Airlines zum Teil in Besitz der HNA Group und hat ihren Sitz auf der gleichnamigen Insel im äußersten Süden des Landes. Laut dem Bewertungsunternehmen Skytrax, das auf Passagierumfragen basiert, ist es seit Jahren die beste Airline Chinas und gehörte seit 2011 kontinuierlich zu den Top 10 weltweit. Hainan Airlines betreibt eine riesige Flotte von Boeing 737-800, wie sie sonst eigentlich nur in den USA zu finden ist. Auch die 787-9-Teilflotte - einige Maschinen davon waren bzw. sind in Sonderbemalungen unterwegs - ist eine der größten weltweit. Insgesamt ist die Flotte mit gerade mal gut sechs Jahren im Schnitt sehr jung, die Sicherheitsbilanz tadellos. Eine weiterer Flottenausbau war mit dem Airbus A350 vorgesehen. Bereits kurz nach Auslieferung der ersten Maschinen wurden aber einige schon wieder abgestellt nachdem die Leasingverträge gekündigt worden waren, weil die HNA Group in finanzielle Schwierigkeiten geraten war, die dann durch die Coronakrise noch derart verschärft wurden, dass Anfang 2021 Insolvenz angemeldet werden musste, mit noch unbekannten Folgen für die Airline. Das auffällige Design in den in China wirtschaftliches Glück verheisssenden Farben rot und gelb wird in dieser Form seit 2012 verwendet. Das gleiche Design, natürlich mit anderen Titeln, nutzen auch Hongkong Airlines und díe Frachtgesellschaft Suparna Airlines. Das Routennetz ist mit gut 100 Zielen weiter gespannt, international mit Zielen wie London, Berlin und Wien, Sydney und Los Angeles.

Airbus A330-200: 8 (Bj. 2007 - 2015)

Airbus A330-300: 24 (Bj. 2010 - 2019)

Airbus A350-900: 2 (Bj. 2018)

Boeing 737-800: 136 (Bj. 2000 - 2018)

Boeing 737-MAX 8: 11 (Bj. 2018 - 2019)

Boeing 787-8: 10 (Bj. 2013 - 2015)

Boeing 787-9: 28 (Bj. 2016 - 2018)

Hawaiian Airlines

IATA-Code: HA, ICAO-Code: HAL, Rufzeichen: HAWAIIAN
Sitz: Honolulu, Hawaii/USA, Basis: Honolulu International Airport (HNL)
Flotte (Frühjahr 2021): ca. 60

Hawaiian Airlines gehört zu den ältesten Airlines der Welt. Die Gesellschaft wurde 1929 gegründet und fliegt seit 1941 unter ihrem jetzigen Namen. International verbindet sie Hawaii natürlich mit dem US-Festland, sowie mit Japan und Südkorea. Die Boeing 717 stehen vor der Ausflottung, für ältere A330 ist als Ersatz die Boeing 787-9 bestellt. Zur Airline gehört auch eine Regionaltochter namens ´Ohana by Hawaiian, die zusammen mit den 717 der Hauptflotte mit ATR-Turboprops die Hawaii-Inseln verbindet. Durch die Coronakrise war Hawaiian gezwungen einen Teil der Flotte abzustellen.

Airbus A321neo: 18 (Bj. 2017 - 2020)

Airbus A330-200: 24 (Bj. 2010 - 2017)

Boeing 717: 19 (Bj. 1998 - 2005)

Hebei Airlines

IATA-Code: NS, ICAO-Code: HBH, Rufzeichen: HEBEI AIR
Sitz: Shijiazhuang/VR China, Basis: Shijiazhuang International (SJW)
Flotte (Frühjahr 2021): ca. 30

Die in der nordostchinesischen Großstadt Hebei beheimatete Regionalfluggesellschaft Hebei Airlines gibt es seit 2010. Inzwischen werden auch einige wenige ostasiatische Auslandsziele offeriert. Die aus gängigen westlichen Flugzeugmustern bestehende Flotte ist mit einem Durchschnittsalter von etwa sechs Jahren sehr jung. Eine weitere Expansion ist geplant, interessanterweise diesmal aber vor allem mit Flugzeugen des einheimischen Herstellers Comac, dem DC-9-Klon ARJ21 und der moderneren, dem Airbus A320 ähnelnden C119, deren Erstauslieferung allerdings seit Jahren auf sich warten lässt. Der Markenauftritt von Hebei Airlines ist etwas blass, also nicht sonderlich eigenständig. Die Sicherheitsbilanz der Fluggesellschaft ist gut, Berichte über Unglücksfälle gibt es nicht.

Boeing 737-800: 23 (Bj. 2006 - 2018)

Embraer 190: 6 (Bj. 2011 - 2015)

Hong Kong Airlines

IATA-Code: HX, ICAO-Code: CRK, Rufzeichen: BAUHINIA
Sitz: Hongkong/VR China, Basis: Hongkong Chep Lap Kok Intl. (HKG)
Flotte (Frühjahr 2021): 32

Die seit 2003 aktive Hong Kong Airlines, auf ihrer Flotte Hongkong Airlines geschrieben, gehört zum chinesischen, an vielen Airlines beteiligten HNA-Tourismuskonzern. Eine Zeitlang war das Unternehmen sehr ambitioniert, bekam aber schon in der Folge der Finanzkrise 2008 erste Probleme. So mußte 2012 die Bestellung über zehn A380 storniert werden, für die die Airline Chinas größter Kunde geworden wäre. Neben Zielen in China fliegt Hong Kong Airlines vor allem mittlere Langstrecken im asiatischen Raum, bietet aber auch Flüge nach Nordamerika an. Hong Kong Airlines fliegt international auch Fracht, die Cargoabteilung setzt auf den modernen, allerdings kommerziell nicht sonderlich erfolgreichen Airbus A330-200F. Die für China landestypische, durchaus attraktive Bemalung der Flotte entspricht bis auf den Namen exakt jener von Hainan Airlines, der größten zum HNA-Universum gehörenden Fluggesellschaft. Das Durchschnittsalter der unfallfreien Flotte ist, ebenfalls China-typisch, recht niedrig, etwa neun Jahre sind es. Ein Flottenum- und Ausbau mit hochmodernen A350 war geplant, aber nach nur einer Auslieferung wurden die anderen zu Hainan Airlines überstellt, weil Hong Kong Airlines schon vor der Coronakrise in starke finanzielle Turbulenzen geraten war und die Flotte verkleinern mußte. Trotzdem musste ein nennenswerter Teil auch dieser geschrumpften Flotte abgestellt werden. Hainan Airlines geht es aber nicht viel besser. So ist die Flottensituation, verstärkt noch durch die Insolvenz von HNA infolge der Coronakrise, recht unübersichtlich und ihre Größe nicht zuverlässig zu nennen.

Airbus A320-200: 10 (Bj. 2012 - 2016)

Airbus A330-200: 5 (Bj. 2010 - 2012)

Airbus A330-200F: 9 (Bj. 200 - 201)

Airbus A330-300: 7 (Bj. 2010 - 2015)

Airbus A350-900: 1 (Bj. 2018)

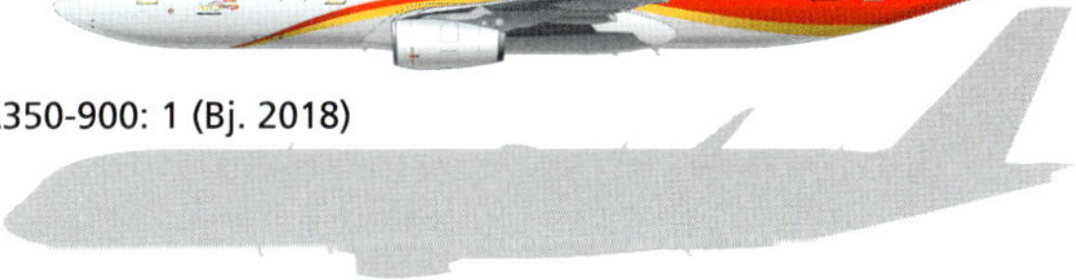

HK Express

IATA-Code: UO, ICAO-Code: HKE, Rufzeichen: HONGKONG SHUTTLE
Sitz: Hongkong, Basis: Hongkong Chep Lap Kok Intl. Airport (HKG)
Flotte (Frühjahr 2021): 18

HK Express, mit vollem Namen Hong Kong Express Airways, 1997 gegründet und 2014 vom damaligen Besitzer Hong Kong Airlines zur Billigairline umgewandelt, gehört seit 2019 zu Cathay Pacific und bedient inländische und regionale Ziele in Ostasien. Auch diese Airline ist von der Coronakrise sehr stark betroffen, der Großteil der ohnehin schon stark geschrumpften Flotte war zum Jahreswechsel 2020/2021 am Boden.

Airbus A320-200: 8 (Bj. 2004 - 2015)

Airbus A320neo: 9 (Bj. 2016 - 2020)

Airbus A321neo: 1 (Bj. 2017)

Hokkaido Air System/Air Do

IATA-Code: HD, ICAO-Code: ADO, Rufzeichen: AIR DO
Sitz: Sapporo/Japan, Basis: Tokio-Haneda International Airport (HND)
Flotte (Frühjahr 2021): 12

Die Billigfluggesellschaft Air Do, Japans erster Lowcostcarrier, wurde 1998 unter dem Namen Hokkaido International Airlines gegründet und heisst erst seit 2012 offiziell Air Do. Sie gehört seit 2008 teilweise der All Nippon Airways (ANA), ist auf der japanischen Nordinsel Hokkaido beheimatet und befliegt ausschliesslich Inlandsrouten. Die Flotte ist mit gut 16 Jahren im Durchschnitt nicht mehr ganz jung, die eher schlichte, aber aufgrund der Pastellfarben heitere Flugzeugbemalung allerdings schon noch, sie stammt von 2013. Eine der meist gebraucht erstandenen, so langsam in die Jahre kommenden Boeing 767 fliegt aktuell in einer poppig-bunten Sonderbemalung mit einem Bären im Leitwerk, die sich in erster Linie an die ganz jungen Passagiere wendet.

Boeing 737-700: 8 (Bj. 2006 - 2008)

Boeing 767-300 und -300ER: 6 (Bj. 1997 - 2004)

IAero Airways

IATA-Code: WQ, ICAO-Code: SWQ, Rufzeichen: SWIFTFLIGHT
Sitz: Miami, Florida/USA, Basis: Phoenix Sky Harbor Intl. Airport (PHX)
Flotte (Frühjahr 2021): ca. 35

iAero Airways ist seit der Firmenübernahme 2019 der neue Name der 1997 gegründeten US-Charterairline Swift Air, die u. a. für Sportteams, Reiseveranstalter und staatliche Stellen fliegt. Die Flotte besteht teilweise aus Maschinen mit Luxusinterieurs, andererseits aber auch aus uralten, zu Frachtern umgebauten Boeing 737 und hat mit über 26 Jahren ein auffällig hohes Durchschnittsalter. Im Zuge der Umfirmierung wurde eine neue, nur rudimentäre Bemalung eingeführt, die das wesentlich attraktivere Design von Swift Air ablöst. Vermutlich soll so den Charterkunden Gelegenheit gegeben werden, den Rumpf mit ihren eigenen Logos zu bekleben.

Boeing 737-300 + 300SF: 8 (Bj. 1986 - 1996)

Boeing 737-400 + 400SF: 21 (Bj. 1989 - 1996)

Boeing 737-800 + 800BDSF: 8 (Bj. 1998 - 2006)

Embraer 135: 1 (Bj. 2014)

Iberia Líneas Aéreas de Espana

IATA-Code: IB, ICAO-Code: IBE, Rufzeichen: IBERIA
Sitz: Madrid/Spanien, Basis: Aeroporto Madrid-Barajas (MAD)
Flotte (Frühjahr 2021): ca. 70 + 21 (Iberia Express)
Allianz: Oneworld

Der spanische Flagcarrier Iberia wurde 1927 mit Hilfe der Deutschen Luft Hansa gegründet und gehört wie British Airways seit 2009 zum IAG Konzern. Im interkontinentalen Verkehr ist Iberia vor allem auf Flügen ins zumeist Spanisch sprechende Südamerika stark, ansonsten werden natürlich die meisten europäischen und einige nodafrikanische Staaten angeflogen. Darüber hinaus stehen Nordamerika und der Nahe Osten im Flugplan. 2020, durch die auch Iberia hart treffende Coronakrise noch beschleunigt, wurde die Flotte um etwa 10 Maschinen verkleinert und das seit 2004 eingesetzte Flottenflaggschiff Airbus A340-600 durch die A350-900 ersetzt. Airbus A330-900neo sollen auch noch hinzukommen, wohl als Ersatz älterer A330. Schon jetzt hat die Flotte aber ein recht niedriges Durchschnittsalter von knapp unter 10 Jahren. Die aktuelle Bemalung der Flotte in den Landesfarben rot und gelb gibt sich uninspiriert, auf jeden Fall ist sie nicht so alleinstellend wie der 2013 abgelöste Auftritt. Ein grafisch hochwertiges Logo besitzt die Fluggesellschaft ebenfalls nicht, das Leitwerk, Aushängeschild jeder Airline, zeigt nur nackte Farbflächen. Iberia betreibt wie so viele Konkurrenten auch eine Regionaltochter, in diesem Fall werden aber mit der A321 auch größere Flugzeuge eingesetzt als anderswo. Die Iberia Express-Maschinen tragen große „Express"-Titel und rot lackierte Triebwerksverkleidungen. Iberia Express erhielt 2020 auch die ersten A321neo, noch vor der Hauptflotte. Iberia hält darüber hinaus etwa 90% an der Billigairline Vueling. In den letzten 30 Jahren verlor Iberia drei Flugzeuge, bei ansonsten aber glimpflich verlaufenden Unglücken.

Airbus A319: 7 (Bj. 2004 - 2008)

Airbus A320-200: 14 + 14 bei IB Express (Bj. 1999 - 2014)

Airbus A320neo: 8 (Bj. 2018 - 2020)

Airbus A321-200: 11 + 4 bei IB Express (Bj. 1999 - 2007)

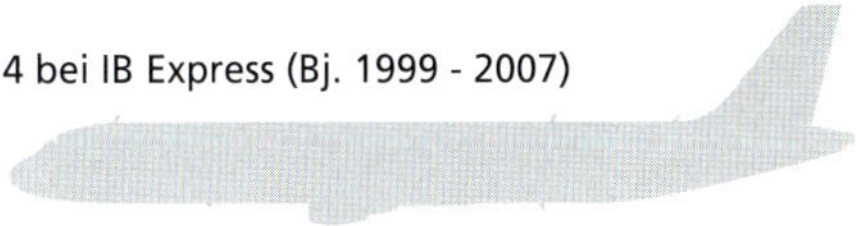

Airbus A321neo: 4 (IB Express, Bj. 2020 - 2021)

Airbus A330-200: 12 (Bj. 2015 - 2018)

Airbus A330-300: 8 (Bj. 2013 - 2014)

Airbus A350-900: 9 (Bj. 2018 - 2020)

Icelandair

IATA-Code: FI, ICAO-Code: ICE, Rufzeichen: ICEAIR
Sitz: Keflavik/Island, Basis: Keflavik International Airport (KEF)
Flotte (Frühjahr 2021): ca. 25

Icelandair, die 1979 durch Fusion von Vorgängergesellschaften gegründete nationale Airline des nördlichsten Landes der Welt, setzt angesichts der einsamen Lage Islands ausschliesslich Flugzeuge ein, die mindestens mittelstreckentauglich sind. Die Flotte ist recht angejahrt, noch abhängig von der alten, zumeist gebraucht erstandenen Boeing 757, die schon seit langem, genauer gesagt, seit 2004 nicht mehr hergestellt wird. Im Zuge der auch Icelandair hart treffenden Coronakrise hat sich die Airline aber entschieden, deren Zahl jetzt dauerhaft zu reduzieren, wobei das bis Anfang 2021 in Europa noch bestehende Flugverbot für die als Nachfolger vorgesehenen Boeing 737-MAX 8 und -MAX 9 wenig hilfreich war. Weitere Auslieferungen verzögern sich natürlich. Die Flotte wurde also 2020 verkleinert, es ist aber sehr schwer, wegen der Reduzierungen bei der 757 eine genaue aktuelle Flottengröße anzugeben. Bei den für erst vor wenigen Jahren für die längsten Routen angeschafften Boeing 767-300ER handelt es sich auch um ältere Gebrauchtmaschinen, so dass das Durchschnittsalter der Flotte bei stolzen 20 Jahren liegt. Icelandairs Flotte zählt also zu den ältesten der westlichen Welt, angesichts des nicht gerade armen Landes doch recht überraschend. Bereits vor der Coronakrise hatte Icelandair allerdings gravierende finanzielle Probleme, war 2019 sogar gezwungen, kurzzeitig den Betrieb einzustellen. Der eher klassisch daherkommende Markenauftritt von Icelandair ist auch nicht mehr ganz frisch, er stammt von Ende der 1990er-Jahre. Die Sicherheitsbilanz der Airline ist gut, Unglücke sind sehr lange her.

Boeing 737-MAX 8: 5 (Bj. 2018 - 2019)

Boeing 737-MAX 9: 1 (Bj. 2019)

Boeing 757-200: ca. 13 (Bj. 1989 - 2000)

Boeing 767-300ER: 4 (Bj. 1997 - 2000)

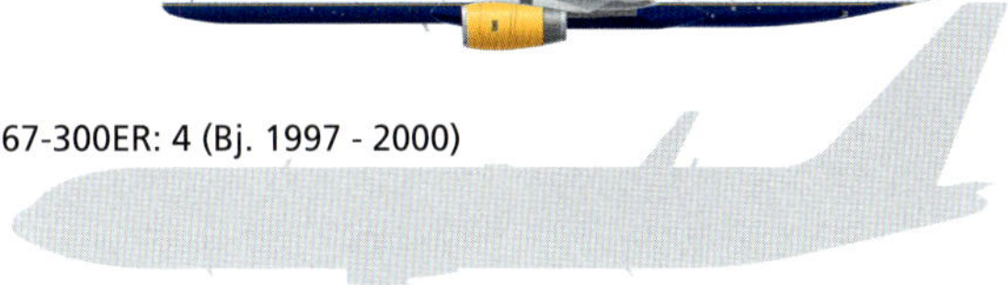

Ikar Airlines/PegasFly

IATA-Code: IK, ICAO-Code: KAR, Rufzeichen: KRASJET
Sitz: Krasnojarsk/Russland, Basis: Jemeljanowo Airport (KJA)
Flotte (Frühjahr 2021): 16

Ikar Air ist eine 1993 gegründete kleine sibrische Airline, die seit 2014 unter der Marke PegasFly mit gebraucht erstandenen Boeings innerhalb der Weiten Russlands unterwegs ist.

Boeing 737-800: 3 (Bj. 2001 - 2006)

Boeing 737-900ER: 3 (Bj. 2008)

Boeing 767-300ER: 4 (Bj. 1998 - 2000)

Embraer 190: 6 (Bj. 2008 - 2011)

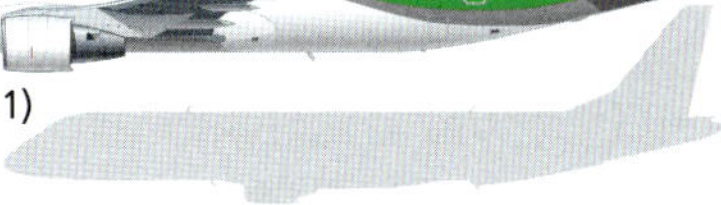

IndiGo Airlines

IATA-Code: 6E, ICAO-Code: IGO, Rufzeichen: IFLY
Sitz: Neu-Delhi/Indien, Basis: New Delhi Indira Gandhi Intl. Airport (DEL)
Flotte (Frühjahr 2021): ca. 260

Indigo ist eine der den indischen Inlandsmarkt beherrschenden Billigfluggesellschaften. Wie auch die Konkurrenz ist Indigo sehr jung, existiert seit 2006. Typisch auch die im Durchshnitt nur fünf Jahre junge Flotte. Durchaus erstaunlich, dass Indigo die gegenwärtig weltgrößte Flotte von Airbus A321neo betreibt, abgesehen von der (noch wesentlich) größeren Zahl von A320neo. IndiGos Order gehören zu den größten der Luftfahrtgeschichte, allein die A320neo/321neo-Bestellungen umfassen mehr als schier unfassbare 700 Maschinen. IndiGo plant eine internationale Expansion, dafür wurde die A321neo-Langstreckenversion bestellt.

Airbus A320-200: ca. 85 (Bj. 2003 - 2014)

Airbus A320neo: 112 (Bj. 2016 - 2020)

Airbus A321neo: 36 (Bj. 2018 - 2021)

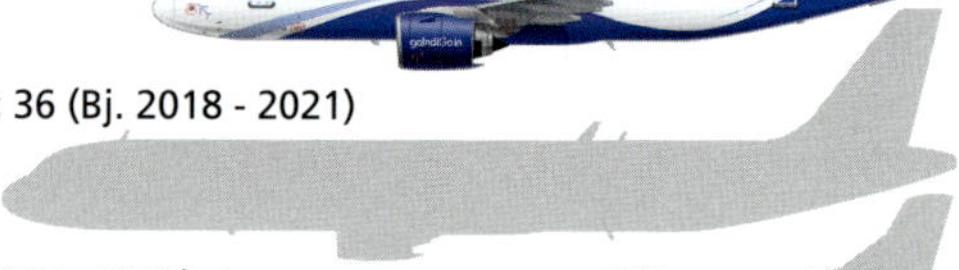

ATR 72: 25 (Bj. 2017 - 2019)

Interjet

IATA-Code: 4O, ICAO-Code: AIJ, Rufzeichen: INTERJET
Sitz: Toluca/Mexico, Basis: Toluca International Airport (TLC)
Flotte (Frühjahr 2021): ca. 20

Der mexikanische Lowcostcarrier Interjet wurde 2005 gegründet und wuchs insbesondere im letzten Jahrzehnt stark bis die Flotte im Herbst 2019 über 80 Flugzeuge umfasste. Bemerkenswert: Interjet ist die einzige Airline ausserhalb Russlands, die eine größere Anzahl von Suchoi Superjet 100 kaufte. Diese Order wurde allerdings schwer bereut, denn war die Anschaffung auch sehr billig (10 Superjets zum Preis eines Airbus A320 wurden kolportiert), so erwiesen sich Zuverlässigkeit und Wartung als Alptraum. Etliche dieser noch jungen Maschinen dienen nur noch als Ersatzteillager. 2019 aber war auch das Jahr, in dem die finanziell immer prekärere Lage Interjets nicht mehr wegzudiskutieren war. Die Coronakrise tat ihr Übriges, die Gehälter wurden um die Hälfte gekürzt. Die Flotte umfasst nach Rückgabe fast aller A320 nur ein Viertel dessen, was noch 12 Monate zuvor Realität war. Aber auch diese Schrumpfflotte, bei der auch die nicht flugfähigen Superjets mitgezählt sind ist zum Zeitpunkt der Drucklegung inaktiv, so dass Interjet hier als Beispiel für den Zusammenbruch eines allzu ehrgeizigen Unternehmens gelten kann.

Airbus A320-200: 2 (Bj. 2000 - 2008)

Superjet 100: 22 (Bj. 2013 - 2015)

Iran Air

IATA-Code: IR, ICAO-Code: IRA, Rufzeichen: IRANAIR
Sitz: Teheran/Iran, Basis: Teheran Imam Chomeini Airport (IKA)
Flotte (Frühjahr 2021): ca. 40 (inkl. Cargo)

Die staatliche Airline Irans hat seit langem unter dem durch die fragwürdige Politik des islamistischen Regimes des Landes verschuldeten internationalen Boycott zu leiden. Die Airline ist bekannt dafür sehr erfinderisch zu sein, ihre bis vor kurzem fast nur aus sehr alten Maschinen bestehende Flotte in der Luft zu halten. So müssen immer mal wieder einzelne Maschinen für Jahre abgestellt werden, bevor genügend Ersatzteile organisiert werden können. Etwa die Hälfte der Flotte ist so immer mal wieder inaktiv. Iran Air war lange dafür bekannt, die ältesten noch im regelmäßigen Verkehr eingesetzten Passagier-747 zu betreiben, die noch zu Zeiten des 1979 gestürzten Schah geliefert worden waren. Diese sind aber seit 2015 mittlerweile alle ausser Dienst gestellt worden. Die einzige verbliebene 747 der Iran Air ist eine ehemalige Maschine der niederländischen Martinair, die 2009 auf Umwegen den Weg nach Teheran fand. Sie ist der letzte noch fliegende Jumbo der seltenen 747-200 Combi-Ausführung mit Frachttür vorn und Passagierdeck. Die Maschine wird von Iran Air aber nur noch als Frachter eingesetzt. Nicht viel jünger sind die Airbus A300, die dringend der Ablösung bedürfen. Die beiden A330 die 2017 den Weg in den Iran fanden, reichen dazu nicht aus. Die Bemalung der Iran Air-Flotte stammt von Mitte der 1990er-Jahre, ist extrem schlicht und über die ganze Flotte gesehen nicht ganz konsistent. Immer wieder gibt es kleinere Änderungen, die aber nur auf einem Teil der Flotte umgesetzt werden. In Anbetracht der schwierigen Ersatzteillage ist es fast ein Wunder, dass die Sicherheitsbilanz von Iran Air so schlecht nicht ist.

Airbus A300B2/B4: 4 (Bj. 1980 - 1987)

Airbus A300-600: 4 (Bj. 1992 - 1994)

Airbus A310-300: 2 (Bj. 1987 - 1993)

Airbus A319: 3 (Bj. 2002)

Airbus A320-200: 5 (Bj. 1992 - 2003)

Airbus A321-200: 1 (Bj. 2017)

Airbus A330-200: 2 (Bj. 2017)

ATR 72-600: 13 (Bj. 2017 - 2018)

Boeing 747-200 Combi (Frachter): 1 (Bj. 1988)

Fokker 100: 3 (Bj. 1990 - 1996)

McDonnell-Douglas MD82: 1 (Bj. 1989)

Iraqi Airways

IATA-Code: IA, ICAO-Code: IAW, Rufzeichen: IRAQI
Sitz: Bagdad/Irak, Basis: Bagdad International Airport (BGW)
Flotte (Frühjahr 2021): ca. 30

Die staatliche Airline des Irak hat so einige Stürme überstehen müssen. Nach einer Expansionsphase, die sogar den Kauf von zwei Boeing 747 Combis und einer 747SP beinhaltete, begann unter der kriegerischen, das Land isolierenden Diktatur Saddam Husseins ab 1979 der Niedergang. Die Boeing 747 wurden vor Beginn des Golfkrieges 1990/1991 in die tunesische Wüste überstellt um der Zerstörung zu entgehen. Dort fristen diese wenig geflogenen Maschinen noch immer ihr Dasein, ohne Hoffnung darauf jemals wieder in die Luft zu gehen. Mit dem Sturz des Saddam-Regimes 2004 kam auch das vorläufige Ende der kargen Reste von Iraqi Airways. Die wenigen verbliebenen Maschinen wurden ein Opfer der Kämpfe. Seither findet eine behutsame Wiederbelebung statt. Das aktuelle Routennetz der Airline umfasst neben Zielen im Nahen Osten Destinationen in Asien und Nordafrika. Die selbstbewußte, ebenso attraktive wie eigenständige Bemalung der Flotte stammt aus dem Jahr 2013. Für die überschaubare Größe der Airline ist der Typenmix recht groß, er reicht bis hin zu zwei von Malaysia und Japan Airlines stammenden Boeing 747-400 (von denen eine als sehr wenig eingesetztes Regierungsflugzeug dient) und besteht weitgehend aus modernem, neu ab Werk geliefertem Material. Bei der einzelnen 777 handelt es sich um eine 2012 von Air Austral nicht abgenommene Maschine, die vor allem auf der Chinaroute unterwegs ist. Herz der Flotte sind allerdings die Boeing 737-800. Ob und wann die schon Anfang des letzten Jahrzehnts georderten Boeing 787 ausgeliefert werden ist unklar.

Airbus A320-200: 3 (Bj. 2012 - 2013)

Airbus A321-200: 1 (Bj. 2009)

Airbus A330-200: 1 (Bj. 2012)

Boeing 737-800: 14 (Bj. 2014 - 2017)

Boeing 777-200LR: 1 (Bj. 2012)

Boeing 747-400: 2 (Bj. 1994 - 2001)

Bombardier CRJ900: 6 (Bj. 2008 - 2011)

Iran Aseman Airlines

IATA-Code: EP, ICAO-Code: IRC, Rufzeichen: ASEMAN
Sitz: Teheran/Iran, Basis: Teheran-Mehrabad (THR)
Flotte (Frühjahr 2021): 20

Iran Aseman Airlines ist eine 1980 gegründete Airline, die Flüge im Inland und in andere Länder des Nahen Ostens anbietet. Die Flotte ist mit 28 Jahren im Schnitt außerordentlich alt. Selbst die "Youngster" sind schon in einem Alter in dem anderswo die meisten Verkehrsflugzeuge aufs Altenteil geschickt werden. Flottenflaggschiff ist eine einzelne A340-300, weltweit die älteste mit Baunummer 2 und ursprünglich ein Teil der Testflotte. Iran Aseman hat eine schlechte Sicherheitsbilanz, Flüge in die EU sind ihr deshalb untersagt. Der letzte tödliche Absturz datiert von 2018.

Airbus A320-200: 6 (Bj. 1992 - 1994)

Airbus A340-300: 1 (Bj. 1992)

Boeing 737-400: 5 (Bj. 1992)

Fokker 100: 8 (Bj. 1990 - 1994)

Jazz Aviation

IATA-Code: QK, ICAO-Code: JZA, Rufzeichen: JAZZ
Sitz: Enfield/Kanada, Basis: Halifax-Stanfield International Airport (YHZ)
Flotte (Frühjahr 2021): ca. 125

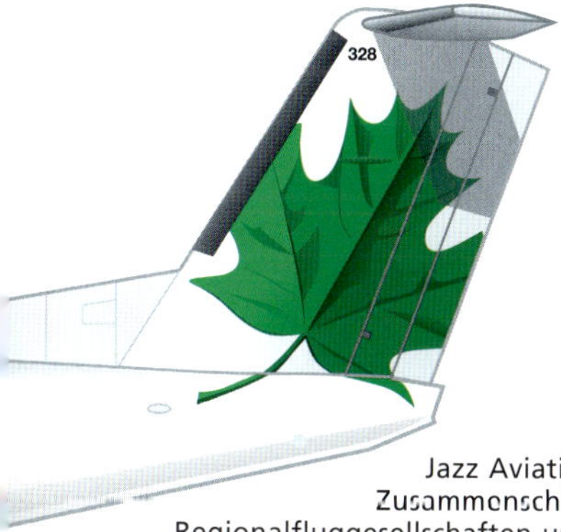

Jazz Aviation entstand 2001 aus dem Zusammenschluss mehrerer kanadischer Regionalfluggesellschaften und gehörte bis 2006 zu Air Canada, für die auch immer noch ein Großteil der Zubringerflüge durchgeführt wird, teilweise auch aus den USA. Die große Flotte, deren Durchschnittsalter mit etwa 15 Jahren im internationalen Mittelfeld liegt, fliegt zumeist in voller Air Canada-Lackierung, nur zu einem kleinen Teil auch in der eigenen Bemalung.

Bombardier CRJ200ER: 14 (Bj. 2004 - 2005)

Bombardier CRJ700: 16 (Bj. 2005 - 2007)

Bombardier CRJ900LR: 19 (Bj. 2006 - 2021)

DHC-8-100: 10 (Bj. 1987 - 1990)

DHC-8-300: 21 (Bj. 1989 - 1992)

DHC-8-400: 44 (Bj. 2007 - 2016)

Japan Airlines

IATA-Code: JL, ICAO-Code: JAL, Rufzeichen: JAPANAIR
Sitz: Tokio-Shinagawa/Japan, Basis: Tokio-Haneda Airport (HND)
Flotte (Frühjahr 2021): ca. 170
Allianz: Oneworld

Japan Airlines, kurz JAL, Japans Flagcarrier und eine der beiden großen internationalen Fluggesellschaften im Land der aufgehenden Sonne, wurde ursprünglich schon 1925 gegründet. Die Airline ist aber gegenwärtig nach ANA nur noch die Nummer 2 im Land. Lange auf Expansionskurs und um die Jahrtausendwende Besitzer der größten Flotte von Jumbo-Jets, hat JAL seit der Asienkrise 1997 mit Stagnation zu kämpfen, die Finanzkrise führte 2010 zu Insolvenz und Schrumpfung. So spielt heute die Boeing 787 die Hauptrolle in der Flotte, zu der aber auch noch etliche alternde 767, 777-200 und 777-300 gehören, von denen viele auf Inlandsrouten eingesetzt werden. Diese werden aber sukzessive ausgeflottet, Airbus A350 kommen neu hinzu, darunter auch die lange -1000-Version. Das Durchschnittsalter der Flotte liegt bei etwa 11 Jahren. Ein deutlich sichtbares Signal für eine etwas bescheidenere Zukunft war 2011 kurz vor dem Börsengang die Einführung eines extrem schlichten Corporate Design, mit einer geradezu übertrieben bescheidenen Flugzeugbemalung: auf nackt weissen Flugzeugen sind nur schwarze Schriftzüge und das altbekannte, vorher einige Jahre lang nicht genutzte Logo im Leitwerk zu sehen. Allerdings ist JAL wohl die Airline, die so oft wie keine andere ihre Flugzeuge mit Werbetiteln oder auch aufwendigen Sonderbemalungen verziert. JAL fliegt von Asien abgesehen auch nach Nordamerika, Ozeanien und Europa. Zu Japan Airlines gehören fünf (mit kleinen Maschinen regional fliegende) Töchter: Hokkaido Air System, J-Air, Japan Air Commuter (JAC), Japan Transocean Air (JTA) und Ryukyo Air.

Airbus A350-900: 8 (Bj. 2019 - 2020)

Boeing 737-800: 48 (Bj. 2006 - 2012)

Boeing 767-300/-300ER: 31 (Bj. 1997 - 2011)

Boeing 787-8: 27 (Bj. 2013 - 2020)

Boeing 787-9: 20 (Bj. 2016 - 2020)

Boeing 777-200/-200ER: 16 (Bj. 1997 - 2005)

Boeing 777-300: 4 (Bj. 1999 - 2003)

Boeing 777-300ER: 13 (Bj. 2004 - 2009)

Jeju Air

IATA-Code: 7C, ICAO-Code: JJA, Rufzeichen: JEJU AIR
Sitz: Jeju/Südkorea, Basis: Jeju Airport (CJU)
Flotte (Frühjahr 2021): ca. 40

Mit Gründungsjahr 2005 ist Jeju Air noch ein junges Unternehmen. Die südkoreanische Billigfluggesellschaft setzt seit Beginn auf eine homogene Flotte, seit 2010 sind es ausschließlich Boeing 737 der Bestsellerversion -800. 40 Boeing 737-MAX 8 sind als Ersatz der gegenwärtigen Flotte, die ein Durchschnittsalter von etwa 11 Jahren hat, schon bestellt. Bemerkenswert am Routennetzwerk ist, dass die (natürlich nicht nur von Jeju Air beflogene) Strecke von Jeju, der drittgrößten, auf einer Insel südlich des Festlandes gelegenenen Stadt des Landes, in die Hauptstadt Seoul die mit dem weltweit höchsten Passagieraufkommen ist. Neben Inlandsrouten fliegt Jeju Air auch in verschiedene andere ostasiatische Länder bis hin nach Thailand, der Urlaubsinsel Guam und den Marianen-Inseln. Die „laute" Farbe Orange passt als Unternehmensfarbe natürlich gut zu einem Lowcostcarrier, die Flugzeugbemalung zeichnet sich dadurch aus, dass verschiedene Leitwerksdesigns verwendet werden.

Boeing 737-800: 42 (Bj. 2001 - 2018)

Jetstar

IATA-Code: JQ, ICAO-Code: JST, Rufzeichen: JETSTAR
Sitz: Melbourne/Australien, Basis: Melbourne Airport (MEL)
Flotte (Frühjahr 2021): ca. 110 (inkl. Tochtergesellschaften)

2004 gründete Qantas ihre Billigtochter Jetstar. Schon kurz nach dem Start wurden Langstreckenpläne beschlossen, der erste Lowcostcarrier mit solchem Ansinnen. Anfangs wurden diese mit von Qantas transferierten Airbus A330, ab 2013 mit verspätet ausgelieferten Boeing 787 durchgeführt. Bis dahin waren mit Jetstar Asia, Jetstar Japan und Jetstar Pacific schon drei Töchter gegründet worden. Die Flotte ist mit rund neun Jahren im Schnitt relativ jung. Die silberne Bemalung mit orangenem Stern wirkt für eine Billigairline hochwertig. Jetstar ist von der Coronakrise stark betroffen, die meisten 787 sind inaktiv, Jetstar Pacific wurde geschlossen.

Airbus A320-200: 49 + 23 + 15 (Bj. 2004 - 2014)

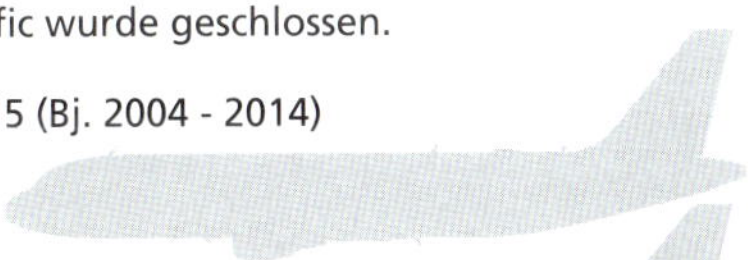

Airbus A321-200: 8 (Bj. 2000 - 2016)

Boeing 787-8: 11 (Bj. 2013 - 2015)

Jet2.com

IATA-Code: LS, ICAO-Code: EXS, Rufzeichen: CHANNEX
Sitz: Leeds/Großbritannien, Basis: diverse
Flotte (Frühjahr 2021): ca. 90

Jet2 ist eine britische Billigairline, die vor allem im Urlauberverkehr tätig ist. 2002 gegründet, flog sie lange Zeit vor allem mit alten Boeing 737 „Classics". Dank Erneuerung und Expansion mit der 737-800 ist das Alter der Flotte nun aber auf im Schnitt 13 Jahre gesunken, auch wenn Jet2 anders als andere Billigflieger viele Flugzeuge aus zweiter Hand einsetzt. Die auffällige Bemalung in silber mit hellrotem Leitwerk wird seit Beginn verwendet: Zu Jet2 gehört die Schwester Jet2holidays, deren Maschinen in einer eher an Supermarktgrafik erinnernden Bemalung in Blau und Orange fliegen. In Folge der Coronakrise wurde die Flotte etwas verkleinert, alle 757 und 737-300 sind am Boden.

Airbus A321-100: 1 (Bj. 2015)

Boeing 737-300: 7 (Bj. 1997 - 1998)

Boeing 737-800: 74 (Bj. 1998 - 2019)

Boeing 757-200: 8 (Bj. 1988 - 1996)

JetBlue

IATA-Code: B6, ICAO-Code: JBU, Rufzeichen: JETBLUE
Sitz: New York/USA, Basis: New York-JFK International Airport (JFK)
Flotte (Frühjahr 2021): ca. 270

JetBlue wurde 1998 gegründet und hat sich inzwischen bis zur zweitgrößten Billigairline der USA entwickelt. Mit ihrer riesigen Airbus-Flotte ist die in New York beheimatete Airline quasi ein Gegenpol zu Southwest Airlines, dem auf die Boeing 737 setzenden Konkurrenten im Westen. Ausser inländischen Zielen fliegt JetBlue auch die Karibik und Lateinamerika an. Im Grunde ist die Flugzeugbemalung von JetBlue langweilig, allerdings gibt es eine Unmenge verschiedener abstrakter Leitwerksgrafiken. Mit etwa 11 Jahren befindet sich das Flugzeug-Durchschnittsalter international im guten Mittelfeld.

Airbus A220-300: 1 (Bj. 2020)

Airbus A320-200: 130 (Bj. 1999 - 2013)

Airbus A321-200: 66 (Bj. 2013 - 2019)

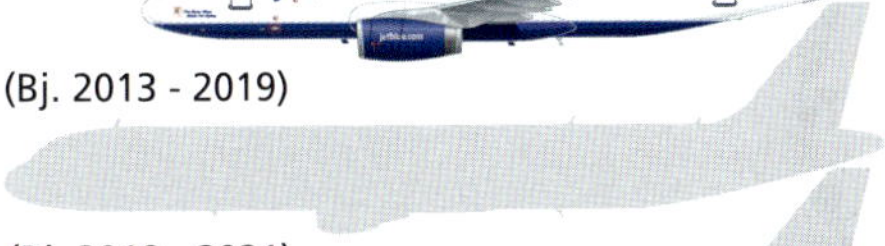

Airbus A321neo: 15 (Bj. 2019 - 2021)

Embraer 190: 60 (Bj. 2004 - 2013)

Jin Air

IATA-Code: LJ, ICAO-Code: JNA, Rufzeichen: JIN AIR
Sitz: Incheon/Südkorea, Basis: Seoul-Incheon International Airport (ICN)
Flotte (Frühjahr 2021): ca. 25

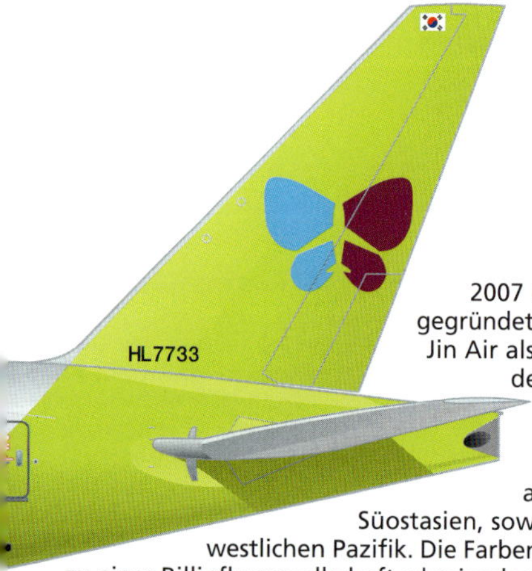

2007 unter dem Namen Air Korea gegründet, fliegt die 2008 umbenannte Jin Air als Billigairline von Korean Air, dem Flagcarrier von Südkorea. Jin Airs Routensystem umfasst neben nationalen und regionalen Zielen auch einige Destinationen in Süostasien, sowie die Urlaubsinsel Guam im westlichen Pazifik. Die Farben des Carriers mögen passend zu einer Billigfluggesellschaft schreiend und geschmäcklerisch sein, der Markenauftritt beweist aber durchaus Eigenständigkeit. Die meisten Boeing 737-800 und die vier sehr eng bestuhlten 777-200ER wurden von der Muttergesellschaft übernommen, nur die neuesten Maschinen sind Direktauslieferungen. Das Flottenalter liegt mit ca. 13 Jahren international gesehen im mittleren Bereich, Unfälle hat es bisher nicht gegeben.

Boeing 737-800: 20 (Bj. 2000 - 2016)

Boeing 777-200ER: 4 (Bj. 2005 - 2007)

Juneyao Airlines

IATA-Code: HO, ICAO-Code: DKH, Rufzeichen: AIR JUNEYAO
Sitz: Schanghai/VR China, Basis: Shanghai-Hongqiao Airport (SHA)
Flotte (Frühjahr 2021): ca. 75

Die seit 2005 existierende Juneyao Airlines hat ihren Schwerpunkt auf inländischen Flügen innerhalb Chinas, bietet aber auch ostasiatisch-internationale Ziele bis nach Thailand an. Chinatypisch ist die Flotte sehr jung, etwa sechs Jahre alt ist ein Flugzeug im Schnitt. Die Standard-Livery ist eher uninspiriert, die 787 tragen allerdings individuelle Bemalungen. Zu Juneyao gehört auch der Billigcarrier 9 Air.

Airbus A320-200: 36 (Bj. 2008 - 2018)

Airbus A320neo: 8 (Bj. 2019 - 2020)

Airbus A321-200: 27 (Bj. 2013 - 2018)

Airbus A321neo: 1 (Bj. 2020)

Boeing 787-9: 6 (Bj. 2018 - 2020)

Kalitta Air

IATA-Code: K4, ICAO-Code: CKS, Rufzeichen: CONNIE
Sitz: Ypsilanti, Michigan/USA, Basis: Willow Run Airport (YIP)
Flotte (Frühjahr 2021): ca. 35 + 7 (Kalitta Charters II)

Die Frachtgesellschaft Kalitta Air gibt es seit 1981, sie wurde von dem ehemaligen Dragsterrennfahrer und findigem Geschäftsmann Conrad „Connie" Kalitta gegründet. In den 1990er-Jahren hiess sie Kalitta American International Airways, 1997 wurde sie verkauft. Die Gesellschaft in ihrer jetzigen Form gibt es seit dem Rückkauf durch Kalitta Ende 2000, sie befindet sich nach wie vor in Privatbesitz und fliegt sowohl im Linienverkehr wie auch Charter, unter anderem für das US Militär. Kalitta betrieb und betreibt praktisch ausschliesslich Gebrauchtmaschinen, für sehr lange Zeit waren das zu Frachtern umgebaute Boeing 747-100 und -200, ab 2008 auch 747-400. Von 2012 an kamen bereits ab Werk als Frachter gebaute, also effizientere Jumbo Jets hinzu, die heute den Kern der Flotte ausmachen. Seit kurzem fliegt Kalitta auch alte 767-Frachter und neue 777F, die allesamt wie auch einige 747 für DHL betrieben werden. Kalitta betreibt 747 aller Baujahre, dabei sind sowohl einige der erstgebauten 747-400 von 1989/1990 wie auch die 2009 hergestellte allerletzte Maschine der -400er Baureihe. Die zwar nicht moderne, dafür aber umso eigenständigere Flugzeugbemalung in Rot und Gold gibt es praktisch von Anfang an, ein Teil der Flotte trägt aber die Farben von Charterkunden oder fliegt in nacktem Weiss, nur mit kleinen Schriftügen versehen, die komischerweise eine völlig andere Grafik aufweisen als die allgemein verwendeten, sehr klotzigen Titel. Neben Kalitta Air existieren auch noch kleine Zweigunternehmen unter den Namen Kalitta Air Charters (Businessjet Ad hoc-Charter) und Kalitta Air Charters II (Inlandsfrachtgesellschaft).

Boeing 767-300BDSF: 9 (Bj. 1990 - 1994)

Boeing 777F: 4 (Bj. 2009 - 2020)

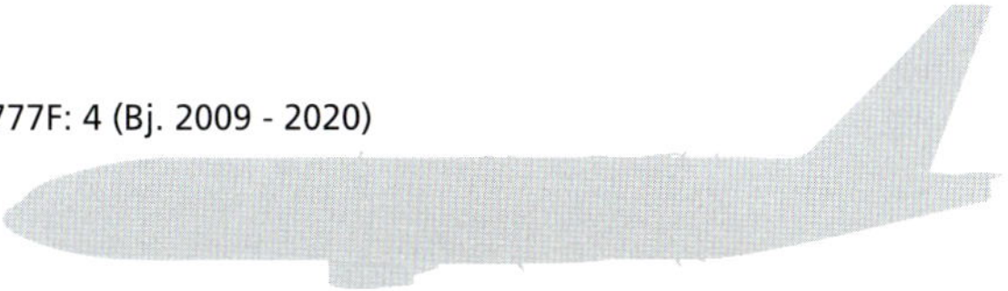

Boeing 747-400BCF/BDSF: 10 (Bj. 1990 - 1997)

Boeing 747-400F/ERF: 14 (Bj. 1989 - 2009)

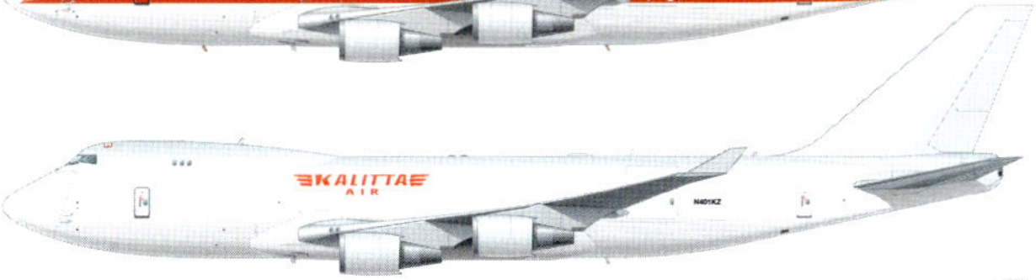

Boeing 737-300SF (Kalitta Charters II): 2 (Bj. 1987)

Boeing 737-400SF (Kalitta Charters II): 5 (Bj. 1989 - 1993)

Kam Air

IATA-Code: RQ, ICAO-Code: KMF, Rufzeichen: KAMGAR
Sitz: Kabul/Afghanistan, Basis: Kabul InternationalAirport (KBL)
Flotte (Frühjahr 2021): 15

Kam Air ist so etwas wie der inoffizielle Flagcarrier Afghanistans, da die noch existierende Ariana die lange diese Rolle einnahm kaum noch der Rede wert ist. Die seit 2003 existierende Kam Air fliegt neben inländischen und regionalen Routen mit ihren A340 Langstrecke bis in die Türkei und nach Liberia. Der Markenauftritt ist schon wegen der Signalfarbe Orange auffällig, und durchaus auch gefällig. Seit Jahren aber schon ist Kam Air der Einflug nach Europa aufgrund von Sicherheitsmängeln untersagt.

Airbus A340-300: 5 (Bj. 1998 - 2001)

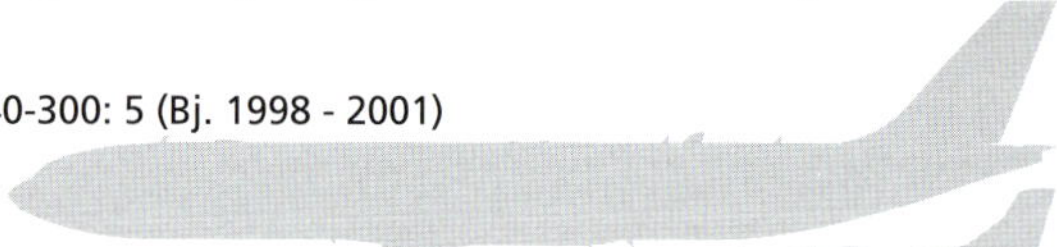

ATR 42: 2 (Bj. 1998)

Boeing 737-500: 2 (Bj. 1997 - 1998)

Boeing 737-300: 4 (Bj. 1996 - 1998)

Boeing 767-300ER: 1 (Bj. 1993)

McDonnell-Douglas MD-83: 1 (Bj. 1989)

Kenya Airways

IATA-Code: KQ, ICAO-Code: KQA, Rufzeichen: KENYA
Sitz: Nairobi/Kenia, Basis: Nairobi Jomo Kenyatta Intl. Airport (NBO)
Flotte (Frühjahr 2021): ca. 35
Allianz: SkyTeam

Die seit 1977 fliegende Kenya Airways versuchte direkt nach der Jahrtausendwende stark zu expandieren. Das mißlang, die beschafften Boeing 777 sind längst Geschichte. Die 787-8 hingegen scheint besser geeignet, die Nordamerika und Europarouten zu bedienen. Die aktuelle, recht attraktive Flugzeugbemalung wurde 2005 bei der Auslieferung der zweiten Boeing 777 eingeführt. Mit ca. neun Jahren ist das Durchschnittsalter eines Flugzeuges der Flotte noch recht jung. 2019 mussten bei einem Unfall in der Wartung zwei Embraer-Jets abgeschrieben werden.

Boeing 737-300SF: 2 (Bj. 1998)

Boeing 737-700: 2 (Bj. 2002 - 2003)

Boeing 737-800: 8 (Bj. 2009 - 2015)

Boeing 787-8: 9 (Bj. 2014 - 2019)

Embraer 190: 15 (Bj. 201ß - 2013)

KLM

IATA-Code: KL, ICAO-Code: KLM, Rufzeichen: KLM
Sitz: Amsterdam/Niederlande, Basis: Schiphol Airport (AMS)
Flotte (Frühjahr 2021): ca. 115 + 50 (KLM Cityhopper)
Allianz: SkyTeam

KLM, die nationale Airline der Niederlande, ist die älteste Fluggesellschaft der Welt. 2019 feierte sie ihr 100jähriges Bestehen, viele Flugzeuge trugen aus diesem Anlass eine große „100" auf dem Rumpf. Ein Jahr später, im Coronajahr 2020, stellte die Airline das mit Abstand wichtigste Passagierflugzeug der Unternehmensgeschichte, die Boeing 747 ausser Dienst, wobei zu sagen ist, das geschah fast planmäßig. Der Jumbojet hatte 49 Jahre lang die Flotte geprägt, einige dieser Maschinen halten den absoluten Flugstundenrekord. Nun besteht diese leider nur noch aus verschieden großen zweimotorigen Maschinen. Dennoch ist der Typenmix der Langstreckenflotte noch recht groß. KLM war einer der ersten Kunden, der die längste Version der Boeing 787 ausgeliefert bekam. Ausserdem ist die Airline der einzige Flagcarrier in Europa, dessen Kurzstreckenflotte nicht von der A320-Familie, sondern von der Boeing 737 dominiert wird. KLM gehört zu Air France, Flugzeuge werden also meist gemeinsam beschafft, die Entscheidung pro 737 ist aber älter. Zubringerdienste leistet die Tochtergesellschaft namens KLM Cityhopper, deren Embraers in voller KLM-Livery fliegen. Sie erhielt Anfang 2021 eine erste Embraer 195 der neuen Generation E2. Zur KLM gehört auch Martinair. Aus dem ehemaligen kleinen Konkurrenten ist die Frachtgesellschaft KLMs geworden, deren Jumbo-Frachter bis auf einen im KLM-Look fliegen und deshalb auch hier mit aufgenommen werden. Die Bemalung der KLM-Flotte ist einer der absoluten Klassiker der Luftfahrt und stammt von Mitte der 1970er-Jahre. Die gegenwärtige Version ist dessen dritte Überarbeitung.

Airbus A330-200: 8 (Bj. 2005 - 2010)

Airbus A330-300: 5 (Bj. 2012 - 2014)

Boeing 737-700: 15 (Bj. 2008 - 2011)

Boeing 737-800: 31 (Bj. 1999 - 2019)

Boeing 737-900: 5 (Bj. 2001)

Boeing 787-9: 13 (Bj. 2015 - 2018)

Boeing 787-10: 5 (Bj. 2019 - 2020)

Boeing 777-200ER: 15 (Bj. 2003 - 2008)

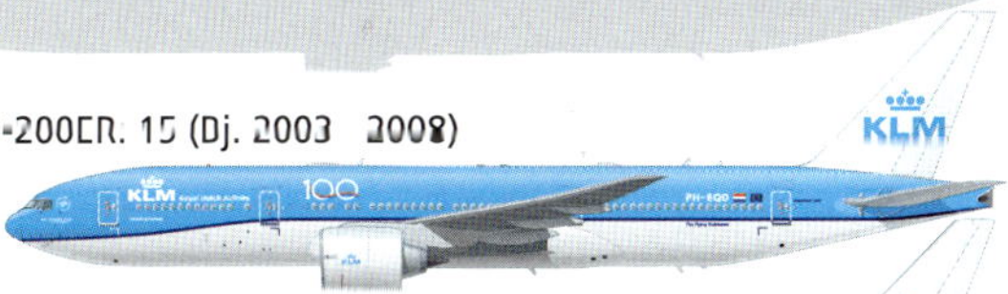

Boeing 777-300ER: 14 (Bj. 2008 - 2017)

Boeing 747-400ERF: 3 (Bj. 2003 - 2004)

Embraer 175: 17 (Bj. 2016 - 2018)

Embraer 190: 32 (Bj. 2008 - 2018)

Korean Air

IATA-Code: KE, ICAO-Code: KAL, Rufzeichen: KOREANAIR
Sitz: Seoul-Incheon/Südkorea, Basis: Seoul-Incheon Intl. Airport (ICN)
Flotte (Frühjahr 2021): ca. 160
Allianz: SkyTeam

Korean Air, der Flagcarrier Südkoreas, besteht seit 1962. Bis 1984 firmierte er unter dem Namen Korean Air Lines. Bis auf Afrika wird praktisch in alle Welt geflogen. Die Flotte, die aktuell mit einem Durchschnittsalter von an die 11 Jahre gerade noch als relativ jung durchgehen kann ist mit ihrem Typenmix zweifellos auch eine der interessantesten weltweit. 2016 erhielt Korean Air die letztgebauten 747-Passagierjets. Die gegenwärtige 737-Teilflotte soll durch solche der neue MAX-Generation ersetzt werden, ausserdem wird Airbus mit dem A321neo auch in der Regionalflotte Fuß fassen. Weitere Änderungen in der Flottenaufstellung stehen wohl durch die Fusion mit dem Konkurrenten Asiana an, der mittelfristig in Korean Air aufgehen dürfte. Das schon 1985 eingeführte Corporate Design mit dem weitgehend himmelblauen Rumpf ist nach wie vor attraktiv und kann mittlerweile mit Fug und Recht zu den Klassikern der Luftfahrt gerechnet werden auch wenn die Flugzeugbemalung ganz klar von KLM beeinflusst wurde: zeitlos, attraktiv, elegant, eigenständig, kurz, es gibt bei der Livery keinen Änderungsbedarf, die Wahl des Titelfonts vielleicht ausgenommen. Leider mußte die Airline im Zuge der Coronakrise fast alle Airbus A380-, Boeing 747- und 777-200ER-Passagiermaschinen abstellen. Eine 747-8 wird zum Regierungsjet umgerüstet. Neben der Passageflotte betreibt Korean Air auch eine große, ebenfalls vor allem auf Langstrecke ausgerichtete Luftfracht-Abteilung und den Billigcarrier Jin Air. Vor der Jahrtausendwende hatte Korean Air eine schlechte Sicherheitsbilanz, seit 1999 hat es aber keinen Absturz mehr gegeben.

Airbus A220-300: 10 (Bj. 2017 - 2019)

Airbus A330-200: 8 (Bj. 1998 - 2013)

Airbus A330-300: 21 (Bj. 1997 - 2015)

Airbus A380: 10 (Bj. 2011 - 2014)

Boeing 737-700BBJ: 1 (Bj. 2009)

Boeing 737-800: 5 (Bj. 2000 - 2011)

Boeing 737-900: 20 (Bj. 2002 - 2013)

Boeing 787-9: 10 (Bj. 2017 - 2019)

Boeing 777-200ER: 12 (Bj. 1998 - 2008)

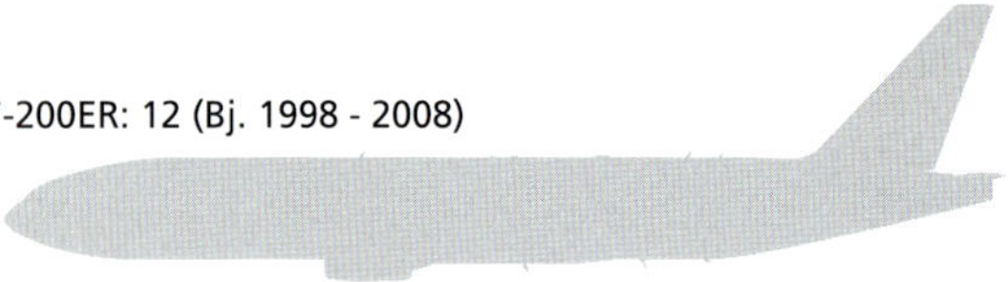

Boeing 777F: 12 (Bj. 2012 - 2017)

Boeing 777-300: 4 (Bj. 1999 - 2000)

Boeing 777-300ER: 26 (Bj. 2009 - 2019)

Boeing 747-400ERF: 4 (Bj. 2004 - 2006)

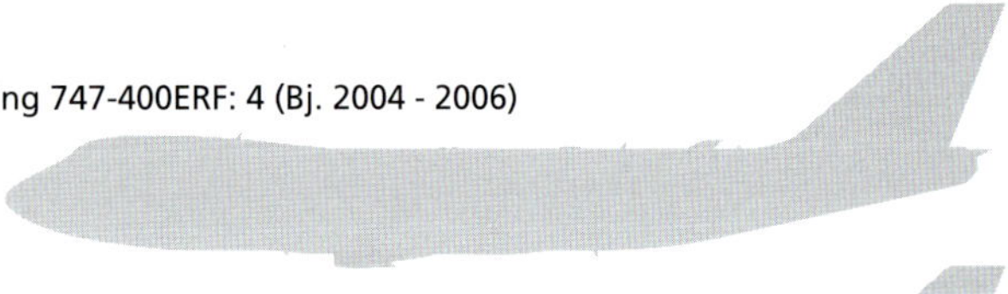

Boeing 747-8F: 7 (Bj. 2012 - 2015)

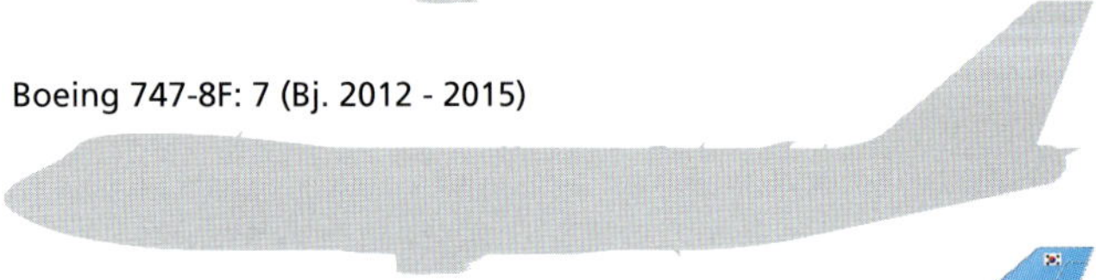

Boeing 747-8: 10 (Bj. 2015 - 2017)

Kunming Airlines

IATA-Code: KY, ICAO-Code: KNA, Rufzeichen: KUNMING AIR
Sitz: Kunming/VR China, Basis: Kunming-Changshui Airport (KMG)
Flotte (Frühjahr 2021): 30

Kunming Airlines, mit Sitz in der südlichen Provinz Yunnan, gehört zu den vielen im ersten Jahrzehnt des Jahrtausends gegründeten Fluggesellschaften in der Volksrepublik China. Seit 2009 gehört sie der größeren Shenzhen Airlines. Kunming Airlines fliegt nur innerhalb Chinas. Die Flotte ist mit durchschnittlich knapp vier Jahren sehr jung, die beabsichtigte Expansion mit Boeing 737-MAX muss wegen des lang andauernden, erst ab Ende 2020 sukzessive aufgehobenen Flugverbots für dieses Muster noch warten. Das Firmendesign der Airline entspricht weitgehend jenem von Shenzhen Airlines, ist also durchaus attraktiv. Grundsätzlich orientiert sich die Flugzeugbemalung grafisch am Stil von Thai Airways.

Boeing 737-700: 9 (Bj. 2016 - 2018)

Boeing 737-800: 19 (Bj. 2012 - 2017)

Boeing 737-MAX 8: 2 (Bj. 2018)

Kuwait Airways

IATA-Code: KU, ICAO-Code: KAC, Rufzeichen: KUWAITI
Sitz: Kuwait, Basis: Kuwait International Airport (KWI)
Flotte (Frühjahr 2021): ca. 30

Kuwait Airways fliegt seit 1954. in den letzten Jahren wurde die bis dato ausgesprochen alte Flotte komplett erneuert, so dass sie heute mit weniger als vier Jahren im Schnitt eine der weltweit jüngsten ist. Im Oktober 2020 erhielt Kuwait Airways als erste Airline die kurze Version des Airbus A330neo. Die Airline ist wegen Rassismus in der Kritik, weil sie keine Menschen jüdischen Glaubens transportiert. Das Routensystem umfasst neben regionalen auch Ziele in Europa und Nordamerika. Das aktuelle Corporate Design der seit langer Zeit unfallfreien Airline löste 2017 den veralteten, seit den 1970er-Jahren verwendeten Look ab.

Airbus A320-200: 7 (Bj. 2014 - 2015)

Airbus A320neo: 6 (Bj. 2019 - 2020)

Airbus A330-200: 5 (Bj. 2015)

Airbus A330-800neo: 2 (Bj. 2020)

Boeing 777-300ER: 10 (Bj. 2016 - 2017)

Lauda Europe

IATA-Code: LW, ICAO-Code: LDA, Rufzeichen: BEAUFORT
Sitz: Birkirkara/Malta, Basis: Malta International Airport (MLA)
Flotte (Frühjahr 2021): ca. 30

Lauda Europe (Malta) ist der Nachfolger der österreichischen Laudamotion, der dritten Airlinegründung der 2019 verstorbenen Formel 1- und Unternehmerlegende Niki Lauda. Laudamotion wurde 2018, zwei Jahre nach dem Aufkauf der kleinen, ebenfalls östereichischen Fluggesellschaft Amira Air als Billigairline mit Flugzeugen aus der Konkursmasse der zur aufgelösten Air Berlin gehörenden Niki (einst Laudas zweite Gründung) konzipiert, mit dem Ziel, langfristig Österreichs größte Airline zu werden. Von Anfang an kontrovers war die gegen die Lufthansa gerichtete sofortige, erst spät kommunizierte Beteiligung des aggressiven Billigriesen Ryanair, die letztlich in der vollen Eignerschaft durch die Iren mündete. In Folge der Coronakrise wurde die in arge Schwierigkeiten geratene Laudamotion als österreichische Airline im Spätherbst 2020 geschlossen, Ryanair übertrug die Lizenz zu einer Neugründung namens Lauda Europe ins arbeitgeberfreundlichere, sprich arbeitnehmerfeindlichere Malta, schloss die Basis in Düsseldorf und reduzierte die Basis Wien auf ein Minimum. Die geschrumpfte, weiterhin größtenteils geparkte Flotte wurden auf das steuersparende maltesische Register übertragen. Das Branding der im Schnitt fast 14 Jahre alten, nur aus Airbus A320 bestehenden Flotte ist im Vergleich zu den früheren Lauda-Airlines eher einfallslos.

Airbus A320-200: 28 (Bj. 2001 - 2012)

LATAM Airlines Brasil

IATA-Code: JJ, ICAO-Code: TAM, Rufzeichen: TAM
Sitz: Sao Paulo/Brasilien, Basis: Sao Paulo-Guarulhos Airport (GRU)
Flotte (Frühjahr 2021): ca. 140

LATAM Airlines (Chile)

IATA-Code: LA, ICAO-Code: LAN, Rufzeichen: LAN
Sitz: Santiago de Chile, Basis: Santiago de Chile Airport (SCL)
Flotte (Frühjahr 2021): ca. 70

LATAM ist nicht nur eine Fluggesellschaft, sondern der Zusammenschluss mehrerer Fluglinien, der den mit Abstand größten Airlineverbund Lateinamerikas bildet. LATAM entstand 2012 aus der Fusion der brasilianischen TAM Linhas Aereas und der chilenischen LAN Airlines samt ihrer Tochtergesellschaften. Später kam noch die kolumbianische Aires dazu. LATAM als an die Öffentlichkeit tretende Marke wird seit 2015 verwendet, die brasilianischen und chilenischen Zweige sind jedoch rechtlich getrennt. Alle Flugzeuge der LATAM-Gesellschaften sind in einem einheitlichen Design lackiert. LATAM Airlines Brasil und die kleinere LATAM Airlines (Chile) fliegen beide auch Ziele in Nordamerika, Asien und einige wenige in Europa an, u. a. Frankfurt. LATAM Chile hat die Osterinsel als exotischte Destination im Flugplan. Durch die Coronakrise geriet der gesamte Airlineverbund schnell in ernsthafte Probleme, bereits im Mai 2020 musste sich die Holding unter Gläubigerschutz stellen. In Folge wurden etliche Flugzeuge, auch einige der neuen A350, an Leasinggeber retourniert und ca. ein Drittel der gemeinsamen Flotte abgestellt. Neben den Hauptairlines wurden Anfang 2021 folgende Gesellschaften betrieben: LATAM Colombia, LATAM Peru, LATAM Cargo (Chile), LATAM Cargo Brasil, LATAM Cargo Mexico und LATAM Ecuador. LATAM Argentina wurde 2020 geschlossen.

LATAM Airlines Brasil

Airbus A319: 21 (Bj. 2002 - 2012)

Airbus A320-200: 59 (Bj. 2000 - 2015)

Airbus A320neo: 6 (Bj. 2019)

Airbus A321-200: 26 (Bj. 2007 - 2016)

Airbus A350-900: 6 (Bj. 2016 - 2019)

Boeing 767-300ER: 13 + 3 Frachter (Bj. 1999 - 2012)

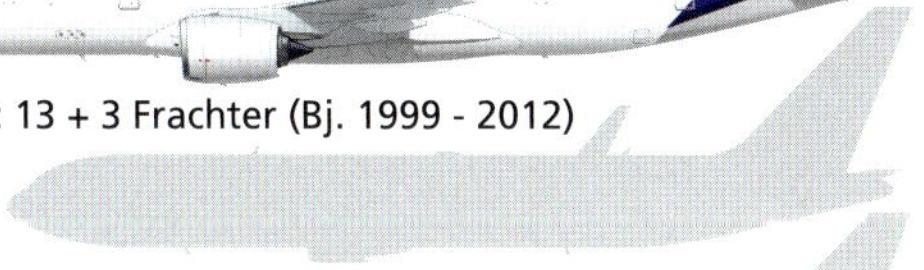

Boeing 777-300ER: 10 (Bj. 2008 - 2013)

LATAM Cargo Mexico

Boeing 767-300ERF: 1 (Bj. 2016)

LATAM Airlines Colombia

Airbus A319: 6 (Bj. 2003 - 2006)

Airbus A320-200: 8 (Bj. 2011 - 2012)

LATAM Airlines Ecuador

Airbus A319: 4 (Bj. 2008 - 2011)

LATAM Airlines (Chile)

Airbus A319: 1 (Bj. 2018)

Airbus A320-200: 19 (Bj. 2001 - 2012)

Airbus A320neo: 4 (Bj. 2017 - 2019)

Airbus A321-200: 12 (Bj. 2014 - 2016)

Boeing 767-300F/BCF: 8 (Bj. 1998 - 2006)

Boeing 767-300ER: 15 (Bj. 2006 - 2011)

Boeing 787-8: 10 (Bj. 2012 - 2014)

Boeing 787-9: 12 (Bj. 2015 - 2019)

LATAM Airlines Peru

Airbus A319: 13 (Bj. 2005 - 2012)

Airbus A320-200: 27 (Bj. 2010 - 2014)

Airbus A320neo: 2 (Bj. 2016 - 2017)

Loong Air

IATA-Code: GJ, ICAO-Code: CDC, Rufzeichen: LOONG AIR
Sitz: Hangzhou/VR China, Basis: Hangzhou International Airport (HGH)
Flotte (Frühjahr 2021): ca. 55

Die chinesische Loong Air wurde 2012 als Frachtgesellschaft CDI gegründet, fliegt aber schon seit 2013, der Umstellung auf Passagiertransport unter dem jetzigen Namen. Die Airline betreibt sowohl Inlands- wie auch regionale Auslandsrouten bis hin nach Thailand oder Usbekistan. Das Erscheinungsbild der Flotte ist mit dem zum großen Teil hell türkisfarbenem Rumpf sehr eigenständig. Neben der schnell wachsenden Passageflotte aus weitgehend neuen A320 hat Loong Air auch noch drei alte, gegenwärtig aber nicht aktive umgebaute Boeing 737-300 Frachter aus der Anfangszeit in weit einfacherer Bemalung.

Airbus A320-200: 29 (Bj. 2008 - 2017)

Airbus A320neo: 25 (Bj. 2018 - 2020)

Boeing 737-300SF: 3 (Bj. 1992 - 1996)

Lion Air + Malindo Air

IATA-Code: JT, ICAO-Code: LNI, Rufzeichen: LION INTER
Sitz: Jakarta/Indonesien, Basis: Jakarta Soekamo-Hatta Airport (CGK)
Flotte (Frühjahr 2021): ca. 140 + 14 (Thai Lion Air) + 23 (Malindo Air)

Die seit 1999 existierende und rasch expandierende Lion Air ist knapp nach dem Flagcarrier Garuda die zweitgrößte Airline Indonesiens. Die Expansionspläne sind gewaltig, die ausstehenden Flugzeugbestellungen gehören zu den weltweit größten. Die Airline hat allerdings auch eine der schlechtesten Sicherheitsbilanzen weltweit. Etliche Maschinen, insbesondere Boeing 737, gingen bei Bruchlandungen verloren. Vor allem aber hat die Airline schwere Unglücke zu beklagen. Zuletzt und tragisch-folgenreich, mußte Lion Air Ende 2018 den weltweit ersten Crash einer gerade ausgelieferten Boeing 737-MAX 8 verkraften, in dessen Folge dieser brandneue Typ wegen Konstruktionsmängeln erst ins Gerede geriet, und nach dem kurz danach erfolgten Absturz einer äthiopischen Maschine unter ähnlichen Umständen mit einem weltweiten Flugverbot belegt wurde. Die Airline wurde ausserdem von der Coronakrise stark gebeutelt und musste zeitweise den Betrieb ganz einstellen. Lion Air betreibt vier Tochtergesellschaften: erstens die aufgrund der Coronakrise stark geschrumpfte Thai Lion Air mit mittlerweile nur noch 14 Boeing 737. Zum zweiten, seit 2013, die in Malaysia beheimatete Malindo Air. Diese beiden Auslandsdependencen fliegen in voller Lion Air-Bemalung mit abweichenden Titeln. Drittens, die ebenfalls indonesische Batik Air, die aber wegen der abweichenden Flotte und eigenem Design an anderer Stelle behandelt wird. Viertens, auch in eigenem, allerdings der Muttergesellschaft ähnlichem Design, die Kurzstreckenairline Wings Abadi Airlines, der weltweit größte Kunde von ATR-Turboprops.

Airbus A330-300: 6 (Bj. 2015 - 2017)

Airbus A330-900neo: 6 (Bj. 2019 - 2021)

Boeing 737-800: 43 + 6 Thai Lion + 6 Malindo (Bj. 2012 - 2018)

Boeing 737-MAX 8: 10 (Bj. 2018)

Boeing 737-900: 75 + 6 Thai Lion + 6 Malindo (Bj. 2007 - 2018)

Boeing 737-MAX 9: 2 (Thai Lion, Bj. 2018)

ATR72: 11 (Malindo Air, Bj. 2013 - 2016)

LOT

IATA-Code: LO, ICAO-Code: LOT, Rufzeichen: LOT
Sitz: Warschau/Polen, Basis: Warschau Frederic-Chopin-Airport (WAW)
Flotte (Frühjahr 2021): ca. 75
Allianz: Star Alliance

LOT - Polskie Linie Lotnicze - so heisst der ursprünglich 1929 gegründete polnische Flagcarrier. Neben innereuropäischen Strecken fliegt LOT auch nach Asien sowie Nord- und Südamerika. Die Flotte ist recht jung, knapp 10 Jahre sind es im Mittel, wobei das Flaggschiff Boeing 787-9 der neueste Flugzeugtyp ist. Die alten 737-400 wurden 2020 endgültig ausgemustert, die neuen 737-MAX 8, die die 737-800 ersetzen sollen waren zum Zeitpunkt der Drucklegung noch inaktiv, obwohl das Flugverbot Ende Januar endlich aufgehoben wurde. Aussergewöhnlich ist, das LOT die einzige nennenswerte nationale Airline in Europa ist, die kein einziges europäisches Flugzeug, weder einen Airbus noch eine ATR betreibt - und das trotz der für die nur mittlere Größe der Gesellschaft doch recht großen Typenvielfalt. Das aktuelle Corporate Design stammt von 2011 und wurde damals aus Anlass der Einführung der 787-8 im Jahr 2012 eingeführt. LOT war die erste europäische Airline, die diesen revolutionören Typ erhielt. Als die deutsche Ferienfluggesellschaft Condor durch den Konkurs des Besitzers Thomas Cook gegen Ende 2019 in große Probleme geriet, bekam LOT in der weiteren Folge den Zuschlag zum Kauf. Die Coronakrise machte diesem ehrgeizigsten Plan in der Unternehmensgeschichte allerdings einen brutalen Strich durch die Rechnung, da LOT selbst so schwer getroffen wurde, dass Anfang 2021 noch ein Drittel der Flotte am Boden war. Die Airline hat zwar in ihrer Geschichte mehrere Unfälle zu verzeichnen gehabt, seit dem Fall des Eisernen Vorhangs gab es aber keine mehr bei denen Menschen zu ernsthaftem Schaden kamen.

Boeing 737-800: 7 (Bj. 2003 - 2011)

Boeing 737-MAX 8: 5 (Bj. 2017 - 2018)

Boeing 787-8: 8 (Bj. 2012 - 2017)

Boeing 787-9: 7 (Bj. 2018 - 2019)

Bombardier CRJ900: 1 (Bj. 2006)

Dash-8-400: 12 (Bj. 2007 - 2013)

Embraer 170: 6 (Bj. 2004 - 2005)

Embraer 175: 10 (Bj. 2006 - 2010)

Embraer 190: 4 (Bj. 2018)

Embraer 195: 15 (Bj. 2007 - 2014)

Lucky Air

IATA-Code: 8L, ICAO-Code: LKE, Rufzeichen: LUCKY AIR
Sitz: Kunming/VR China, Basis: Kunming Wujiaba Intl. Airport (KMG)
Flotte (Frühjahr 2021): ca. 50
Allianz: U-FLY Alliance

Lucky Air ist eine der vielen erfolgreichen Neugründungen, die es seit Beginn des Jahrtausends in der Volksrepublik China gegeben hat. 2004 unter dem Namen Shilin Airlines gegründet, wurde sie schon 2005 umbenannt. Die im südchinesischen Kunming beheimatete, regionale, zumeist im Inland fliegende, aber auch Routen ins südostasiatische Ausland anbietende Fluggesellschaft gehört zum überwiegenden Teil zum in großen Schwierigkeiten steckenden HNA-Konzern. Die Flotte ist wie alle zu diesem Konglomerat gehörenden Gesellschaften in rot und gelb, den Grundfarben von Hainan Airlines, der größten zu HNA gehörenden Fluggesellschaft lackiert. Bis 2015 wurde bei der Flugzeuglackierung auch das Basisdesign von Hainan Airlines verwendet. Die 2015 vorgestellte, sehr lebendige und laute Livery der Flotte ist insofern bemerkenswert als dass sie sich grafisch doch recht deutlich bei anderen bedient. Luftfahrtenthusiasten werden unschwer das Leitwerksdesign von British Airways wiederfinden, und bei der Bemalung des Rumpfes Anklänge an den Dreamliner- und 747-8-Prototypen-Stil von Boeing. Die Flotte von Lucky Air ist wie bei den allermeisten chinesischen Airlines sehr jung - unter sechs Jahren im Schnitt. Einige Maschinen wurden von der Muttergesellschaft Hainan Airlines transferiert, die meisten sind aber Direktauslieferungen. Die Unfallbilanz der Airline ist passend zu ihrem Namen makellos. Die Expansion von Lucky Air findet, auch das typisch chinesisch, zweigleisig statt. So findet man unter den jüngsten Flottenzugängen sowohl Airbus A320neo wie auch das direkte Konkurrenzmuster Boeing 737-MAX 8.

Airbus A320-200: 7 (Bj. 2012 - 2016)

Airbus A320neo: 6 (Bj. 2018 - 2019)

Airbus A330-300: 5 (Bj. 2015 - 2018)

Boeing 737-700: 10 (Bj. 200[illegible] 2016)

Boeing 737-800: 21 (Bj. 2007 - 2018)

Boeing 737-MAX 8: 3 (Bj. 2018)

Lufthansa

IATA-Code: LH, ICAO-Code: DLH, Rufzeichen: LUFTHANSA
Sitz: Köln/Deutschland, Basis: Flughafen Frankfurt am Main (FRA)
Flotte (Frühjahr 2021): ca. 280
Allianz: Star Alliance

Die heutige Lufthansa, bzw. Deutsche Lufthansa, wurde 1953 neu gegründet, eine Airline dieses Namens gab es aber schon seit 1926. Sie gehört zu den renommiertesten Fluggesellschaften weltweit mit einem hohen Anteil an so genannten Premium-, also Geschäftskunden, und einem globalen Streckennetz, das an wichtigen Zielen eigentlich nur Australien ausspart, und das auch nur wegen der großen Entfernung. Lufthansa, zu deren Besitz auch Austrian Airlines, Brussels Airlines und die Swiss gehören, ist mit allen Tochterairlines von der Coronakrise stark betroffen. So wurde 2020 zuerst die A340-600 verabschiedet, später die schon vorher zur zahlenmäßigen Reduktion vorgesehene A380 langfristig geparkt. Auch die 747-400, die älteste Teilflotte der Lufthansa und langjähriges Flaggschiff, und von der einige ohnehin kurz vor der Ausflottung standen, wurde abgestellt, mehrere Maschinen zur Verschrottung in die USA überstellt. Aktuell sind trotz geringer Chancen aber weder die A380 noch die 747-400 definitiv von der Rückkehr in den Dienst ausgeschlossen. Für Letzere sollten ab 2022 als Ersatz die ersten Boeing 777-9 ausgeliefert werden, Boeing hat die Markteinführung aber nochmals auf 2023 verschoben worüber aber niemand verärgert sein dürfte. Das Flottenalter der Lufthansa liegt mit 11 Jahren im vorderen Mittelfeld, Tendenz deutlich sinkend. Anfang 2018 stellte die Lufthansa nach 29 Jahren ein neues, schlichtes, aber hochwertiges Markenbild vor. Der deutsche Flagcarrier ist die einzige Airline bei deren Flugzeugen die Flügel rein weiß lackiert sind, was der Flotte einen besonders cleanen, edlen Auftritt verleiht.

Airbus A319: 23 (Bj. 1996 - 2012)

Airbus A320-200: 63 (Bj. 1991 - 2019)

Airbus A320neo: 30 (Bj. 2016 - 2021)

Airbus A321-100/-200: 63 (Bj. 1994 - 2015)

Airbus A321neo: 7 (Bj. 2019- 2021)

Airbus A330-300: 15 (Bj. 2004 - 2014)

Airbus A340-300: 16 (Bj. 1996 - 2001)

Airbus A350-900: 17 (Bj. 2016 - 2020)

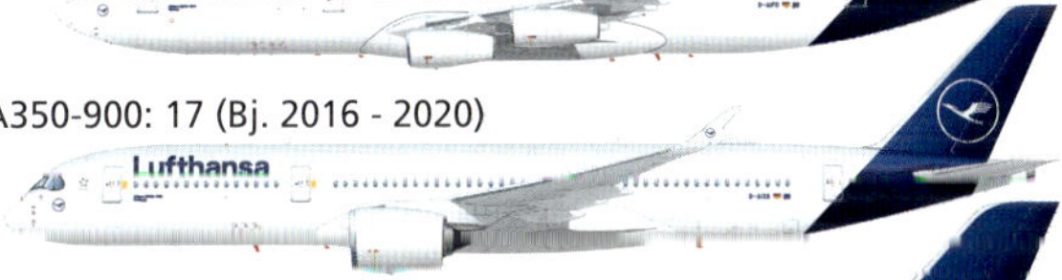

Airbus A380: 14 (Bj. 2010 - 2015)

Boeing 747-400: 5 (Bj. 1998 - 2001)

Boeing 747-8: 19 (Bj. 2012 - 2015)

Lufthansa CityLine

IATA-Code: CL, ICAO-Code: CLH, Rufzeichen: HANSALINE
Sitz: München/Deutschland, Basis: München F. J. Strauss (MUC)
Flotte (Frühjahr 2021): ca. 50
Allianz: Star Alliance

Die Lufthansa CityLine wurde bereits 1958 gegründet und ist für die Zubringerflüge der Lufthansa im Inland und aus dem nahen Ausland zuständig. Von 2015 bis zum Beginn der Coronapandemie 2020 wurden allerdings auch Langstreckenflüge mit Airbus A340-300 angeboten. Auch die Embraer 195 ist seit Kurzem Geschichte, dafür kamen einige von der Hauptflotte überstellte A319 hinzu. Die CRJ und A319 der CityLine fliegen in vollen Lufthansa-Farben mit kleinen "Operated by ..."-Zusatztiteln, die verbliebenen Embraer in alter Livery.

Airbus A319: 6 (Bj. 1996 - 1998)

Bombardier CRJ900: 35 (Bj. 2006 - 2011)

Embraer 190: 9 (Bj. 2009 - 2010)

Lufthansa Cargo

IATA-Code: LH, ICAO-Code: GEC, Rufzeichen: LUFTHANSA CARGO
Sitz: Frankfurt am Main/Deutschland, Basis: Frankfurt (FRA)
Flotte (Frühjahr 2021): 12

Lufthansa Cargo ist die eigenständige, weltweit operierende Frachtairline der Lufthansa und besteht seit 1994. Sie ist auch für die Frachtkapazitäten der Passagierjets zuständig. Seit 2013 wird die Flotte mit 777F erneuert. Nachdem im erfolgreichen Jahr 2020 gleich drei weitere Triple Seven zur Flotte hinzukamen und für 2021 noch eine weitere geplant ist, werden die letzten MD-11 ausgemustert.

Boeing 777F: 9 (Bj. 2013 - 2020)

Boeing MD-11F: 3 (Bj. 1998 - 2000)

Luxair

IATA-Code: LG, ICAO-Code: LGL, Rufzeichen: LUXAIR
Sitz: Sandweiler/Luxemburg, Basis: Luxemburg Findel Airport (LUX)
Flotte (Frühjahr 2021): 19

Luxair, die Airline des Grossherzogtums Luxemburg, wurde 1962 infolge des vor allem auch durch Einrichtung wichtiger Stellen der EU im Land gestiegenen Luftverkehrs ins Leben gerufen. Zeitweise flog die Airline u. a. mit einer geleasten Boeing 747SP auch Langstrecke, das ist jedoch lange her und man beschränkt sich seither auf innereuropäische Routen. Die Sicherheitsbilanz seit dem Jahr 2000 ist gemischt, 2002 hatte man einen Absturz zu beklagen, 2015 mußte eine Dash-8-400 nach einem Landeunfall abgeschrieben werden. Mit etwa achteinhalb Jahren ist die vor einigen Jahren komplett neu aufgestellte Flotte der Luxair gegenwärtig recht jung, das Firmendesign samt Flugzeugbemalung mit der Hauptfarbe Türkis wurde zuletzt 2007 erneuert.

Boeing 737-700: 4 (Bj. 2004 - 2008)

Boeing 737-800: 4 (Bj. 2012 - 2015)

Dash-8-400: 11 (Bj. 2009 - 2017)

Mahan Air

IATA-Code: W5, ICAO-Code: IRM, Rufzeichen: MAHAN AIR
Sitz: Teheran/Iran, Basis: Teheran Mehrabad International Airport (THR)
Flotte (Frühjahr 2021): ca. 40

Die nach der gleichnamigen Stadt im Südosten des Landes benannte, private Mahan Air ist die zweitgrößte Airline Irans und besteht seit 1991. Anfangs flog sie mit veralteten Maschinen aus sowjetrussicher Produktion, ab 1999 mit westlichen Flugzeugmustern. Natürlich hat auch sie unter dem internationalen Boycott zu leiden, der der in mehrerer Hinsicht fragwürdigen Politik des Landes geschuldet ist. Der Boycott ist auch der Hauptgrund dafür, dass das Durchschnittsalter der Flotte mit über 25 Jahren für eine Passagiere transportierende Airline extrem hoch ist. Etliche Flugzeuge müssen immer mal wieder wegen Ersatzteilmangel für längere Perioden abgestellt werden, so wie die meiste Zeit über auch die einzige Boeing 747-400 des Landes. Kern der Flotte sind seit längerem Airbus A300 und A310, zumeist ehemalige Lufthansa-Maschinen, die ins Ausland verkauft worden waren und über dubiose Zwischenhändler in Drittländern beschafft wurden. Sogar eine A310 aus den Beständen der Flugbereitschaft des Verteidigungsministeriums fand so den Weg in die Flotte von Mahan Air. Zwar befinden sich die meisten Ziele im Inland und nahen Ausland, Mahan Air ist neben Iran Air aber auch die einzige Airline des Landes, die auch Langstreckenflüge z.B. nach China oder Malaysia, anbietet. Dafür wurden ab 2013 mehrere A340 beschafft, die früher z. T. in Diensten von Virgin Atlantic standen. Gegenwärtig ist der Airline der Flug nach Deutschland und andere westliche Länder untersagt. Flugsicherheitsgründe waren dafür aber nicht ausschlaggebend, schließlich hat die Airline bisher keine Unfälle zu verzeichnen gehabt.

Airbus A300-600: 9 (Bj. 1987 - 2002)

Airbus A310-300: 9 (Bj. 1989 - 1998)

Airbus A340-300: 3 (Bj. 1993 - 1999)

Airbus A340-600: 5 (Bj. 2001 - 2005)

Boeing 747-400: 1 (Bj. 1989)

BAe 146-200 bzw. Avro RJ85: 7 (Bj. 1987 - 2001)

BAe 146-300 bzw. Avro RJ100: 10 (Bj. 1989 - 1999)

Malaysia Airlines

IATA-Code: MH, ICAO-Code: MAS, Rufzeichen: MALAYSIAN
Sitz: Kuala Lumpur/Malaysia, Basis: Kuala Lumpur Intl. Airport (KUL)
Flotte (Frühjahr 2021): ca. 80

Die 1971 gegründete nationale Airline Malaysias, vor 2010 eine der größten international operierenden Airlines Südasiens, verlor in der Folge der beiden Katastrophen von 2013 und 2014, als zwei Boeing 777 mit allen Menschen an Bord bei einem ungeklärten Absturz sowie einem (vermutlich versehentlichen) Abschuss durch russische Separatisten über der Ukraine verloren gingen, zunehmend an Bedeutung. So wurde die ausser Dienst gestellte, mittlerweile zumeist verschrottete 777-Teilflotte nur zum Teil mit gleichwertigem Material ersetzt, und statt der ehemals recht großen Zahl von 747-400 wurden gerade mal sechs Airbus A380 erstanden, die sich zudem sehr schnell als zu groß für das schrumpfende Unternehmen herausstellten und für die bisher keine befriedigende Rolle gefunden werden konnte. Schon vor der Coronakrise gab es Pläne diese Maschinen wieder loszuwerden, ein Unterfangen, das jetzt auf absehbare Zeit unmöglich sein wird. Sechs A350 bilden quasi den Kern einer Flotte der Zukunft, A330 das Rückgrat der gegenwärtigen. Anfang 2021 befand sich etwa ein Drittel der Flotte in Folge der Coronakrise am Boden, neben der A380 meist Boeing 737. Die Flugzeugbemalung der Airline ist nicht einheitlich. Das Gros ist in einem Mitte des letzten Jahrzehnts eingeführten Look mit großen Bögen in den Unternehmensfarben rot und blau auf dem Rumpf lackiert, während die A380 in einem völlig anderen Design in unterschiedlichen Blautönen unterwegs sind. Die Frachter wiederum tragen eine gegenüber der ohnehin schon sehr schlichten Standardbemalung nochmals vereinfachte Bemalung.

Airbus A330-200: 6 (Bj. 2005 - 2010)

Airbus A330-200F: 3 (Bj. 2011 - 2012)

Airbus A330-300: 15 (Bj. 2011 - 2014)

Airbus A350-900: 6 (Bj. 2017 - 2018)

Airbus A380-800: 6 (Bj. 2012 - 2013)

Boeing 737-800: 46 (Bj. 2010 - 2014)

MEA - Middle East Airlines

IATA-Code: ME, ICAO-Code: MEA, Rufzeichen: CEDAR JET
Sitz: Beirut/Libanon, Basis: Beirut Rafic Hariri International Airport (BEY)
Flotte (Frühjahr 2021): 22
Allianz: SkyTeam

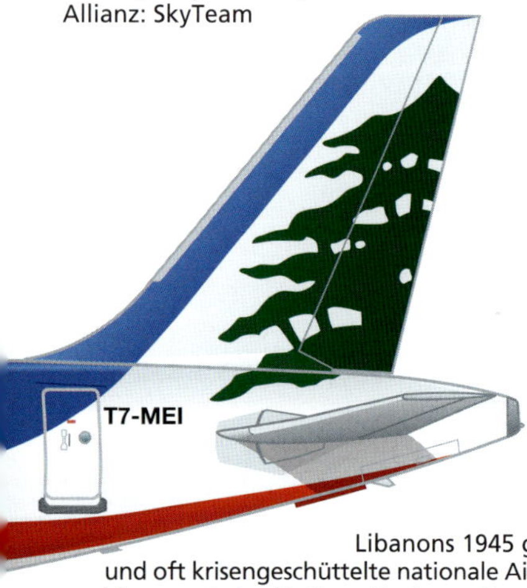

Libanons 1945 gegründete, traditionsreiche und oft krisengeschüttelte nationale Airline hat heute eine moderne und harmonische Flotte mit einem Durchschnittsalter von gut acht Jahren. Pünktlich zur Coronakrise, die die MEA natürlich auch traf aber nur zu wenigen temporären Ausserdienststellungen führte wurde der Airbus A321neo eingeführt, und mit diesem neuen Typ auch ein neuer, selbstbewußter Auftritt mit einer jetzt stark abstrahierten Libanonzeder im Leitwerk. Auf dem Rumpf findet hingegen noch das alte, bildhaft deutlichere Logo Verwendung.

Airbus A320-200: 10 (Bj. 2009 - 2016)

Airbus A321neo: 7 (Bj. 2020 - 2021)

Airbus A330-200: 5 (Bj. 2008 - 2016)

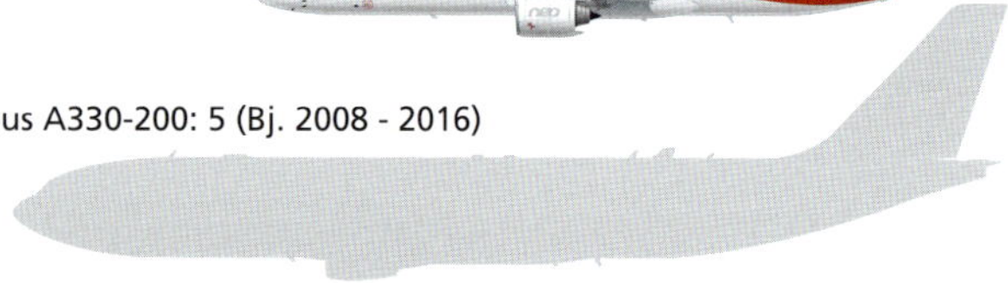

Nok Air

IATA-Code: DD, ICAO-Code: NOK, Rufzeichen: NOK AIR
Sitz: Bangkok/Thailand, Basis: Bangkok-Don Mueang (DMK)
Flotte (Frühjahr 2021): 22

Die thailändische Nok Air besitzt eine der buntesten Flotten der Welt. Rein farblich gesehen. Was die Typenvielfalt angeht, beschränkt sich die Airline auf das weltweite Erfolgsrezept von Billigfluggesellschaften: es gibt sie praktisch nicht. Nok Air wurde 2004 gegründet, anfangs mit Boeing 737-400 von Thai Airways International. Markenzeichen war von Anfang an der gelbe, cartoonhaft lachende Vogelschnabel, am auffallendsten passenderweise auf der Nase unter dem Cockpit. Jedes Flugzeug trägt einen Namen am Bug, und praktisch jede Maschine eine eigenständige Bemalung. Nok Airs Flotte ist jung, nur gut sechs Jahre sind es durchschnittlich. Die Sicherheitsbilanz ist ebenfalls gut, in den ja bisher nur 16 Jahren der Unternehmensgeschichte gab es keinen Flugzeugverlust, auch keine anderen erwähnenswerten negativen Vorkomnisse.

Boeing 737-800: 14 (Bj. 2006 - 2017)

Bombardier DHC8-400: 8 (Bj. 2014 - 2016)

Nordwind Airlines

IATA-Code: N4, ICAO-Code: NWS, Rufzeichen: NORDLAND
Sitz: Moskau/Russland, Basis: Moskau-Scheremetjewo (SVO)
Flotte (Frühjahr 2021): ca. 30

Die russische, hauptsächlich für diverse Reiseveranstalter fliegende Charterairline Nordwind Airlines wurde 2008 gegründet. Anfangs flog das Unternehmen mit Boeing 757 und 767, die mittlerweile aber nicht mehr zur Flotte gehören. Das aktuelle Flaggschiff Boeing 777 kam in der Version -200ER und in unterschiedlichen Konfigurationen im Jahr 2013 hinzu, seit 2018 setzt man auch auf die große -300ER, eine erste ältere 777-200 wurde dafür bereits zwischenzeitlich verschrottet. Einige wenige A321 und Boeing 737 stiessen neu ab Werk zur Flotte, gegenwärtig fliegt die Airline aber wie von Anfang an weit überwiegend Gebrauchtmaschinen , die zum Teil nur für wenige Jahre geleast werden. Dennoch ist das Durchschnittsalter mit unter 12 Jahren relativ jung. Ziele der Airline befinden sich sowohl innerhalb Russlands wie auch im Mittelmeerraum, seit wenigen Jahren gehören aber auch Thailand und China dazu. Der Großteil der Flotte ist auch während der Coronakrise aktiv, ob die Auslastung einen lukrativen Betrieb gewährleistet ist aber nicht bekannt. Vom Standpunkt der Flugsicherheit aus hat Nordwind eine weitgehend saubere Weste, allerdings wurde Anfang 2020 ein Airbus A321 bei einer überharten Landung nach einem Überführungsflug schwer beschädigt. Der Unternehmensauftritt samt Flugzeugbemalung bekam 2017 eine grundsätzliche Überarbeitung. Das Design auf grauem Rumpf kommt dabei recht eigenständig daher. Das neue Logo ist ein stilisiertes N, das mehrfach und dabei in unterschiedlichen Größen auf den Flugzeugen platziert ist. Viele Maschinen sind aber noch im alten Look mit dem roten Hinterrumpf unterwegs.

Airbus A321-200: 8 (Bj. 2000 - 2017)

Airbus A330-200: 2 (Bj. 2009 - 2010)

Boeing 737-800: 11 (Bj. 2005 - 2018)

Boeing 777-200ER: 6 (Bj. 1998 - 2006)

Boeing 777-300: 3 (Bj. 2005 - 2007)

Norwegian

IATA-Code: DY, ICAO-Code: NAX, Rufzeichen: NOR SHUTTLE
Sitz: Fornebu/Norwegen, Basis: Oslo-Gardermoen Lufthavn (OSL)
Flotte (Frühjahr 2021): ca. 35

Hinter dem Namen Norwegian verbergen sich insgesamt sechs Fluggesellschaften. Zuallererst Norwegian Air Shuttle, das Mutterunternehmen, 1993 gegründet. Ein norwegischer Billigflieger, der zunehmend erfolgreich wurde und im Überschwang sage und schreibe 220 Flugzeuge bestellte - die größte Order die eine europäische Airline je tätigte. 2012 wurde Norwegian Long Haul ins Leben gerufen, um ab 2013 mit neuen Boeing 787 günstige Langstreckentickets anbieten zu können. 2015 kamen Norwegian UK und Norwegian International (Irland) hinzu. 2017 ein argentinischer, 2018 schliesslich der schwedische Zweig. Alle Flugzeuge tragen dieselbe Grundbemalung, allerdings oft mit individuellen Leitwerksdesigns. Schon vor 2019 war Norwegian allerdings in eine finanzielle Klemme geraten. Vollends kippte die Lage in Folge der Coronapandemie. Der Großteil der Flotte wurde gegroundet. Zwar legte Norwegen ein Rettungspaket auf, weitere bald nötige Hilfen wurden aber ausgeschlossen. Ende 2020 kam es zu Insolvenzanträgen, um ein Überleben auf deutlich kleinerem Niveau möglich zu machen. Anfang 2021 wurden alle noch verbliebenen, längst inaktiven Boeing 787-8 an die Leasinggeber retourniert und die einst so ambitionierte Dependence "Long Haul" eingestellt.

Boeing 737-800: 35 (Bj. 2010 - 2017)

Boeing 737-MAX 8: 2 (Bj. 2017)

Okay Airways

IATA-Code: BK, ICAO-Code: OKA, Rufzeichen: OKAYJET
Sitz: Tianjin/VR China, Basis: Tianjin Binhai Intl. Airport (TSN)
Flotte (Frühjahr 2021): ca. 40

Die seit 2004 existierende Okay Air gehört zu den vielen rein regional agierenden Airlines innerhalb der sogenannten, autoritär regierten Volksrepublik China. Die junge Flotte ist im Schnitt nur etwa sechs Jahre alt, ihre Bemalung für chinesische Verhältnisse sehr schlicht und bescheiden geraten. Neben der nur im Inland fliegenden Boeing 737-Passageflotte wird auch eine zahlenmäßig durchaus ansehnliche Teilflotte von Xi´an MA (Modern Ark) 60 betrieben, einer Weiterentwicklung der alten, sowjetischen Antonow An-26 - also ein typisches Kopierprodukt, wie es lange für die VR China kennzeichnend war und teilweise noch ist.

Boeing 737-800: 19 (Bj. 2004 - 2018)

Boeing 737-MAX8: 2 (Bj. 2018)

Boeing 737-900ER: 6 (Bj. 2015 - 2018)

Xi´an MA60: 13 (Bj. nicht bekannt)

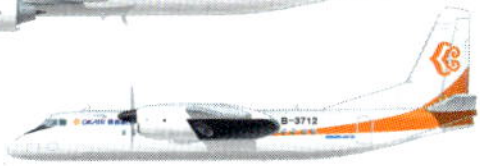

Nippon Cargo Airlines

IATA-Code: KZ, ICAO-Code: NCA, Rufzeichen: NIPPON CARGO
Sitz: Tokio/Japan, Basis: Tokio Narita International Airport (NRT)
Flotte (Frühjahr 2021): 8

Nippon Cargo Airlines (NCA) wurde 1978 von All Nippon Airways zusammen mit einigen Reedereien gegründet. Das Unternehmen entwickelte sich mit der Zeit zur wichtigsten Luftfrachtgesellschaft Japans, insbesondere mit ihren Boeing 747-200- und später 747-400F-Flotten. Auch nachdem ANA, also All Nippon Airways, 2005 aus der Airline ausstieg, verwendete Nippon Cargo weiterhin deren Auftritt auf ihren Maschinen, eben nur mit entsprechend anderen Titeln. Das änderte sich erst mit der ersten Boeing 747-8F, die 2012 zur Flotte stiess. NCA war eine der ersten Airlines, die diesen weltweit größten und leistungsfähigsten Frachter bestellt hatte, drei NCA-Maschinen gehörten 2010/2011 sogar zur Testflotte. Die aktuelle Bemalung von 2012 nimmt mit ihrer bogenförmigen Rumpfbemalung etwas mehr den Zeitgeist auf als die alte ANA-Bemalung vorher, das Leitwerksdesign blieb jedoch wie es war. Ende letzten Jahrzehnts wurde die Flotte etwas verkleinert, in dem die verbliebenen 747-400F an andere Frachtairlines, namentlich die US-Konkurrenten Atlas Air oder Kalitta weitergegeben wurden. NCA blickt auf eine über 40-jährige unfallfreie Unternehmensgeschichte zurück.

Boeing 747-800F: 8 (Bj. 2010 - 2015)

Onur Air

IATA-Code: 8Q, ICAO-Code: OHY, Rufzeichen: ONUR AIR
Sitz: Istanbul/Türkei, Basis: Istanbul Airport (IST)
Flotte (Frühjahr 2021): 23

Die türkische Onur Air begann ihre Flüge im Jahr 1992. Das stark saisonal geprägte Geschäft der Airline dominieren Urlaubscharter in türkische Urlaubsregionen, zumeist von Europa aus. So befinden sich auch etliche Abflughäfen im deutschsprachigen Raum. Zur unauffällig lackierten Flotte gehören auch die beiden ältesten noch aktiven Airbus A321 mit Baujahr 1993. Überhaupt ist die in der Coronakrise geschrumptte, Anfang 2021 größtenteils noch gegroundete Flotte recht alt, gut 20 Jahre im Schnitt.

Airbus A320-200: 8 (Bj. 1997 - 2008)

Airbus A321-100/200: 5 (Bj. 1993 - 2001)

Airbus A330-200: 9 (Bj. 2000 - 2004)

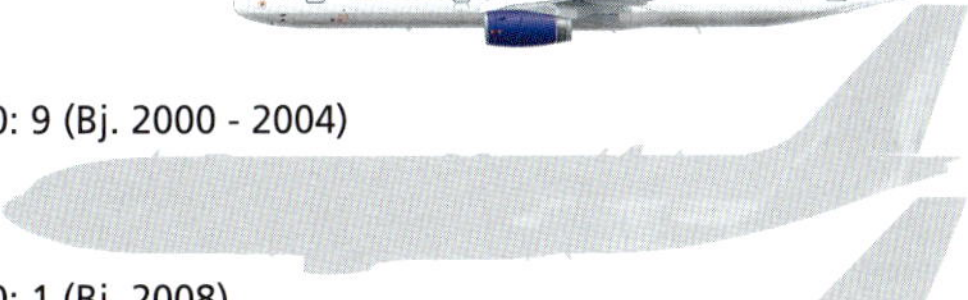

Airbus A330-300: 1 (Bj. 2008)

Oman Air

IATA-Code: WY, ICAO-Code: OMA, Rufzeichen: OMAN AIR
Sitz: Maskat/Oman, Basis: Maskat Airport (MCT)
Flotte (Frühjahr 2021): ca. 50

Oman Air existiert seit 1981 und fliegt seit 1993 unter dem jetzigen Namen. Die nationale Airline des arabischen Königreichs, die sich heute fast vollständig im Staatsbesitz befindet, expandierte nach der Aufnahme von Langstreckenflügen im Jahr 2007 rasch, blieb aber zumeist defizitär. Heute fliegt Oman Air unter anderem auch nach Frankfurt, München und Zürich. Da der Oman aber recht stark vom Tourismusverkehr abhängt, musste im Zuge der Coronakrise auch bei der Airline dieses wirtschaftlich gut dastehenden Wüstenlandes ein Teil der recht großen und vielfältigen Flotte bis auf Weiteres gegroundet werden. Bei dieser Flotte handelt es sich übrigens ausnahmslos um neu ab Werk ausgelieferte Maschinen. Als Ersatz für die Boeing 737-800 sind schon 737-MAX 8 bestellt, ausserdem sind weitere 787-9 geplant. Die junge Flotte hat ein Durchschnittsalter von nur gut sechs Jahren, die aktuelle, komplett mit der Vergangenheit brechende aufwendige Bemalung im Wellenlook und in ungewöhnlichen Farben wurde im Jahr 2008 im Vorfeld der Einflottung des Airbus A330 vorgestellt. Das Logo im Leitwerk soll aufsteigenden Weihrauch darstellen. Das Netzwerk der Flotte von der Hauptstadt Maskat aus ist weit gespannt und reicht im Westen bis London, Paris und Frankfurt, im Osten bis nach Manila auf den Philippinen und Guangzhou in China, im Norden bis nach Moskau und im Süden nach Tansania und Indonesien, wobei nicht überraschend die meisten Ziele im eher regionalen Bereich, also Arabien und Indien liegen. Oman Air kann auf eine unfallfreie Historie zurückblicken und gilt allgemein als sehr sicherer Carrier.

Airbus A330-200: 4 (Bj. 2009 - 2011)

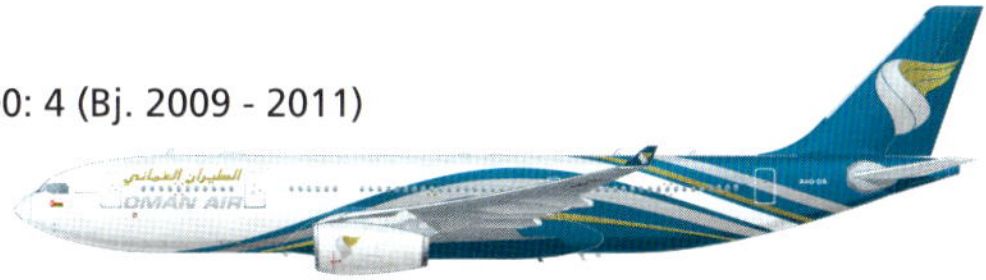

Airbus A330-300: 6 (Bj. 2009 - 2015)

Boeing 737-800: 15 (Bj. 2008 - 2017)

Boeing 737-900: 5 (Bj. 2014 - 2015)

Boeing 737-MAX 8: 5 (Bj. 2018)

Boeing 787-8: 2 (Bj. 2015)

Boeing 787-9: 7 (Bj. 2017 - 2019)

Embraer 175: 4 (Bj. 2011 - 2012)

Pegasus Airlines

IATA-Code: PC, ICAO-Code: PGT, Rufzeichen: SUNTURK
Sitz: Istanbul/Türkei, Basis: Istanbul-Sabiha Gökcen Intl. Airport (SAW)
Flotte (Frühjahr 2021): ca. 85

Pegasus Airlines, 1989 gegründet, ist mittlerweile die Nr. 2 der Türkei. Neben Linienverbindungen bietet die Billigairline Charter an, hauptsächlich Urlauberflüge, auch vom deutschsprachigen Raum aus. Die junge Flotte - Duchschnittsalter an die 6 Jahre - ist an dem gelben Leitwerk gut zu erkennen. Die Livery zeichnet sich ansonsten aber weder durch Modernität noch durch grafische Hochwertigkeit aus. Die Airline "besitzt" inzwischen eine der größten Flotten von A320neo. Die Sicherheitsbilanz ist allerdings gar nicht gut, seit Anfang 2018 verunglückten gleich drei Boeing 737-800, zwei davon waren Totalverluste. Dabei waren auch einige Menschenleben zu beklagen.

Airbus A320-200: 15 (Bj. 2009 - 2016)

Airbus A320neo: 40 (Bj. 2016 - 2021)

Airbus A321neo: 7 (Bj. 2019 - 2020)

Boeing 737-800: 32 (Bj. 2007 - 2018)

Peach Aviation

IATA-Code: MM, ICAO-Code: APJ, Rufzeichen: AIR PEACH
Sitz: Osaka/Japan, Basis: Osaka-Kansai International Airport (KIX)
Flotte (Frühjahr 2021): ca. 35

Peach Aviation ist die Billigtochter der japanischen ANA - All Nippon Airways, nicht im alleinigen, aber seit 2017 im Mehrheitsbesitz der größten japanischen Fluggesellschaft. Peach wurde 2011 gegründet und fliegt neben inländischen Zielen auch solche im nahen ost- und südostasiatischen Ausland an. Eine Expansion zu weiter entfernt liegenden Zielen hin ist mit einer Order der A321neo-Langstreckenversion geplant. Die gegenwärtige, selbst noch junge A320-200-Flotte wird seit 2020 sukzessive durch A320neo ersetzt. 2019 wurde die zweite ANA-Billigmarke Vanilla Air integriert. Das Corporate Design von der kurz Peach (Pfirsich) genannten Billiggesellschaft entspricht dem internationalen Standard: laut und in gewagten Farben. Notfälle oder anderweitige, die Sicherheit betreffende Ereignisse hatte Peach Aviation bisher nicht zu verzeichnen, der Flugbetrieb scheint durch die Coronakrise auch nicht allzusehr betroffen.

Airbus A320-200: 33 (Bj. 2012 - 2019)

Airbus A320neo: 3 (Bj. 2020 - 2021)

Philippine Airlines

IATA-Code: PR, ICAO-Code: PAL, Rufzeichen: PHILIPPINE
Sitz: Manila/Philippinen, Basis: Manila-Ninoy Aquino Intl. Airport (MNL)
Flotte (Frühjahr 2021): ca. 60 + ca. 30 PAL Express

Philippine Airlines, der Nationalarrier der Philippinen, wurde bereits 1941 ins Leben gerufen und ist damit die älteste noch aktive Airline Asiens. Das gegenwärtige Streckennetz umfasst ausser Ost- und Südostasien natürlich auch die wichtigsten Städte Nordamerikas, Australiens und Neuseelands. Dazu kommen einige Ziele in Arabien. Aus Europa, wo früher auch Frankfurt angeflogen wurde, hat sich Philippine Airlines hingegen bis auf London komplett zurückgezogen. Das betont schlichte, recht zeitlose Erscheinungsbild der Airline mit einem attraktiven, sich an der Flagge des Inselreiches orientierenden Leitwerksdesign ist schon recht alt und stammt aus den späten 1980er-Jahren. Auf dem Rumpf prangt dabei der Name des Landes auf englisch, nicht der Name der Airline (auch wenn beide fast identisch sind). Das Flottenalter ist mit rund sechs Jahren im Durchschnitt sehr jung. In letzter Zeit wurden ältere Airbus A330-300 durch A350 ersetzt, A321neo kamen für ältere A320 und A321 hinzu. Philippine Airlines gehört zu den besonders stark von der Coronakrise betroffenen Airlines, wird jedoch vom Land gestützt. Die Flotte wurde zwar 2020 schon etwas verkleinert, aber immer noch sind mehr als ein Drittel der Flotte geparkt. Die Sicherheitsbilanz der Airline ist in den letzten Jahren besser geworden. In der 80-jährigen Geschichte von Philippine Airlines gab es nicht überraschend auch einige Flugzeugverluste, schwere Unglücke liegen aber lange zurück. Zu Philippine Airlines gehört PAL Express, eine in der vollen Bemalung der Mutterairline fliegende Tochtergesellschaft, die für Zubringerdienste zuständig ist.

Airbus A320-200: 6 + 8 PAL Express (Bj. 2007 - 2012)

Airbus A321: 18 + 6 PAL Express (Bj. 2013 - 2016)

Airbus A321neo: 8 (Bj. 2018 - 2020)

Airbus A330-300: 15 (Bj. 2013 - 2014)

Airbus A350-900: 6 (Bj. 2018 - 2019)

Boeing 777-300ER: 10 (Bj. 2009 - 2017)

Bombardier DHC 8-300: 4 (PAL Express, Bj. 2002 - 2008)

Bombardier DHC 8-400: 13 (PAL Express, Bj. 2000 - 2020)

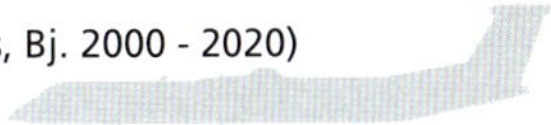

PIA Pakistan International Airlines

IATA-Code: PK, ICAO-Code: PIA, Rufzeichen: PAKISTAN
Sitz: Karatschi/Pakistan, Basis: Karachi-Jinnah Intl. Airport (KHI)
Flotte (Frühjahr 2021): ca. 30

Keine andere Airline hat in den letzten 20 Jahren so oft ihre Flugzeugbemalung geändert wie die 1946 gegründete internationale Fluggesellschaft Pakistans, kurz PIA genannt. Die gegenwärtige, leider mit Abstand langweiligste der sechs (!) seit dem Jahr 2000 verwendeten Liveries ist zweifellos eine der simpelsten und uninspiriertesten weltweit. Ein Teil der Flotte ist aber noch im alten, teilweise sandfarbenen Look unterwegs. PIAs Ruf ist durch häufige Unfälle ziemlich ramponiert, allein in den letzten fünf Jahren hatte die doch ziemlich kleine Airline gleich zwei schwere Absturzkatastrophen zu beklagen. Nach dem letzten im Mai 2020 wurde die Airline mit einem temporären Einflugverbot für Europa belegt, was bedeutet, dass die lukrativsten Routen, diejenigen nach Großbritannien, in der eine große pakistanische Community lebt, wegfallen. Dabei ist die aktuelle Flotte mit einem Durchschnittsalter von knapp 14 Jahren gar nicht mal sonderlich alt. In der Vergangenheit behielt PIA manche Typen, namentlich Boeing 747 und Airbus A310, allerdings bis ins sehr hohe Alter. Pakistan International ist eine der wenigen Airlines, die noch Boeings, im heutigen Umfeld nicht mehr sonderlich effektives Reichweitenwunder 777-200LR einsetzen. Mit nur gut 30 Flugzeugen, einige davon wie drei 777 gebraucht erstanden, ist PIA eine für ein so bevölkerungsreiches Land sehr kleine Airlne. Sie ist darüber hinaus auch noch chronisch defizitär. Was die Coronakrise noch verschlimmert: Anfang 2021 kam die Airline über regionalen Verkehr ins hauptsächlich arabische Ausland kaum noch hinaus.

Airbus A320-200: 11 (Bj. 2004 - 2010)

ATR 42: 3 (Bj. 2006 - 2017)

ATR 72: 3 (Bj. 2012)

Boeing 777-200ER: 6 (Bj. 2004 - 2007)

Boeing 777-200LR: 2 (Bj. 2006)

Boeing 777-300ER: 4 (Bj. 2006 - 2009)

Pobeda

IATA-Code: DP, ICAO-Code: PBD, Rufzeichen: POBEDA
Sitz: Moskau/Russland, Basis: Moskau-Wnukowo Intl. Airport (VKO)
Flotte (Frühjahr 2021): 35

Die russische Pobeda ist eine Billigairline im Besitz der Aeroflot. Sie gibt es erst seit 2014, und wie bei den meisten Low Cost Carriern (LCC) besteht die Flotte aus nur einem einzigen Typ, der Boeing 737-800, und nur aus jungem Material - das Flugzeugdurchschnittsalter beträgt gerade mal vier Jahre. Mittlerweile gehört Pobeda schon zu den fünf größten russischen Fluggesellschaften, was auch daran liegt, das Russland ausländischen Billigairlines das Leben eher schwer macht. Ausserdem ist geplant einen großen Teil der Kurzstreckenflotte, namentlich alle 737-800, von Aeroflot an die Billigtochter zu transferieren. Pobeda fliegt in- und ausländische Ziele an, darunter auch mehrere im deutschsprachigen Raum. Auch Ziele wie Barcelona, Dubai und einige Urlaubsdestinationen in der Türkei stehen im Plan. Die Bemalung der Flotte ist eher unspektakulär in einem gefälligen Blau und einem absolut nichtssagenden Logo aus drei Punkten. Unfälle oder andere erwähnenswerte sicherheitsrelevante Ereignisse mit einem Flugzeug der Pobeda hat es bisher nicht gegeben. Die Coronakrise hat die Airline offensichtlich nicht allzusehr getroffen, die weit überwiegende Mehrzahl der Flugzeuge war in den ersten Monaten des Jahres 2021 jedenfalls aktiv.

Boeing 737-800: 35 (Bj. 2014 - 2019)

Polar Air Cargo

IATA-Code: PO, ICAO-Code: PAC, Rufzeichen: POLAR
Sitz: Purchase, New York/USA, Basis: New York JFK Intl. Airport (JFK)
Flotte (Frühjahr 2021): 15

Die US-Frachtairline Polar Air Cargo wurde 1993 gegründet und ging 2001 in den Besitz von Atlas Air über. Seit 2006 gehören 49% von Polar Air Cargo zu DHL, mittlerweile fliegt fast die ganze Flotte daher auch in der sogenannten DHL-Partner-Bemalung, bei der nur das hintere Rumpfdrittel postgelb lackiert ist. Innerhalb des Firmenverbunds mit Atlas Air ist Polar für Linienflüge zuständig, Atlas für Charter. Es kommt daher auch gelegentlich zum Flugzeugtausch innerhalb der Flotten.

Boeing 767-300F: 4 (Bj. 1993 - 2012)

Boeing 747-400F: 5 (Bj. 2000 - 2001)

Boeing 747-8F: 6 (Bj. 2011 - 2013)

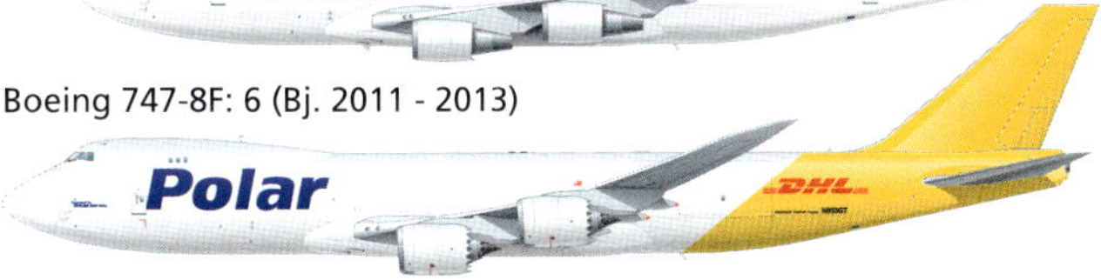

Qantas Airways

IATA-Code: QF, ICAO-Code: QFA, Rufzeichen: QANTAS
Sitz: Botany Bay City/Australien, Basis: Sydney Kingsf. Smith Intl. (SYD)
Flotte (Frühjahr 2021): ca. 125
Allianz: Oneworld

QANTAS, die allgemein gebräuchliche Abkürzung für den vollen, episch langen Gründungsnamen "Queensland and Northern Territory Aerial Services", gehört zu den ältesten und berühmtesten Airlines der Welt. Im November 2020 wurde sie stolze 100 Jahre alt. Zu feiern gab es in 2020 aber auch für Qantas nicht viel, zu stark traf sie die Coronakrise: die letzten Boeing 747 - einst Synonym für Qantas - mußten zwar nur ein Jahr vorzeitig in Ruhestand verabschiedet werden, aber fast alle A380 wurden langfristig abgestellt. Ohne 747 und A380 ist die Qantas-Langstreckenflotte aktuell so klein wie zuletzt in den frühen 1980er-Jahren! Ende 2020 war die halbe Flotte am Boden. Grund dafür war vor allem die Entscheidung, alle Langstreckenflüge abgesehen von den Neuseelandrouten bis zum Frühjahr 2021 auszusetzen. Das Jubiläumsjahr erwies sich also als wahres "annus horribilis" für die Australier, die eigentlich mit Recht stolz auf ihren Flagcarrier sein können, nicht nur weil es die Airline mit der längsten absturzfreien Zeit weltweit ist. Die Boeing 737 soll in Bälde durch die A320neo-Familie abgelöst werden. Die aktuelle Bemalung der Flotte stammt von 2016 und ist die dritte Version eines seit 1985 verwendeten Looks, bei dem immer nur Känguruh-Logo und Schriftzüge modernisiert wurden. Zu Qantas gehört die in den vollen Firmenfarben mit teilweise sehr altem Material fliegende Tochter Qantas Freight (Express Freighters), die im Herbst 2020 den weltweit ersten zum Frachter umgebauten Airbus A321 übernahm. Darüber hinaus betreiben mehrere Airlines Zubringerdienste für Qantas unter dem Namen QantasLink.

Airbus A330-200: 18 (Bj. 2002 - 2012)

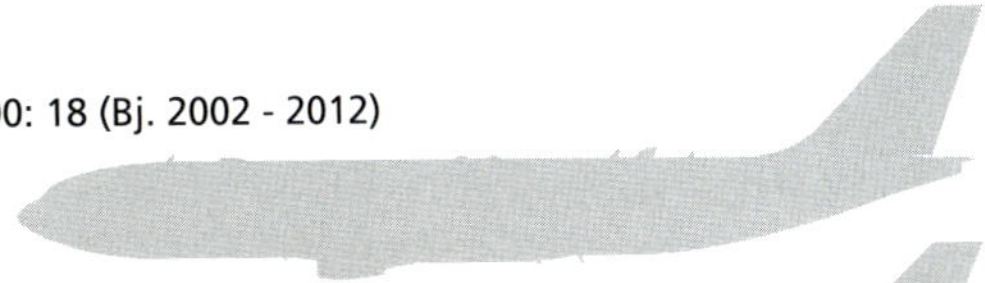

Airbus A330-300: 10 (Bj. 2003 - 2005)

Airbus A380-800: 12 (Bj. 2008 - 2011)

Boeing 737-800: 75 (Bj. 2002 - 2014)

Boeing 787-9: 11 (Bj. 2017 - 2019)

Airbus A321PCF: 1 (Bj. 1998)

Boeing 737-300SF: 3 (Bj. 1986 - 1987)

Boeing 737-400SF: 1 (Bj. 1990)

Boeing 767-300ERF: 1 (Bj. 2006)

Qatar Airways

IATA-Code: QR, ICAO-Code: QTR, Rufzeichen: QATARI
Sitz: Doha/Katar, Basis: Doha Hamad International Airport (DOH)
Flotte (Frühjahr 2021): ca. 235 + 14 (Amiri Flight)
Allianz: Oneworld

Qatar Airways wurde 1993 auf Anregung der qatarischen Herrscherfamilie gegründet, gehört mittlerweile zu den größten Langstreckenairlines der Welt und ist direkter Konkurrent des noch größeren Nachbarn Emirates. Im Gegensatz zu Emirates besitzt Qatar aber einen schier unüberschaubaren Typenmix in der Flotte, und das obwohl es fast ausschliesslich Langstreckenmuster sind! Verstärkt wird das noch dadurch, dass eine Sondersparte der Airline die Regierungsflotte Qatars umfasst, die schon allein für sich betrachtet sehr interessante Typen aufweist. Qatar Airways war die erste Airline, die 2013 einen Airbus A350 erhielt, und ist mit Singapore Airlines der größte Betreiber des modernsten Langstreckenmusters. Nicht genug, auch die Boeing 777- und 787-Teilflotten gehören zu den größten. Das Corporate Design der Airline ist attraktiv, modern und zeitlos elegant. Die Coronakrise bedeutet auch für Qatar Airways einen Einschnitt, auch wenn die Krise nicht ganz so arg zuschlägt wie beim Hauptkonkurrenten aus Dubai. So wurde Anfang 2021 verkündet, die am Boden stehende A380-Flotte zu halbieren. Weitere Sparpläne innerhalb der mit sechseinhalb Jahren sehr jungen Flotte sind noch nicht bekannt. Qatar Airways zählt wie die Lufthansa oder Singapore Airlines zwar zu den zehn besten Airlines weltweit nach dem Skytrax-Ranking, steht aber wegen schlechter Arbeitsbedingungen, teilweise rigoroser Art aufgrund rückständig-islamischen Rechts in der Kritik. Unglücke hat die Airline nicht zu verzeichnen gehabt, jedoch mussten schon zwei Airbus aufgrund Feuers während der Wartung abgeschrieben werden.

Airbus A319LR: 2 (Bj. 2003 - 2004)

Airbus A320-200: 29 (Bj. 2009 - 2020)

Airbus A321: 3 (Bj. 2010)

Airbus A330-200: 6 (Bj. 2006 - 2007)

Airbus A330-300: 11 (Bj. 2004 - 2008)

Airbus A350-900: 34 (Bj. 2013 - 2019)

Airbus A350-1000: 19 (Bj. 2018 - 2020)

Airbus A380-800: 10 (Bj. 2014 - 2018)

Boeing 787-8: 30 (Bj. 2012 - 2016)

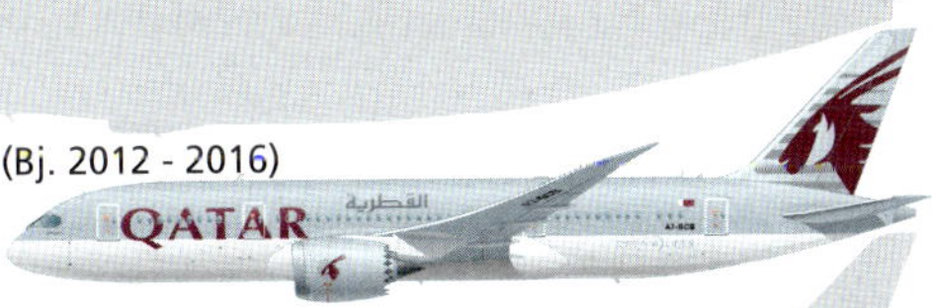

Boeing 787-9: 7 (Bj. 2019)

Boeing 777F: 24 (Bj. 2010 - 2020)

Boeing 777-200LR: 9 (Bj. 2009 - 2011)

Boeing 777-300ER: 48 (Bj. 2007 - 2018)

Boeing 747-8F: 2 (Bj. 2013 - 2017)

Airbus A319 (Amiri Flight): 3 (Bj. 2000 - 2009)

Airbus A320-200 (Amiri Flight): 3 (Bj. 1999 - 2014)

Airbus A330-200 (Amiri Flight): 2 (Bj. 2002 - 2004)

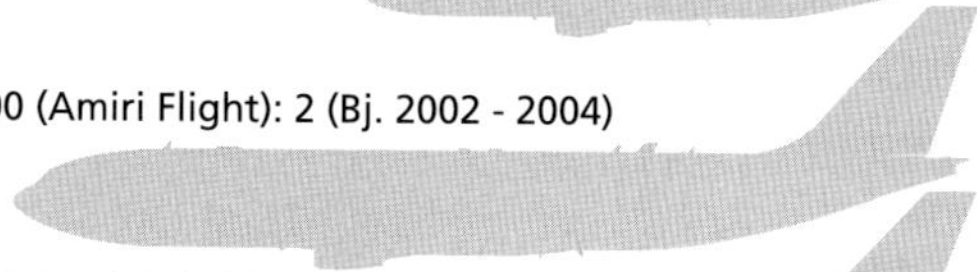

Airbus A340-200 (Amiri Flight): 1 (Bj. 1993)

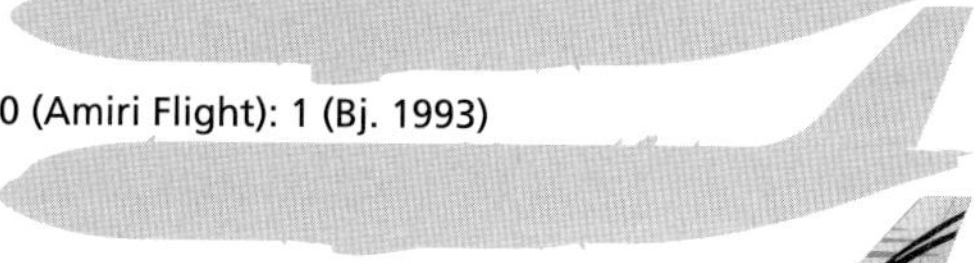

Airbus A340-300 (Amiri Flight): 1 (Bj. 2003)

Airbus A340-500 (Amiri Flight): 1 (Bj. 2006)

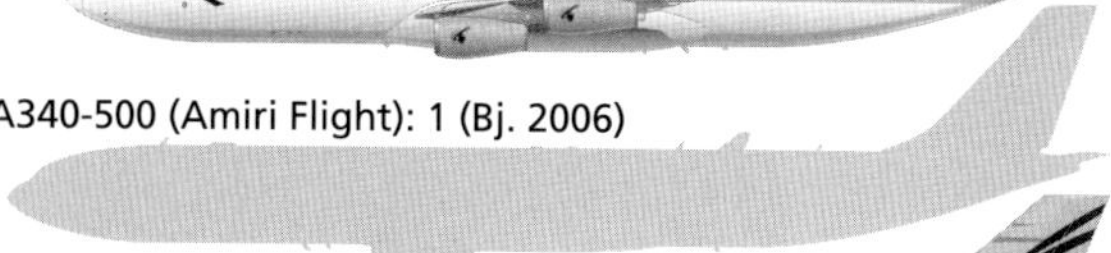

Boeing 747-8BBJ: 3 (Bj. 2012 - 2014)

Qingdao Airlines

IATA-Code: QW, ICAO-Code: QDA, Rufzeichen: SKY LEGEND
Sitz: Qingdao/VR China, Basis: Qingdao-Liuting Airport (TAO)
Flotte (Frühjahr 2021): 28

Die im ostchinesichen Qingdao (ehemals Tsingtau oder Kiautschou) beheimate Airline gleichen Namens ist noch sehr jung, sie fliegt erst seit 2014. Sie ist zwar im Billigflugsegment angesiedelt, aber kein ausgesprochener Lowcostcarrier. Schon zu Anfang orderte die Gesellschaft die A320neo, da diese aber erst etwas später auf den Markt kam, wurden als erstes klassische A320 (aber schon mit Sharklets) beschafft. Das Routennetz umfasst zwar ganz China, der weitaus größte Teil der Destinationen liegt jedoch an der Ostküste. Einziges Auslandsziel ist das nahe Südkorea. Die Bemalung der Flugzeuge ist für chinesische Verhältnisse ziemlich schlicht ausgefallen und wurde in den wenigen Jahren des Bestehens auch schon einmal leicht überarbeitet, natürlich vereinfacht wie es heute leider üblich ist. Die Expansionspläne von Qingdao Airlines waren etwas zu optimistisch, 2020 hatte man gerade mal die Hälfte an Flugzeugen im Bestand die eigentlich für dieses Jahr geplant waren. Die Flotte ist aber rekordverdächtig jung, gerade mal drei Jahre ist eine Maschine im Durchschnitt alt.

Airbus A320-200: 14 (Bj. 2014 - 2018)

Airbus A320neo: 14 (Bj. 2018 - 2020)

Red Wings Airlines

IATA-Code: WZ, ICAO-Code: RWZ, Rufzeichen: AIR RED
Sitz: Moskau/Russland, Basis: Moskau-Wnukowo Intl. Airport (VKO)
Flotte (Frühjahr 2021): 20

Die 2007 gegründete russische Red Wings Airlines, deren Flugzeuge sich in der Tat durch teilweise rot lackierte Flügel auszeichnen, fliegt vor allem Urlaubsziele an. Da sie praktisch der russischen Flugzeugindustrie gehört, will die Regierung Red Wings aber zu einer Regionalairline umbauen, die nur russische Flugzeuge betreibt. Sie wurde angewiesen, sage und schreibe 60 Suchoi SuperJet 100 zu erwerben, ein Muster, dass im Ausland praktisch nicht verkäuflich ist und das Red Wings schon einmal betrieb und wegen Unrentabilität wieder abstiess! Das Flottenalter liegt durchschnittlich bei 15 Jahren. 2019 wurde eine neue Bemalung eingeführt. Die Sicherheitsbilanz ist durch den Crash einer Tupolew Tu-204 im Jahre 2012 getrübt.

Airbus A320-200: 4 (Bj. 2003 - 2005)

Airbus A321-200: 11 (Bj. 1998 - 2006)

Boeing 777-200ER: 1 (Bj. 1998)

SuperJet 100: 5 (Bj. 2020)

Royal Brunei Airlines

IATA-Code: BI, ICAO-Code: RBA, Rufzeichen: BRUNEI
Sitz: Bandar Seri Begawan/Brunei, Basis: Brunei Intl. Airport (BWN)
Flotte (Frühjahr 2021): 16

Das auf der Insel Borneo gelegene ölreiche, aber landarme Sultanat Brunei unterhält seit 1975 eine eigene Airline, die seit 1990 auch weit entfernte Ziele anfliegt. Ab 2013 wurde die Langstreckenflotte auf die hochmoderne Boeing 787 umgestellt und dabei das Corporate Design neu gestaltet. Gegenwärtig wird auch die Kurzstreckenflotte mit der A320neo erneuert, so ergibt sich das sehr niedrige Flottenalter von durchschnittlich etwa vier Jahren. Die beiden ATR werden von Malindo Air geleast.

Airbus A320-200: 2 (Bj. 201)

Airbus A320neo: 7 (Bj. 2018-)

ATR 72: 2 (Bj. 2000 - 200

Boeing 787-8: 5 (Bj. 2013 - 2018)

Rossija

IATA-Code: FV, ICAO-Code: SDM, Rufzeichen: ROSSIYA
Sitz: St. Petersburg/Russland, Basis: St. Petersburg Pulkowo (LED)
Flotte (Frühjahr 2021): ca. 70

Die staatliche russische Airline Rossija gibt es seit 1992. Anfangs war sie in Moskau beheimatet und für die Regierungsflotte zuständig. 2006 fusionierte sie mit der in St. Petersburg beheimaten Pulkowo Airlines und entwickelte sich in der Folge zur zweitgrößten auch Fernrouten befliegenden Airline Russlands. Die Langstreckenflotte bedient neben inländischen Destinationen auch Urlaubsziele im Ausland. Rossijas Flottenpolitik setzt auf die Anschaffung relativ junger Maschinen aus zweiter Hand. Die Flotte selbst hat einen recht interessanten Typenmix. Die in rot und einem sehr hellen grau gehaltene Livery ist recht attraktiv und eigenständig. Sie wurde 2016 eingeführt und stellt einen Qantensprung zum eher muffigen alten Pulkowo-Design dar. Jedes Flugzeug trägt am Bug einen Städtenamen und das entsprechende Wappen. Jeweils eine Boeing 747-400 und eine 777-300 tragen am Bug Sonderlackierungen, die den Beitrag der Airline zum Schutz des Sibirischen Tigers und des Schneeleoparden in die Welt tragen. Das Durchschnittsalter der Flotte betrug in 2020 etwa 15 Jahre und lag damit im oberen mittleren Bereich. Seit 2020 wuchs die Flotte stark durch die Hinzufügung einheimischer Superjets, die ihr von der Aeroflot überstellt wurden, wo sie aufgrund der Brandkatastrophe von 2019 schon allein imagemäßig nicht mehr gewollt waren, ganz abgesehen von den sonstigen Problemen dieses Typs. Die Coronakrise hat natürlich auch Rossija getroffen, allerdings musste nur ein kleinerer Teil der Flotte deaktiviert werden, insbesondere traf es die 747-400. Die Sicherheitsbilanz der Airline ist gut, Unfälle gab es nicht zu verzeichnen.

Airbus A319: 20 (Bj. 1997 - 2009)

Airbus A320-200: 6 (Bj. 2000 - 2008)

Boeing 737-800: 9 (Bj. 2006 - 2018)

Boeing 777-300: 5 (Bj. 1998 - 1999)

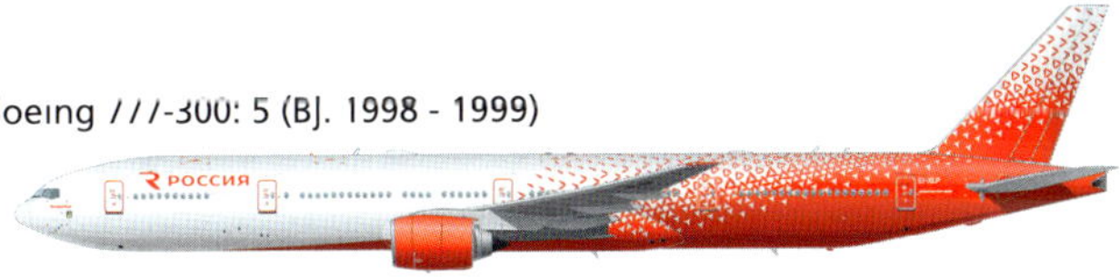

Boeing 777-300ER: 5 (Bj. 2005 - 2006)

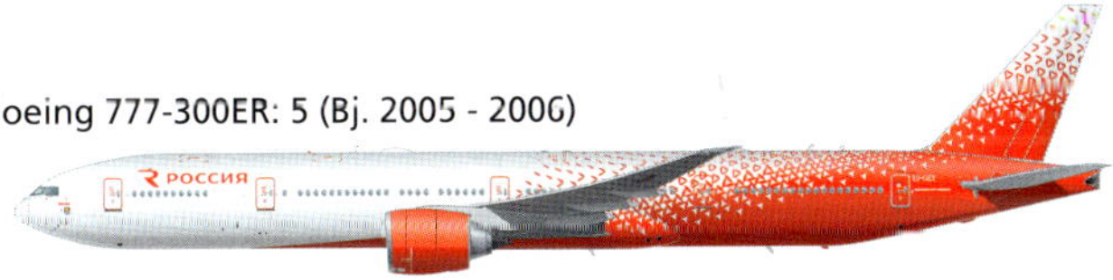

Boeing 747-400: 9 (Bj. 1998 - 2001)

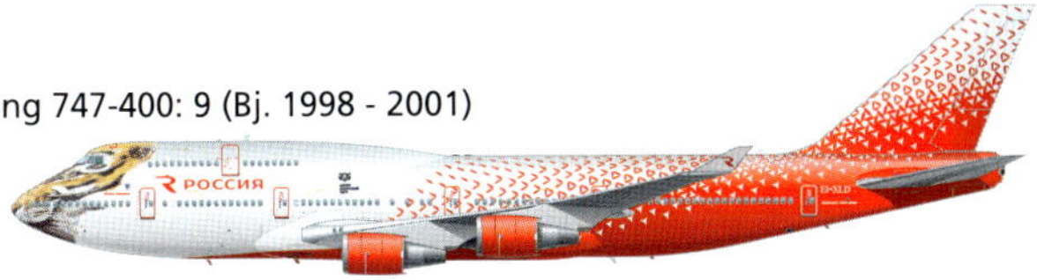

SuperJet 100: 19 (Bj. 2020 - 2021)

Royal Air Maroc

IATA-Code: AT, ICAO-Code: RAM, Rufzeichen: ROYALAIR MAROC
Sitz: Casablanca/Marokko, Basis: Casablanca Intl. Airport (CMN)
Flotte (Frühjahr 2021): ca. 60
Allianz: Oneworld

Die staatliche marokkanische Fluggesellschaft Royal Air Maroc entstand 1957 nach dem Zusammenschluss zweier Vorgängerairlines. Das Routennetz umfasst mit u. a. Frankfurt, Düsseldorf und Zürich auch einige Ziele im deutschsprachigen Raum, auf der Langstrecke bietet die Airline Destinationen wie Rio de Janeiro, New York und Peking an. Seit 2020 gehört Royal Air Maroc zur Oneworld Airline-Allianz, zu der auch Riesen wie American Airlines und British Airways zählen. In den letzten Jahren wurde die Langstreckenflotte stark verjüngt und 2018 mit den neuen Boeing 787-9 und 737-MAX 8 auch eine attraktivere, wenn vielleicht auch etwas zu modische, passend zum Land auch farbenfrohere Flugzeugbemalung eingeführt, die aber weiterhin das altbekannte Logo und die Nationalfarben rot und grün nutzt. Das Durchschnittsalter der Flotte liegt mit gut 11 Jahren im vorderen Mittelfeld. Royal Air Maroc gilt als recht sichere Airline, Unfälle hat es seit 2003 nicht gegeben. Abgesehen von einer moderaten Zahl von temporären Auserdienststellungen ist über schwerere Auswirkungen der Coronakrise auf die Airline nichts bekannt. Nachdem Ende 2020 auch das 20-monatige Flugverbot für die Boeing 737-MAX aufgehoben wurde steht dem erneuten Ersatz der 737-800 im Laufe des Jahres 2021 nichts mehr im Weg ausser der Coronakrise. In den (alten) Farben der Airline fliegt auch die alles andere als bescheidene Regierungsflotte des König Mohammed VI., die aus je einer Boeing 737-800BBJ, 747-400 und der grandiosen 747-8BBJ besteht, wobei, so bescheiden ist man, letztere beide gebraucht erstanden wurden.

ATR 72: 6 (Bj. 2011 - 2018)

Boeing 737-700: 6 (Bj. 1999 - 2005)

Boeing 737-800: 31 (Bj. 1998 - 2013)

Boeing 737-MAX 8: 2 (Bj. 2018 - 2019)

Boeing 767-300ER(F): 1 (Bj. 1999)

Boeing 787-8: 5 (Bj. 2015 - 2016)

Boeing 787-9: 4 (Bj. 2018 - 2019)

Embraer 190: 4 (Bj. 2014)

Royal Jordanian Airlines

IATA-Code: RJ, ICAO-Code: RJA, Rufzeichen: JORDANIAN
Sitz: Amman/Jordanien, Basis: Queen Alia Amman Intl. Airport (AMM)
Flotte (Frühjahr 2021): ca. 25
Allianz: Oneworld

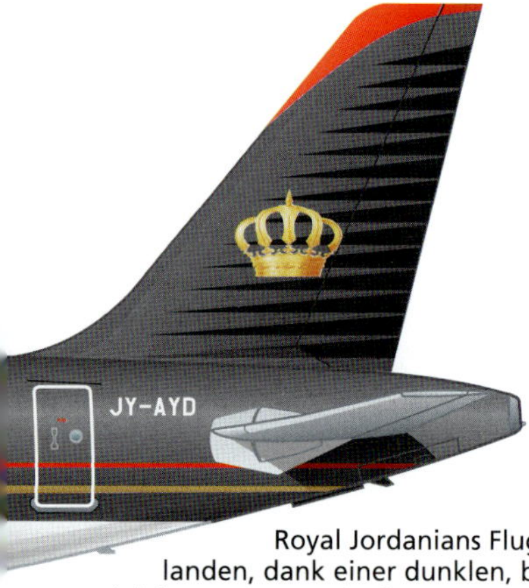

Royal Jordanians Flugzeuge fallen überall auf, wo sie landen, dank einer dunklen, besonders eigenständigen, nobel und daher sozusagen in der Tat "royal" daherkommenden Bemalung mit kontrastierenden goldenen und roten Akzenten, die in den Grundzügen bereits seit Mitte der 1980er-Jahre verwendet wird. Jordaniens Flagcarrier wurde 1963 gegründet und befindet sich heute als Aktiengesellschaft überwiegend in Privatbesitz, nur zu etwa einem Drittel in staatlichem. Veteran der Flotte ist ein einzelner, zum Frachter umgebauter Airbus A310. Damit ist die Airline eine der wenigen weltweit, die noch diesen schon seit den 1990er-Jahren nicht mehr gebauten Typ einsetzt. Für die geringe Größe des Traditionscarriers ist der Typenmix recht hoch. 25 Flugzeuge verteilt auf sieben Typen. Das Durchschnittsalter liegt dabei mit knapp 11 Jahren im vorderen internationalen Mittelfeld, gleichauf mit illustren Namen wie der Lufthansa. Lange betrieb die Airline eine reine Airbus-Flotte. Heute befliegen die für den Langstreckenverkehr zuständigen hochmodernen Boeing 787 in der kurzen Version -8, gleichzeitig Youngster der Flotte, hauptsächlich Routen in den Osten der USA und nach Kanada. Dabei ist die Mitgliedschaft in einer der drei wichtigsten Airline-Allianzen - Oneworld - sicher sehr hilfreich. Die Airline offeriert von der Hauptstadt Amman aus aber auch Ziele in Südostasien wie Thailand. Zahlenmäßg die meisten Destinationen ausserhalb direkter Nachbarländer liegen aber in Europa, im deutschen Sprachraum sind das neben Frankfurt konkret auch Zürich, Wien und München.

Airbus A310-300(F): 1 (Bj. 1988)

Airbus A319: 5 (Bj. 2005 - 2009)

Airbus A320-200: 6 (Bj. 2006 - 2012)

Airbus A321-200: 2 (Bj. 2012)

Boeing 787-8: 7 (Bj. 2014 - 2017)

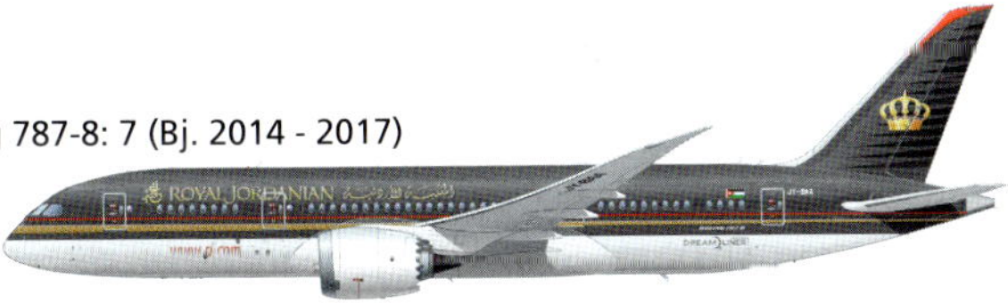

Embraer 175: 2 (Bj. 2008)

Embraer 195: 2 (Bj. 2007)

Royal Flight

IATA-Code: RL, ICAO-Code: ABG, Rufzeichen: ROYAL FLIGHT
Sitz: Moskau/Russland, Basis: Moskau-Scheremetjewo (SVO)
Flotte (Frühjahr 2021): 14

Die Chartergesellschaft mit dem für ihren Standard etwas unpassenden Namen Royal Flight gibt es unter diesem Namen seit 2014. Sie gehört Coral Travel, einem russischen Reiseveranstalter. Das Corporate Design mit der Flugzeugbemalung gibt sich betont unauffällig und so gar nicht "royal". Die Routen des noch kleinen Urlaubsfliegers reichen von Fernost über Europa bis Kuba. Die Flotte besteht aus Gebrauchtmaschinen mit einem hohen Durchschnittsalter von über 18 Jahren. Unfälle gab bisher nicht zu beklagen.

Boeing 737-800: 3 (Bj. 2002 - 2011)

Boeing 757-200: 5 (Bj. 1998 - 2001)

Boeing 767-300ER: 3 (Bj. 1996 - 1998)

Boeing 777-300ER: 3 (Bj. 2005 - 2007)

Ryanair

IATA-Code: FR, ICAO-Code: RYR, Rufzeichen: RYANAIR
Sitz: Dublin/Irland, Basis: Dublin Airport (DUB)
Flotte (Frühjahr 2021): ca. 260 + ca. 47 (Sun) + 1 (UK) + 120 (Malta)

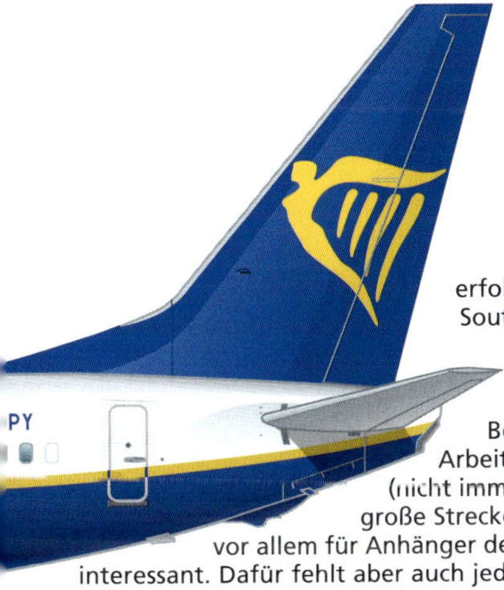

Ryanair aus Irland ist die erfolgreichste Billigairline nach Southwest Airlines in den USA. Nicht überall wohlgelitten aufgrund ihres aggressiven Auftretens, schlechter Bezahlung und ebensolcher Arbeitsbedingungen, bleiben die (nicht immer) billigen Tickets und das große Streckennetz für viele Menschen, vor allem für Anhänger der "Geiz ist geil"-(Un)kultur interessant. Dafür fehlt aber auch jedweder Komfort, man muss engste Bestuhlung und häufig abgelegene Flughäfen mit schlechter Infrastruktur in Kauf nehmen. Die Fokussierung auf einen einzigen Typ, die Boeing 737-800, ist ein Erfolgsgeheimnis aus den USA. Die gesamte Flotte ist geleast. Ende 2020 orderte Ryanair nach Aufhebung des Flugverbots 75 Maschinen des Nachfolgemusters 737-MAX 8. So zählt Ryanair mittlerweile zu den wichtigsten Kunden von Boeing. Zu Ryanair gehört die in Polen beheimatete Ryanair Sun (Buzz), Ryanair UK und Malta Air (dort ist der Arbeitnehmerschutz geringer und die Steuern niedriger), deren Maschinen allesamt in der gleichen Bemalung fliegen, sowie die neuerdings ebenfalls in Malta registrierte Lauda Europe. Immer wieder gab es zwar sicherheitsrelevante Vorkommnisse - 2008 mußte eine Maschine nach einem Landeunfall auf dem Flughafen Hahn abgeschrieben werden - aber bisher keinen wirklich schlimmen Unfall.

Boeing 737-700 (VIP): 1 (Bj. 1999)

Boeing 737-800: 422 (Bj. 2003 - 2018)

S7 Airlines

IATA-Code: S7, ICAO-Code: SBI, Rufzeichen: SIBERIAN AIRLINES
Sitz: Moskau/Russland, Basen: Moskau (DME), Nowosibirsk (OVB)
Flotte (Frühjahr 2021): ca. 100
Allianz: Oneworld

Die 1992 unter dem Namen Sibiria Airlines gegründete, 2006 in S7 umbenannte Fluggesellschaft ist seit längerem die zweitgrößte Airline Russlands. Wie der ursprüngliche Name vermuten lässt, liegen ihre Ursprünge in Sibirien, die Umfirmierung kam mit der wachsenden Expansion nach Westen von der Zweitbasis Moskau-Domodedowo (DME) aus. Das Routensystem der auf Kurz- und Mittelstrecken zugeschnittenen Airline umfasst zum großen Teil inländische Ziele, S7-Maschinen sind aber auch in anderen asiatischen Ländern, dem Nahen Osten und Europa zu sehen. Unter anderem werden im deutschsprachigen Raum auch Frankfurt, München, Berlin und Wien angeflogen. Mit ihren gras- und giftgrünen Firmenfarben gehören die Flugzeuge von S7 zu den auffälligsten auf den Flughäfen dieser Welt. Die aktuelle Bemalung stammt von 2017 und ist die zweite in dieser Farbgebung, die erste, 2006 bei der Umfirmierung eingeführte war sogar noch ungewöhnlicher. Das Flugzeugalter liegt im Durchschnitt bei etwa zehn Jahren und damit im vorderen Mittelfeld, international gesehen. Unter dem Namen S7 hat die Airline bisher eine gute Sicherheitsbilanz, allerdings hatte sie unter dem alten Samen Siberia Airlines vor 2006 gleich drei Katastophen zu verzeichnen. 2019 starb die Miteigentümerin Natalija Filjowa bei dem Absturz eines kleinen Geschäftsflugzeuges in der Nähe von Frankfurt am Main. Die Flotte von S7 besteht aus neu und gebraucht erstandenen Flugzeugen. Ersteres trifft auf die A320-, Letzteres auf die A319-, 737-800- und Embraer-Teilflotten zu.

Airbus A319: 8 (Bj. 2002 - 2005)

Airbus A320-200: 18 (Bj. 2008 - 2014)

Airbus A320neo: 24 (Bj. 2017 - 2020)

Airbus A321-200: 9 (Bj. 2003 - 2015)

Airbus A321neo: 4 (Bj. 2018)

Boeing 737-800: 20 (Bj. 2001 - 2014)

Boeing 737-800BCF: 1 (Bj. 2002)

Boeing 737-MAX 8: 2 (Bj. 2018)

Embraer 170: 17 (Bj. 2004 -2005)

SAS Scandinavian Airlines

IATA-Code: SK, ICAO-Code: SAS, Rufzeichen: SCANDINAVIAN
Sitz: Stockholm/Schweden, Basen: Kopenhagen, Oslo, Stockholm
Flotte (Frühjahr 2021): ca. 130 + 6 (SAS Ireland)
Allianz: Star Alliance

SAS, die nationale Airline von Dänemark, Norwegen und Schweden, gibt es seit 1946, als sich die drei nationalen Vorgängergesellschaften zusammenschlossen. Neben vielen europäischen Zielen fliegt SAS auch die USA und Ostasien an. Alle Ziele liegen auf der Nordhalbkugel. Mit der ersten A350, Ersatz für die A340, stellte SAS 2019 ein neues, nicht sonderlich auffälliges Corporate Design in grau, silber und Königsblau vor. Der signalrote Lack auf den Triebwerken, weithin sichtbares Merkmal der ansonsten auch schon bis dato eher schlichten alten Livery, wich einem unauffälligeren Silber. Ein subtiles, von der Grundidee schon sehr lange verwendetes Detail der Livery, der stilisierte Block der drei Landesflaggen von Dänemark, Norwegen und Schweden wurde nochmals vereinfacht, zu einem bunten Band verfremdet und von der Flugzeugnase auf den Hinterrumpf verschoben. Das schon sehr lange verwendete Dreibuchstaben-Logo blieb hingegen unverändert. Schwer zu lesen ist das große SAS in silber auf hellgrauem Rumpf. 2020 traf die Coronakrise die SAS so hart, dass bereits im März der Flugbetrieb auf Minimalbetrieb umgestellt werden mußte, mittlerweile ist der größte Teil der Flotte aber wieder in den aktiven Dienst zurückgekehrt. Die Flotte hat ein recht junges Durchschnittsalter von knapp unter 10 Jahren, wobei die Boeing 737 und Airbus 321 deutlich älter sind als der Rest. Viele weitere A320neo stehen aber zur Flottenverjüngung bereits in den Auftragsbüchern, die kleine Tochtergesellschaft SAS Ireland hat sechs davon. SAS gilt als sichere Airline, der letzte schwere Unfall einer SAS-Maschine datiert von 2001.

Airbus A319: 4 (Bj. 2006 - 2007)

Airbus A320-200: 11 (Bj. 2006 - 2014)

Airbus A320neo: 38 + 6 (Bj. 2016 - 2021)

Airbus A321-200: 8 (Bj. 2001 - 2006)

Airbus A321neo: 1 (Bj. 2020)

Airbus A330-300: 9 (2002 - 2019)

Airbus A350-900: 4 (2019 - 2020)

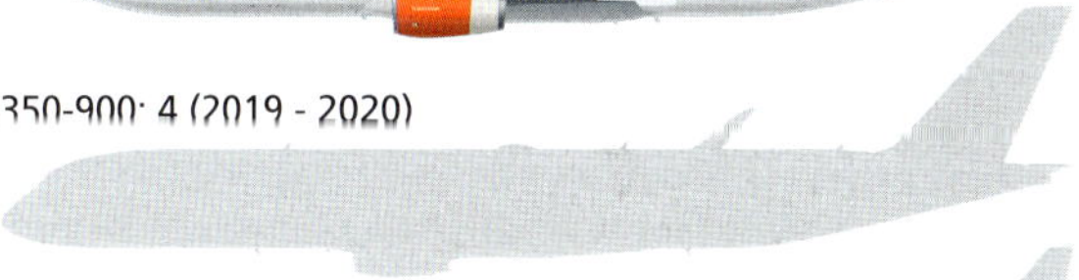

Boeing 737-700: 19 (Bj. 2000 - 2010)

Boeing 737-800: 20 (Bj. 2000 - 2014)

Bombardier CRJ900: 20 (Bj. 2007 - 2018)

Bombardier CRJ1000: 1 (Bj. 2016)

Saudi Arabian Airlines

IATA-Code: SV, ICAO-Code: SVA, Rufzeichen: SAUDIA
Sitz: Dschidda/Saudi Arabien, Basis: King Abdulaziz Intl. Airport (JED)
Flotte (Frühjahr 2021): ca. 155
Allianz: SkyTeam

1945 gegündet und Anfang der 1970er-Jahre in Saudia umbenannt, ein Name, der nach einer Unterbrechung von 1997 bis 2012 heute wieder als Marketingname verwendet wird, ist Saudi Arabian Airlines seit der Entstehung der Flagcarrier des Landes. Das Routennetzwerk führt über die regionalen Strecken hinaus bis in den Osten der USA, nach Europa, Südafrika und Südostasien. Gegenwärtig ist die Flotte Saudias mit einem Durchschnittsalter von unter sieben Jahren sehr jung für einen Allroundcarrier. Zusätzlich zu den eigenen Maschinen hat die Airline auch immer eine Anzahl Boeing 747 geleast, hauptsächlich von Air Atlanta Icelandic - Passagiermaschinen, aber auch Frachter, die für Saudia Cargo fliegen. Wegen der auch Saudi Arabien treffenden Coronakrise wurden 2020 allerdings die letzten so eingesetzten Passagierjumbos an ihre Besitzer zurückgegeben, drei (teillackierte) Frachter verbleiben. Das ebenso attraktive wie zeitlose und alleinstellende Design in sandgelb mit ultramarinblauem Leitwerk wurde schon 1997 eingeführt. Bis auf die Kürzung des Namens und eine Vereinfachung des Logos ist die Flugzeugbemalung seither gleich geblieben. Auch die königliche Flotte fliegt in den Farben Saudias. Diese vom Typenmix her äußerst interessante kleine Flotte, zu der u. a. auch eine 38 Jahre alte 747SP gehört, wird von einer Tochtergesellschaft der Airline betrieben. Ebenfalls zu Saudia gehörend und in deren Farben fliegend ist die Regierungsflotte, die hauptsächlich aus größeren Businessjets besteht. Diese beiden Unternehmensteile finden in der nebenstehenden Flottenübersicht allerdings keine weitere Erwähnung.

Airbus A320-200: 46 (Bj. 2009 - 2018)

Airbus A321-200: 15 (Bj. 2010 - 2013)

Airbus A330-300: 32 (2010 - 2017)

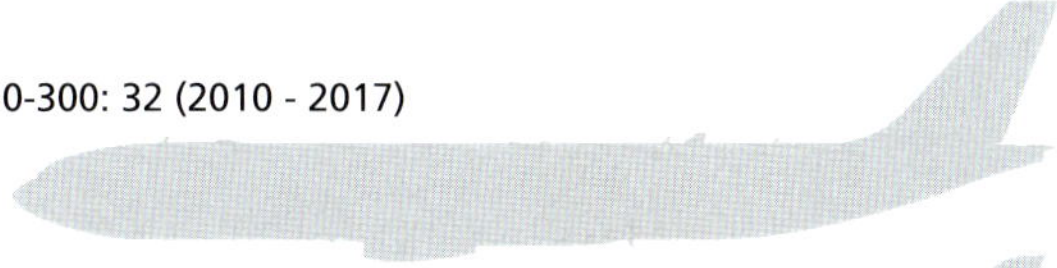

Boeing 787-9: 13 (Bj. 2016 - 2018)

Boeing 787-10: 5 (Bj. 2019 - 2020)

Boeing 777F: 4 (Bj. 2015)

Boeing 777-300ER: 35 (Bj. 2012 - 2017)

Boeing 747-8F: 2 (Bj. 2013)

Scoot

IATA-Code: TR, ICAO-Code: TGW, Rufzeichen: SCOOTER
Sitz: Singapur, Basis: Singapore Changi Intl. Airport (SIN)
Flotte (Frühjahr 2021): ca. 45

Scoot nennt sich die 2012 installierte Billigairline von Singapore Airlines. Ihre längsten Routen führen bis nach Sydney, Haiderabad und Tokio. Die auffällige gelbe Flugzeugbemalung ist typisch für einen Lowcostcarrier, ebenso das niedrige Flottenalter von unter sieben Jahren. In Folge der Coronakrise mußte zeitweise das Gros der Flotte eingemottet werden, die thailändische Schwestergesellschaft NokScoot wurde gänzlich liquidiert.

Airbus A320-200: 26 (Bj. 2010 - 2013)

Airbus A320neo: 4 (Bj. 2018 - 2020)

Boeing 787-8: 7 (Bj. 2015 - 2017)

Boeing 787-9: 10 (Bj. 2015 - 2019)

Shandong Airlines

IATA-Code: SC, ICAO-Code: CDG, Rufzeichen: SHANDONG
Sitz: Jinan/VR China, Basis: Jinan-Yaoqiang Intl. Airport (TNA)
Flotte (Frühjahr 2021): ca. 130

Shandong Airlines, benannt nach der ostchinesischen Küstenprovinz, gibt es seit 1994. Die teilweise zu Air China gehörende Fluggesellschaft unterhält ein dichtes Inlandsnetz und fliegt auch regionale ostasiatische Auslandsziele wie Singapur oder Delhi an. Die riesige Boeing 737-800-Flotte soll mittelfristig durch das Nachfolgemodell 737-MAX 8 ersetzt werden, durch den Entzug der Flugerlaubnis für diesen Typ mussten diese Pläne aber erheblich verschoben werden. Die Flugzeugbemalung von Shandong Airlines gehört zu den antiquiertesten und langweiligsten in der Volksrepublik. Stilistisch entspricht sie dem, was vor 30 Jahren üblich, aber auch damals nicht der Rede wert war. Im Gegensatz zu ihrer angejahrten Erscheinung steht das Durchschnittsalter der Flotte: junge sieben Jahre sind es.

Boeing 737-700: 3 (Bj. 2005)

Boeing 737-800: 121 (Bj. 2005 - 2018)

Boeing 737-MAX 8: 7 (Bj. 2018 - 2019)

Shenzhen Airlines

IATA-Code: ZH, ICAO-Code: CSZ, Rufzeichen: SHENZHEN AIR
Sitz: Shenzhen/VR China, Basis: Shenzhen Bao´an Intl. Airport (SZX)
Flotte (Frühjahr 2021): ca. 190
Allianz: Star Alliance

Shenzhen Airlines existiert seit dem Jahr 1992 und zählt inzwischen zu den größten Fluggesellschaften Chinas. Das in der gleichnamigen, wirtschaftlich pulsierenden Nachbarstadt Hongkongs beheimatete Unternehmen ist vor allem auf inländischen Strecken stark, darüber hinaus werden aber auch einige internationale Routen innerhalb Ostasiens bedient. Dazu zählen Osaka, Taipeh, Bangkok, Jakarta und das Inselparadies Bali. Die Langstreckenflotte ist also sehr klein, von nennenswerter Expansion in diesem Bereich ist nichts bekannt obwohl die Mitgliedschaft in der Star Alliance eine solche erleichtern würde. Mehrheitseigner der Airline ist seit 2010 der Flagcarrier Air China, daher auch die Zugehörigkeit zur Star Alliance. Vielleicht ist es auch das Vorbild Air China - die Flottenpolitik fährt jedenfalls hier wie dort zweigleisig. Eine Flottenhälfte kommt von Boeing, eine von Airbus, und auch beim Generationswechsel hin zu sparsamen Airbus A320neo und Boeing 737-MAX 8 verteilte man die Aufträge etwa gleich. Die Flotte ist wie in China üblich recht jung, acht Jahre sind es im Durchschnitt. Shenzhen Airlines Sicherheitsbilanz ist ebenfalls gut, Unfälle gab es glücklicherweise bisher nicht. Corona hatte kaum Auswirkungen auf den Flugbetrieb. Das Corporate Design der Airline, Anfang des letzten Jahrzehnts eingeführt, ist recht attraktiv, wenn auch innerhalb Chinas nicht allzu auffällig, denn wie viele andere Fluggesellschaften auch wählte man die Wohlstand und Glück verheissenden Farben Rot und Gold. In einer sehr ähnlichen Livery fliegt übrigens auch die ebenfalls in diesem Buch vertretene Tochtergesellschaft Kunming Airlines.

Airbus A319: 8 (Bj. 2006 - 2017)

Airbus A320-200: 76 (Bj. 2006 - 2017)

Airbus A320neo: 16 (Bj. 2018 -)

Airbus A330-300: 6 (Bj. 2017 - 2019)

Boeing 737-800: 76 (Bj. 2005 - 2018)

Boeing 737-900: 5 (Bj. 2005)

Boeing 737-MAX 8: 5 (Bj. 2018)

Sichuan Airlines

IATA-Code: 3U, ICAO-Code: CSC, Rufzeichen: SICHUAN
Sitz: Chengdu/VR China, Basis: Chengdu-Shuangliu Intl. Airport (CTU)
Flotte (Frühjahr 2021): ca. 165

Sichuan Airlines wurde bereits 1986 gegründet, noch bevor der zivile Luftfahrtsektor Chinas offiziell dereguliert wurde und in der Folge viele Airlines entstanden. Der Flugbetrieb startete 1988. Heute eine der Großen im Reich der Mitte, sind Maschinen dieser Fluggesellschaft vor allem auf Inlandsrouten, aber darüber hinaus auch in asiatischen Nachbarländern und einigen Ländern Afrikas wie Nigeria anzutreffen. Flüge nach Europa oder Nordeuropa wurden aufgrund der Coronakrise ausgesetzt, was den Flugbetrieb insgesamt kaum beeinträchtigt, denn die ganze Flotte scheint aktiv zu sein. Einige Maschinen von Sichuan Airlines fliegen in unterschiedlichen Sonderbemalungen, so vor Allem ein paar der neuen A350, die mit Panda-Motiven geschmückt sind. Sichuan, die im Südwesten Chinas gelegene Heimatprovinz der Airline ist für ihre Pandabären bekannt. Die Standardbemalung ist nicht sonderlich bemerkenswert und wirkt zwischen den Flugzeugen anderer chinesischer Airlines nicht sehr frisch in den Farben und etwas antiquiert in der Grafik. Dafür ist die ausschließlich aus Airbus-Erzeugnissen bestehende Flotte aber chinatypisch jung: unter sieben Jahren ist ein Flugzeug von Sichuan Airlines im Schnitt alt. Gegenwärtig befindet sich Sichuan Airlines mitten im Generationswechsel hin zu A320neo und A321neo, den neuesten Typen aus Toulouse und Hamburg. Die drei A330-Frachter der Flotte hingegen wurden 2019 gebraucht erworben, sie flogen vorher für Qatar Airways. In den über 30 Jahren ihres Flugbetriebs ist Sichuan Airlines erfreulicherweise unfallfrei geblieben.

Airbus A319: 23 (Bj. 2004 - 2014)

Airbus A320-200: 53 (Bj. 2007 - 2017)

Airbus A320neo: 12 (Bj. 2017 - 2020)

Airbus A321-200: 44 (Bj. 2008 - 2018)

Airbus A321neo: 16 (Bj. 2018 - 2020)

Airbus A330-200: 6 (Bj. 2010 - 2017)

Airbus A330-200F: 3 (Bj. 2013)

Airbus A330-300: 7 (Bj. 2013 - 2019)

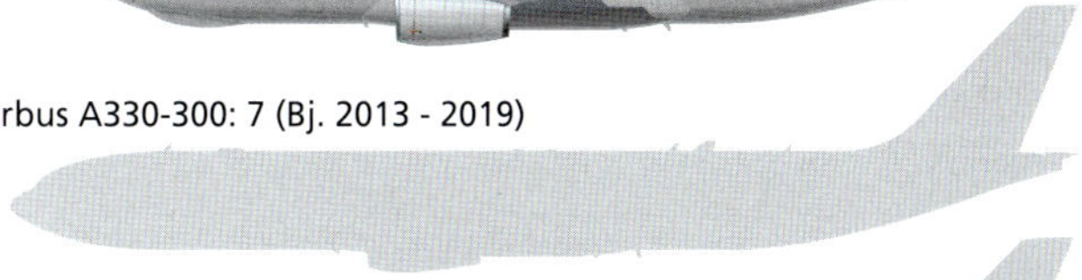

Airbus A350-900: 4 (Bj. 2018 - 2019)

Silk Way West Airlines

IATA-Code: 7L, ICAO-Code: AZG, Rufzeichen: SILK WEST
Sitz: Baku/Aserbaidschan, Basis: Baku Heyder Oliyev Intl. Airport (GYD)
Flotte (Frühjahr 2021): 11

2012 wurde Silk Way West Airlines in Aserbaidschan gegründet. Sie ist eine der wichtigsten Frachtairlines in den GUS-Staaten und bedient Routen innerhalb Asiens, nach Europa und Nordamerika. Von 2014 bis 2019 betrieb sie mit zwei Boeing 747-400F eine Tochtergesellschaft in Italien. Mit einem Durchschnittsalter von 12 Jahren ist die Flotte für eine Cargoairline sehr jung. Die Bemalung ist recht gefällig, zwei kürzlich hinzugekommene, gebraucht erstandene 747-400-Frachter fliegen aber bisher noch in einer schlichteren Livery.

ATR 72: 1 (Bj. 2012)

Boeing 747-400F: 5 (Bj. 1999 - 2006)

Boeing 747-8F: 5 (Bj. 2014 - 2018)

Silkair

IATA-Code: MI, ICAO-Code: SLK, Rufzeichen: SILKAIR
Sitz: Singapur, Basis: Singapore Changi International Airport (SIN)
Flotte (Frühjahr 2021): 20

Silkair ist die für aufkommensschwächere Regionalflüge zuständige Tochtergesellschaft von Singapore Airlines. Sie wurde 1992 durch Umbenennung und Umstrukturierung einer Vorgängergesellschaft installiert. Das schlichte Corporate Design blieb von Beginn an unverändert. Silkairs Tage sind aber gezählt, denn die Airline wird gerade in die Muttergesellschaft integriert. Die Airline bedient gegenwärtig noch etwa die Hälfte der Kurzstreckenrouten von Singapore Airlines, bis hin in den Norden von Australien. Die bestellten 737-MAX 8, die die gesamte aktuelle Flotte ablösen sollten, werden wohl gänzlich direkt an Singapore Airlines ausgeliefert werden. Silkair hatte in ihrer Geschichte eine Absturzkatastophe zu beklagen, diese ist aber schon über 20 Jahre her.

Airbus A319: 2 (Bj. 2010)

Airbus A320-200: 2 (Bj. 2009 - 2012)

Boeing 737-800: 16 (Bj. 2014 - 2015)

Singapore Airlines

IATA-Code: SQ, ICAO-Code: SIA, Rufzeichen: SINGAPORE
Sitz: Singapur, Basis: Singapore Changi International Airport (SIN)
Flotte (Frühjahr 2021): ca. 120
Allianz: Star Alliance

Singapore Airlines entstand 1972 bei der Aufspaltung von Malaysia-Singapore Airlines. Seit langem schon gehört die Airline zu den zehn besten der Welt. Allerdings hat die Coronakrise 2020 auch vor ihr nicht Halt gemacht, im Februar 2021 waren rund 3/4 der Flotte wieder aktiv, aber etliche Flugzeuge stehen zur Disposition. Alle verbliebenen, samt und sonders schon abgestellten Airbus A330 und Boeing 777-300 gehören sehr bald der Vergangenheit an. Die meisten A380 und die Hälfte der Boeing 777-300ER-Teilflotte sind vom Grounding betroffen. Die weltgrößte Flotte von Airbus A350, darunter auch einige der Ultralangstreckenvariante ULR für die Singapore Airlines Erstkunde war, bildet somit das Rückgrat der Flotte. Die in den letzten Jahren etwas geschrumpfte Frachterflotte ist vollständig beschäftigt. Singapore Airlines ist sehr konservativ, was ihr Corporate Design angeht. Die Flugzeugbemalung ist letztlich eine Weiterentwicklung des 1972 bei der Gründung eingeführten Looks, der 1989 gründlich, und seither nur einmal leicht aufgefrischt wurde. Das Durchschnittsalter der Flugzeuge liegt aufgrund der sehr jungen A350- und 787-Teilflotten bei jugendlich-frischen sieben Jahren. In den letzten zwei Jahrzehnten gab es einen Flugzeugverlust, 2017 mußte eine zu diesem Zeitpunkt glücklicherweise leere Boeing 777 durch Feuer abgeschrieben werden. Das Routennetz führt praktisch in alle Welt. Zu Singapore Airlines gehört (noch) die Regionalairline Silkair, die gegenwärtig in die Muttergesellschaft integriert wird, sowie die Billigtochter Scoot. Singapores thailändische Billigairline NokScoot hingegen wurde ein frühes Opfer der Coronakrise.

Airbus A330-300: 4 (2015)

Airbus A350-900: 52 (2016 - 2020)

Airbus A380: 11 (2008 - 2018)

Boeing 737-800: 1 (Bj. 2014)

Boeing 787-10: 15 (Bj. 2018 - 2019)

Boeing 777-300ER: 27 (Bj. 2007 - 2015)

Boeing 747-400F: 7 (Bj. 2000 - 2006)

Skymark Airlines

IATA-Code: BC, ICAO-Code: SKY, Rufzeichen: SKYMARK
Sitz: Ota/Japan, Basis: Tokio Haneda International Airport (HND)
Flotte (Frühjahr 2021): 29

Skymark Airlines ist eine 1996 ins Leben gerufene und seit 1998 fliegende japanische Airline, die zu einem kleineren Teil im Besitz der größten Fluggesellschaft des Landes, ANA, ist. Seit Anfang des Jahrtausends bediente Skymark Airlines auch Langstrecken mit ihren Boeing 767, Anfang der 2010er-Jahre gingen die Expansionspläne dann soweit dass vier Airbus A380 und mehrere A330 geordert wurden. Als 2014 die beiden ersten A380 aus der Werkshalle rollten war die Airline aber bereits in eine schwere wirtschaftliche Schieflage geraten, die A380 wurden nach einigem hin und her storniert und gingen an Emirates. Die inzwischen fünf ausgelieferten A330 mußten 2017 nach nur drei Jahren an die Leasinggeber retourniert werden. Die ehrgeizigen Langstreckenpläne wurden gänzlich aufgegeben, um die Airline vor dem völligen Zusammenbruch zu bewahren. Seither konzentriert sich Skymark ganz auf die Boeing 737-800, die ein fast ausschließlich nationales Streckennetz bedienen. Diese doch recht monotone Flotte ist relativ jung mit einem Durchschnittsalter von etwa neun Jahren. Die Bemalung dieser Maschinen ist ebenfalls denkbar simpel. Unfälle hat es in der Geschichte des Unternehmens noch nicht gegeben.

Boeing 737-800: 29 (Bj. 2007 - 2018)

South African Airways

IATA-Code: SA, ICAO-Code: SAA, Rufzeichen: SPRINGBOK
Sitz: Kempton Park/Südafrika, Basis: Johannesburg O. R. Tambo (JNB)
Flotte (Frühjahr 2021): ca. 10

Über dem traditionsreichen südafrikanischen Flagcarrier hängt schon geraume Zeit ein Damoklesschwert, denn schon seit fast einer Dekade schrieb man ausschließlich rote Zahlen. Ende 2019 wurde Insolvenz angemeldet. Die Coronakrise gab SAA sozusagen den letzten Tritt, der Betrieb mußte im Frühherbst 2020 vorläufig eingestellt werden, die geleasten Flugzeuge, also der Großteil der Flotte, waren schon über den Sommer an die Leasingunternehmen zurückgegeben worden. Im (inaktiven) Bestand verblieben sind vor allem einige Airbus A340, die zum Teil schon vor 2020 abgestellt worden waren. Mit Staatshilfe soll die Airline 2021, unklar ob unter dem alten oder unter neuem Namen neu erstehen, wobei zur Zeit der Drucklegung dieses Buches noch nichts wirklich spruchreif war. Der Verfasser hat gute Erfahrungen mit der Business und sogar der First Class der SAA gemacht und hofft jedenfalls auf einen Neustart der Südafrikaner.

Airbus A319: 3 (Bj. 2005)

Boeing A340-300: 2 (Bj. 2007)

Boeing A340-600: 4 (Bj. 2003 - 2004)

SmartWings

IATA-Code: QS, ICAO-Code: TVS, Rufzeichen: SKYTRAVEL
Sitz: Prag/Tschechische Republik, Basis: Prag Václav Havel Airport (PRG)
Flotte (Frühjahr 2021): ca. 35

Smartwings ist eine tschechische Billigairline, die 2004 gegründet wurde und heute die mit Abstand größte Fluggesellschaft des Landes ist. Zu ihr gehören auch (sehr) kleine Ableger in Polen, der Slovakei und Ungarn, deren Flotte aus jeweils nur einem einzigen Flugzeug bestehen. Smartwings ist in erster Linie im Urlaubsgeschäft tätig, mit vielen Zielen vor allem im Mittelmeerraum. Weiter als auf die Kanaren und nach Ägypten reicht das Routennetzwerk aber nicht. Die Flotte liegt international gesehen mit gut 10 Jahren altersmäßig im guten Mittelfeld. In Ihrer kurzen Geschichte gab es bisher keine Unfälle.

Boeing 737-700: 2 (Bj. 2003)

Boeing 737-800: 23 (Bj. 2002 - 2019)

Boeing 737-900: 2 (Bj. 2007 - 2011)

Boeing 737-MAX 8: 7 (Bj. 2018 - 2019)

Southwest Airlines

IATA-Code: WN, ICAO-Code: SWA, Rufzeichen: SOUTHWEST
Sitz: Dallas, Texas/USA, Basen: diverse
Flotte (Frühjahr 2021): ca. 730

Die US-amerikanische Southwest Airlines ist mit Gründungsjahr 1967 die älteste existierende und schon seit langem die mit Abstand größte Billigairline der Welt, und deshalb Vorbild für alle anderen auf dem Geschäftsgebiet namens "Geiz ist geil". Das Erfolgsgeheimnis der Airline war immer schon die Konzentration auf einen Typ, die Boeing 737. Mit der Aufhebung des Flugverbots für die bisher sehr unglückliche 737-MAX 8 kann die Flottenerneuerung mit dieser vierten Generation des Boeing-Bestsellers in 2021 trotz Coronakrise ernsthaft beginnen. Southwests Farbgebung war schon immer auffällig. Früher war beige die Grundfarbe, seit 2001 ist es das sogenannte "Canyon Blue". Die knallige aber simple aktuelle Bemalungsvariante der nach American, United und Delta viertgrößten US-Airline stammt von 2014.

Boeing 737-700: 491 (Bj. 1998 - 2014)

Boeing 737-800: 207 (Bj. 2012 - 2018)

Boeing 737-MAX 8: 34 (Bj. 2017 - 2019)

Shanghai Airlines

IATA-Code: FM, ICAO-Code: CSH, Rufzeichen: SHANGHAI AIR
Sitz: Schanghai/VR China, Basis: Shanghai-Pudong Intl. Airport (PVG)
Flotte (Frühjahr 2021): ca. 95
Allianz: SkyTeam

1985 gegründet und seit 1988 mit Beginn der Öffnung des chinesicchen Luftfahrmarktes aktiv, ist Shanghai Airlines seit 2009 im Besitz der ebenfalls in Schanghai ansässigen China Eastern. Die Flotte ist im Schnitt nur etwa sieben Jahre alt, ist also recht jung. Sie fliegt abgesehen von einer Unzahl an Inlandszielen auch Langstreckendestinationen hauptsächlich in Ostasien an, entferntestes und einziges europäisches Ziel ist die ungarische Hauptstadt Budapest. Shanghai Airlines gilt als sichere Airline, berichtenswerte sicherheitsrelevante Vorkommnisse gab es in den letzten 20 Jahren zumindest nicht. Das Corporate Design ist nicht sonderlich bemerkenswert, die aktuelle Flugzeugbemalung stammt von 2007. Die Airline betreibt ein mittelgroßes, nur im Inland tätiges Tochterunternehmen namens China United, das aber noch im alten Look von Shanghai Airlines unterwegs ist.

Airbus A330-300: 2 (Bj. 2007)

Boeing 737-700: 6 (Bj. 2000)

Boeing 737-800: 71 (Bj. 2002 - 2018)

Boeing 737-MAX 8: 11 (Bj. 2018)

Boeing 787-9: 7 (Bj. 2018 - 2019)

SF (ShunFeng) Airlines

IATA-Code: O3, ICAO-Code: CSS, Rufzeichen: SHUN FENG
Sitz: Shenzhen/VR China, Basis: Shenzhen Bao´an Intl. Airport (SZX)
Flotte (Frühjahr 2021): ca. 60

Die Cargoairline SF Airlines, eigentlich ShunFeng Airlines, nahm 2009 den Flugbetrieb auf. Sie gehört dem Kurierdienst SF Express und ist heute die größte Luftfrachtgesellschaft Chinas. Die beiden kürzlich beschafften 747-400-Frachter, Youngster der Flotte, sind regelmäßig auch in Deutschland zu sehen. 2020 stieß mit einer weiteren umgebauten 757 das sechzigste Flugzeug zur Flotte. Die Flugzeugbemalung von SF Airlines ist eigenständig, dynamisch und durchaus interessant; für die heutige Zeit, in der sparwütige und der Schönheit gegenüber eher ignorante Kontroller das Sagen haben auch erfreulich aufwendig. Mit rund 24 Jahren liegt das Durchschnittsalter der Flotte aber auch innerhalb der Konkurrenz der weltweit tätigen Luftfrachtgesellschaften recht hoch, die Sicherheitsbilanz der ja noch recht jungen SF Airlines ist makellos.

Boeing 737-300(F): 14 (Bj. 1993 - 1999)

Boeing 737-400(F): 3 (Bj. 1991 - 1994)

Boeing 757-200(F): 34 (Bj. 1989 - 2004)

Boeing 767-300(F): 8 (Bj. 1996 - 1998)

Boeing 747-400F: 2 (Bj. 2007 - 2008)

Spicejet

IATA-Code: SG, ICAO-Code: SEJ, Rufzeichen: SPICEJET
Sitz: Neu-Delhi/Indien, Basis: New-Delhi Indira Gandhi Intl. Airport (DEL)
Flotte (Frühjahr 2021): ca. 100

Spicejet ist eine der großen Billigfluggesellschaften, die sich nach der Jahrtausendwende in Indien gebildet haben. Ihr Erstflug fand 2005 statt. Anders als bei der Konkurrenz die zumeist auf fabrikneue Airbus A320 setzt besteht die Flotte dieser Airline zu großen Teilen aus gebraucht erworbenen Flugzeugen, deshalb tragen viele Maschinen auch unterschiedlichste Hybridlackierungen mit Überbleibseln ehemaliger Betreiber. Die volle Bemalung ist allerdings auch nicht sonderlich bemerkenswert, unterscheidet sich aber in dieser Hinsicht auch nicht von der inländischen Konkurrenz die designerisch ebenfalls keine Highlights setzt. Nach eher unruhigen Zeiten plant Spicejet eine baldige erneute Expansion, zumindest stehen etwa 150 737-MAX 8 in den Auftragsbüchern. Ob diese alle einmal fliegen werden, bleibt abzuwarten. 2020 jedenfalls schrumpfte die Flotte etwas. Die Airline gehört zu den ersten weltweit, die zu Frachtern umgebaute Boeing 737 der Ende 2019 ausgelaufenen, so genannten NG-Reihe angeschafft haben, namentlich 737-700 und -800. Diese tragen abweichende "SpiceXpress"-Titel, ansonsten aber die normale Lackierung. Ende 2020 kam jeweils eine einzelne, von Hi Fly Malta geleaste A340 und A321 hinzu. Der Autor, der einige Inlandsflüge mit unterschiedlichen Airlines in Indien hinter sich hat, kann berichten, dass man sich in den A320 der Konkurrenz besser aufgehoben fühlt, denn in der engen Billigflug-Bestuhlung ist die schmalere Boeing 737-800 doch am Rande dessen was man als großgewachsener Mitteleuropäer noch ertragen kann und will. Ausser im Inland fliegt Spicejet auch ins nahe Ausland.

Airbus A321-200: 1 (Bj. 2007)

Airbus A340-300: 1 (Bj. 1998)

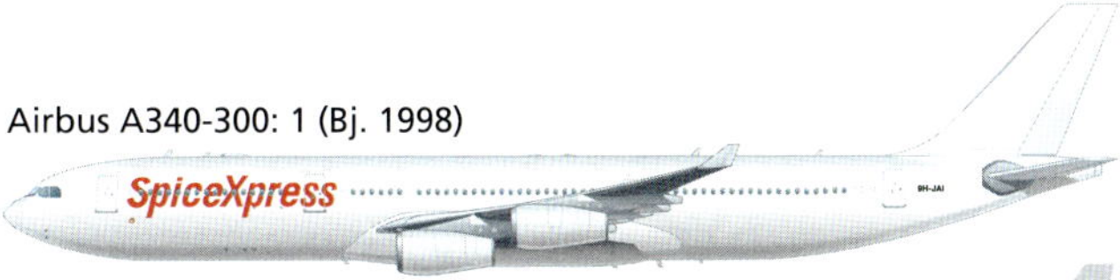

Boeing 737-700: 5 (Bj. 2007 - 2009)

Boeing 737-700BDSF: 3 (Bj. 1998 - 2000)

Boeing 737-800: 41 (Bj. 2004 - 2016)

Boeing 737-800BCF: 2 (Bj. 2000)

Boeing 737-900: 4 (Bj. 2007 - 2008)

Boeing 737-MAX 8: 13 (Bj. 2018 - 2019)

Bombardier DHC-8-400: 30 (Bj. 2010 - 2019)

Spirit Airlines

IATA-Code: NK, ICAO-Code: NKS, Rufzeichen: SPIRIT WINGS
Sitz: Miramar, Florida/USA, Basis: Fort Lauderdale-Hollywood Intl. (FLL)
Flotte (Frühjahr 2021): ca. 135

Spirit Airlines ist eine 1980 gegründete US-amerikanische Airline, die das Modell Lowcostcarrier auf die Spitze treibt, soll heißen: selbst das Handgepäck kostet extra! Die im Durchschnitt nur gut sechs Jahre alte Flotte, in letzter Zeit durch Ausserdienststellungen etlicher A319 geschrumpft, fliegt dabei Ziele im Inland und nahen südlichen Ausland an, sprich Karibik und Mittelamerika. Seit 2010 hat Spirit bereits das dritte, immer wieder komplett unterschiedliche Design. Nach einem eher hochwertig wirkendem silbernen Look über Blauweiß nun hin zu einem schreienden Gelb.

Airbus A319: 6 (Bj. 2006 - 2010)

Airbus A320-200: 64 (Bj. 2010 - 2019)

Airbus A320neo: 32 (Bj. 2016 - 2020)

Airbus A321-200: 30 (Bj. 2015 - 2018)

Spring Airlines

IATA-Code: 9C, ICAO-Code: CQH, Rufzeichen: AIR SPRING
Sitz: Schanghai/VR China, Basis: Shanghai-Hongqiao Airport (SHA)
Flotte (Frühjahr 2021): ca. 105

Spring Airlines ist die erste Billigairline Chinas, 2004 ins Leben gerufen. Sie setzte von Anfang an voll auf den Airbus A320, wobei ein reger Austausch mit jeweils neuen Maschinen, zu dem sehr jungen Flottenalter von etwa sechs Jahren geführt hat. Seit 2020 kommen noch A321neo hinzu. Spring Airlines hält übrigens Anteile an einer kleinen japanischen Airline gleichen Namens, die ausschließlich Boeing 737-800 fliegt, und diese in einer gänzlich anderen, wesentlich attraktiveren Bemalung. Diejenige der chinesischen Muttergesellschaft ist hingegen unmodern, mit typographisch minderwertig gestalteten Titeln. Das Routennetz von Spring Airlines umfasst neben Zielen im Inland auch einige im nahen Ausland, d. h. Japan, Südkorea und Thailand. Unfälle hatte die Airline bisher nicht zu beklagen.

Airbus A320-200: 80 (Bj. 2006 - 2018)

Airbus A320neo: 17 (Bj. 2018 - 2020)

Airbus A321neo: 6 (Bj. 2020 - 2021)

SriLankan Airlines

IATA-Code: UL, ICAO-Code: ALK, Rufzeichen: SRILANKAN
Sitz: Colombo/Sri Lanka, Basis: Colombo Bandaranaike Airport (CMB)
Flotte (Frühjahr 2021): 24
Allianz: Oneworld

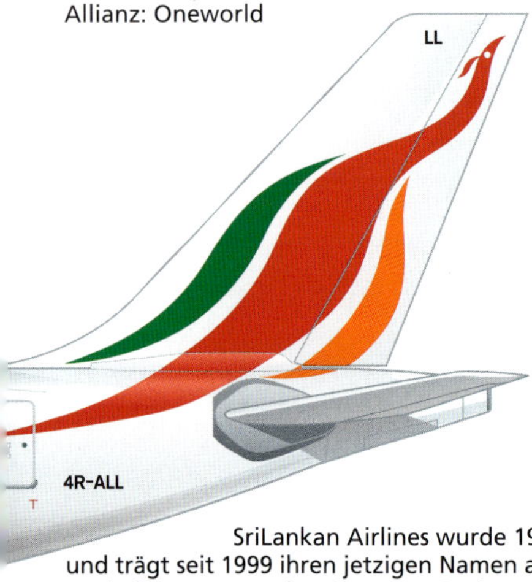

SriLankan Airlines wurde 1979 als Air Lanka gegründet und trägt seit 1999 ihren jetzigen Namen als Flagcarrier von Sri Lanka. Auch das gegenwärtige Corporate Design mit den schlicht, aber gefällig lackierten Flugzeugen stammt schon von 1999. Seit 2010 befindet sich die zwischenzeitlich sich zum Teil in den Händen von Emirates befindende nationale Fluggesellschaft Sri Lankas wieder in Staatsbesitz. SriLankans Routen führen zumeist zu regionalen Zielen innerhalb Südostasiens, Langstreckendestinationen sind im Nahen Osten, in Ostasien und Australien zu finden. In Europa, wo früher auch Frankfurt am Main ein Ziel war, ist nur London als Heimat der wohl größten ceylonesischen Exilgemeinde auf der Netzwerkkarte der Airline verblieben. Als reine Urlaubsdestination ist Sri Lanka und damit auch der Flagcarrier des Landes natürlich stark von der Coronakrise betroffen, die den Tourismus weitgehend zum Erliegen brachte. Anfang 2021 war etwa die halbe Flotte nicht im Dienst, zumeist waren die Kurzstreckenmaschinen betroffen. Die Flotte ist mit durchschnittlich neun Jahren noch reativ jung, bzw. international im vorderen Mittelfeld zu finden, was das Alter des fliegenden Materials angeht. Die Airbus A330 sollen demnächst durch solche der "neo"-Generation ersetzt werden, sprich A330-900. Die Coronakrise wird diese Pläne aber zumindest zeitich sicher negativ beeinflussen. Zumindest die erst Mitte letzten Jahrzehnts beschafften Airbus A330-300 sind ja auch noch sehr jung. Unfälle gab es in der Unternehmensgeschichte zwar nicht, einige Maschinen wurden aber durch Terroristen am Boden zerstört, zuletzt in 2001.

Airbus 320-200: 5 (Bj. 2004 -2011)

Airbus A320neo: 2 (Bj. 2017)

Airbus 321-200: 1 (Bj. 2014)

Airbus A321neo: 4 (Bj. 2017 - 2018)

Airbus A330-200: 5 (Bj. 1999 - 2009)

Airbus A330-300: 7 (Bj. 2014 - 2015)

Sriwijaya Air

IATA-Code: SJ, ICAO-Code: SJY, Rufzeichen: SRIWIJAYA
Sitz: Jakarta/Indonesien, Basis: Jakarta Soekarno-Hatta Airport (CGK)
Flotte (Frühjahr 2021): 13

Die indonesische Sriwijaya Air gibt es seit 2003. Neben inländischen Zielen fliegt sie auch solche im nahen Ausland an. Die gebraucht erworbene Flotte ist schon recht angejahrt, über 18 Jahre im Schnitt. Die Coronakrise führte 2020 zu einer Flottenhalbierung. Sriwijaya betreibt auch eine Zubringerairline namens Nam Air, deren Maschinen etwas schlichter lackiert sind. Wie bei vielen indonesischen Airlines ist die Sicherheitsbilanz von Sriwijaya schlecht, Berichte über schlampige Wartung häuften sich. Drei alte Boeing 737 mußten schon bei Landeunfällen abgeschrieben werden, bevor es am 9. Januar 2021 zur Katastrophe kam und eine 737-500 kurz nach dem Start in Jakarta in die Javasee stürzte.

Boeing 737-500: 3 (Bj. 1994 - 1995)

Boeing 737-800: 8 (Bj. 1999 - 2009)

Boeing 737-900ER: 2 (Bj. 2015)

Sun Country Airlines

IATA-Code: SY, ICAO-Code: SCX, Rufzeichen: SUN COUNTRY
Sitz: Mendota Heights/USA, Basis: Minneapolis-St. Paul Airport (MSP)
Flotte (Frühjahr 2021): 44

Sun Country Airlines ist eine US-Billigfluggesellschaft, die 1982 gegründet wurde und seither unfallfrei fliegt. Früher auch mit Douglas DC-10 im Langstrecken-Urlaubscharterverkehr tätig, fliegt Sun Country heute Linie und Charter auf zumeist freizeitlastigen Routen wie ins Spielerparadies Las Vegas oder in die Karibik. Ausnahme ist ein einzelnes Langstreckenziel: London-Gatwick, eine außerordentlich lange Strecke für eine Boeing 737-800. Mittlerweile hat Sun Country ihr Angebot auch in den Frachtmarkt erweitert, einige umgebaute Maschinen fliegen für Amazon in den vollen Prime Air Farben. Das Flottendurchschnittsalter insgesamt liegt bei 16 Jahren.

Boeing 737-700: 1 (Bj. 2000)

Boeing 737-800: 33 (Bj. 1999 - 2014)

Boeing 737-800BCF: 10 (Bj. 1999 - 2005)

Sun Express

IATA-Code: XQ, ICAO-Code: SXS, Rufzeichen: SUN EXPRESS
Sitz: Antalya/Türkei, Basis: Antalya Airport (AYT)
Flotte (Frühjahr 2021): ca. 40

Sun Express ist ein türkischer Ferienflieger, der 1990 gemeinsam von der Lufthansa und Turkish Airlines gegründet wurde. Das Hauptgeschäft sind Urlaubsflüge innerhalb und in die Türkei, hauptsächlich Charter. Einige Maschinen fliegen für und in den Farben von Anadolujet. Das lebendige Design der Flugzeuge von Sun Express stammt von 2010 und löste ein bis dahin genutztes sehr langweiliges, farbloses Schema ab. Einige Maschinen fliegen auch in Sonder- bzw. Werbebemalungen. Die Flotte ist mit knapp 11 Jahren im Schnitt nicht mehr wirklich, so aber doch noch relativ jung für einen Ferienflieger. Boeing 737-MAX 8 sind bestellt und wurden z. T. schon 2019 gebaut, waren aber wegen des erst Anfang 2021 aufgehobenen Flugverbots bei Drucklegung noch nicht ausgeliefert worden. 2018 und 2019 waren für Sun Express sehr erfolgreiche Jahre, nachdem die ausländische Konkurrenz aufgrund der unguten politischen Situation in der Türkei ihr Flugangebot reduziert hatte. Natürlich hat die Coronakrise auch Sun Express getroffen, mehr als ein Drittel der Flotte musste bis auf Weiteres abgestellt werden. Schlechter noch erging es der 2011 gegründeten Tochterfirma Sun Express Deutschland, sie wurde schon zum Beginn der Sommersaison 2020 eingestellt.

Boeing 737-800: 40 (Bj. 1998 - 2017)

Sundair

IATA-Code: SR, ICAO-Code: SDR, Rufzeichen: SUNDAIR
Sitz: Stralsund /Deutschland, Basis: Flughafen Berlin Brandenburg (BER)
Flotte (Frühjahr 2021): 6

2016 gegründet, ist Sundair seit 2017 als Linien- und Chartergesellschaft zu hauptsächlich europäischen Urlaubsdestinationen unterwegs. Sie gehörte bis zum Herbst 2020 zur Hälfte dem Reiseveranstalter Schauinsland, der sich im Zuge der negativen Geschäftsentwicklung, hervorgerufen durch die Coronapandemie, zurückziehen musste. Sundair beantragte Ende Oktober 2020 ein Schutzschirmverfahren um sich neu aufstellen zu können, was zu Änderungen beim Flugzeugpark führt, Reduzierung bei A320, hin zu mehr kleineren A319. Die Flotte stammt aus zweiter Hand, sie war vorher z.B. bei Air Berlin und Germania unterwegs. Eine A320 fliegt in einer Sonderbemalung, die standardmäßige Livery gehört aber zu den schlichtesten weltweit, ist farblos und verzichtet sogar auf Titel auf dem Rumpf. Das Durchschnittsalter der Sundair-Flugzeuge liegt bei gut 12 Jahren. In der kurzen Geschichte des Unternehmens gab es keinen Unfall.

Airbus A319: 3 (Bj. 2009 - 2011)

Boeing A320-200: 3 (Bj. 2005 - 2007)

Suparna Airlines

IATA-Code: Y8, ICAO-Code: YZR, Rufzeichen: YANGTZE RIVER
Sitz: Schanghai/VR China, Basis: Shanghai-Pudong Intl. Airport (PVG)
Flotte (Frühjahr 2021): 21

Suparna Airlines, benannt nach einem mythischen Vogel und bis zum Jahr 2017 unter dem Namen Yangtze River Express aktiv, ist eine in Pudong, dem östlichen Teil der Megacity Schanghai ansässige, 2003 als Frachtairline gegründete Gesellschaft, die seit 2015 auch Passagierdienste in bisher überschaubarem Ausmaß anbietet. Sie gehört teilweise der großen HNA Group und fliegt deshalb in derselben, typisch chinesischen und durchaus attraktiven Bemalung wie die Flotte von HNAs größter Fluggesellschaft Hainan Airlines, von der zwischenzeitlich auch ein paar Passagiermaschinen übernommen wurden. Die Fluggesellschaft war in ihrer Geschichte bislang unfallfrei. Das durchschnittliche Alter eines Flugzeuges von Suparna Airlines liegt bei gut 15 Jahren, wobei die Frachter bis auf den einzelnen Jumbo-Jet mit Bugklappe deutlich älter, die Passagierjets deutlich jünger sind. Letztere sind auch zumeist direkt als Neuflugzeuge zur Flotte gestoßen, während alle Frachter auf dem Second-Hand-Markt erworben wurden. Die Passagierdienste der Airline führen vor allem zu Zielen im Inland des Reiches der Mitte, zum anderen geht es aber auch ins nahe ostasiatische Ausland. Die Flüge der Boeing 747-Frachter führen natürlich erheblich weiter, zum Beispiel bis nach Los Angeles, Chicago oder Amsterdam. Auch der Flughafen Hahn in Rheinland-Pfalz wird gelegentlich angeflogen. Inwieweit die Insolvenz des HNA-Konzerns größere Auswirkungen auf die Airline hat ist noch nicht abzusehen, da aber Fracht nach wie vor das Hauptgeschäft von Suparna ist, dürfte ihr Überleben ziemlich sicher sein.

Boeing 737-300SF: 7 (Bj. 1992 -1999)

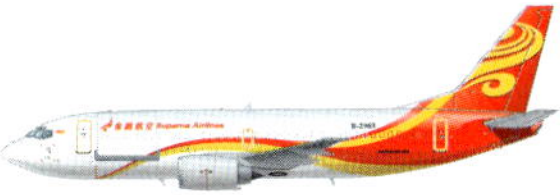

Boeing 737-400SF: 1 (Bj. 1998)

Boeing 737-800: 8 (Bj. 2008 - 2017)

Boeing 787-9: 2 (Bj. 2019)

Boeing 747-400BDSF: 2 (Bj. 1991 - 1998)

Boeing 747-400ERF: 1 (Bj. 2007)

Swiss International Air Lines

IATA-Code: LX, ICAO-Code: SWR, Rufzeichen: SWISS
Sitz: Basel/Schweiz, Basis: Zürich International Airport (ZRH)
Flotte (Frühjahr 2021): ca. 80
Allianz: Star Alliance

Swiss International Air Lines, kurz Swiss, ist die seit 2002 unter diesem Namen fliegende Nachfolgegesellschaft der 2001 untergegangenen Swissair. Nachdem Swiss ebenfalls schnell Verluste einflog, kam es schon 2005 zur Übernahme durch die Lufthansa, und in der Folge endlich zu kommerziellem Erfolg. Heute ist sie eine der beiden Premiummarken im Lufthansa-Verbund. 2008 übernahme Swiss den kleinen Konkurrenten Edelweiss Air, der als Charterairline vor allem Urlaubsflüge durchführt und auch Maschinen der Swiss übernommen hat. Die Coronakrise hat auch die stark Businessflug-lastige Swiss getroffen, kurzzeitig wurde der Flugbetrieb praktisch ganz eingestellt. Interessant und etwas überraschend ist dabei aber welche Flugzeuge danach reaktiviert wurden und welche es Anfang 2021 (noch) nicht sind. Anders als bei anderen Airlines sind nämlich die größten Typen, A340-300 und 777-300ER, allesamt im Dienst, letztere auch als Frachter. Die meisten A330, A320 und A321 wurden hingegen abgestellt. Swiss Sicherheitsbilanz ist exzellent, es gab nur einen einzigen glimpflich verlaufenen Unfall in 2002. Der schlichte Unternehmensauftritt der Airline, auf die Signalwirkung der Schweizer Nationalflagge konzentriert, stammt von dem britischen Designer Tyler Brulé und wurde zwischenzeitlich nochmals reduziert, geschärft. Damit wurde eine größere Nähe zur legendären Swissair hergestellt, der Zusatz "International Air Lines" entfiel. Das Routensystem ist weit gespannt: neben Europa bis nach Nordamerika, Brasilien, Ostasien und Süafrika. Der Nahe und Mittlere Osten gehören aber weitgehend nicht dazu.

Airbus 220-100: 9 (Bj. 2018)

Airbus 220-300: 19 (Bj. 2018 - 2019)

Airbus 320-200: 13 (Bj. 1995 - 2013)

Airbus A320neo: 3 (Bj. 2020)

Airbus 321-100/200: 4 (Bj. 1995 - 2016)

Airbus A321neo: 2 (Bj. 2020)

Airbus A330-300: 13 (Bj. 2009 - 2013)

Airbus A340-300: 5 (Bj. 2003 - 2004)

Boeing 777-300ER: 12 (Bj. 2016 - 2019)

Swiftair

IATA-Code: WT, ICAO-Code: SWT, Rufzeichen: SWIFT
Sitz: Madrid/Spanien, Basis: Adolfo Suárez Madrid-Barajas (MAD)
Flotte (Frühjahr 2021): ca. 45

Mit etwa 28 Jahren im Durchschnitt hat die seit 1986 existierende Swiftair aus Spanien eine der weltweit ältesten Flotten in ihren Diensten. Der weitaus größte Teil davon sind allerdings umgebaute Frachtmaschinen, die auf kürzeren Routen in Europa unterwegs sind. Swiftair bietet Linien- und Charterflüge an, die entferntesten Ziele liegen im Mittleren Osten und in Nordafrika. Im Spätherbst 2020 kamen vier weitere uralte 737-400 hinzu, die in solcher Eile in Dienst gestellt wurden, dass sie noch in der vollen Bemalung des vorherigen Betreibers unterwegs sind. 2014 hatte die Airline einen schweren Absturz zu beklagen, als eine vercharterte MD-83 in Mali abstürzte.

ATR 42: 6 (Bj. 1989 - 1993)

ATR 72: 18 (Bj. 1990 - 2010)

Boeing 737-300SF: 1 (Bj. 1987)

Boeing 737-400SF: 11 (Bj. 1989 - 1994)

Boeing 757-200PCF: 2 (Bj. 1991 - 1992)

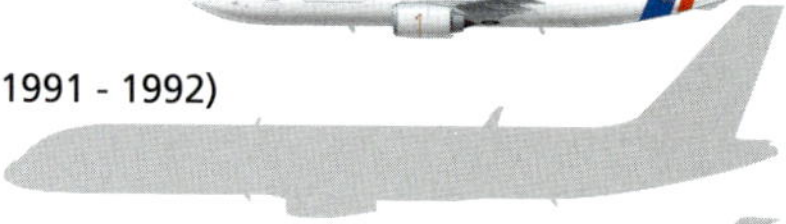

Embraer 120 Brasilia: 9 (Bj. 1985 - 1989)

TAAG Angola Airlines

IATA-Code: DT, ICAO-Code: DTA, Rufzeichen: ANGOLA
Sitz: Luanda/Angola, Basis: Aeroporto Intl. Quatro de Fevereiro (LAD)
Flotte (Frühjahr 2021): 16

TAAG Angola Airlines, gegründet 1938 und seit 1975 unter dem jetzigen Namen aktiv, ist eine der Gesellschaften, die ihren Unternehmensauftritt seit sehr langer Zeit nicht geändert haben, genauer, der Versuch ihn zu ändern wurde nach der Lackierung einer neuen 777 wieder zurückgenommen. Allerdings ist die Lackierung der Flotte auch durchaus sehenswert und eigenständig. Mit dem Erwerb von acht Triple Seven expandierte die nationale Airline Angolas, zu der auch eine Tochterairline namens Angola Air Charter gehört, im letzten Jahrzehnt sehr stark, bis dato hatte die Langstreckenflotte aus nur zwei alten Boeing 747-300 bestanden. Aktuell ist die seit 2007 unfallfreie Flotte mit durchschnittlich 10 Jahren noch relativ jung.

Boeing 737-700: 5 (Bj. 2006 - 2008)

Boeing 777-200ER: 3 (Bj. 2006 - 2008)

Boeing 777-300ER: 5 (Bj. 2011 - 2016)

De Havilland Dash-8-400: 3 (Bj. 2020 - 2021)

TAP Air Portugal

IATA-Code: TP, ICAO-Code: TAP, Rufzeichen: AIR PORTUGAL
Sitz: Lissabon/Portugal, Basis: Lissabon Humberto Delgado Airport (LIS)
Flotte (Frühjahr 2021): ca. 100 (ikl. TAP Express)
Allianz: Star Alliance

TAP Air Portugal, in Landessprache Transportes Aéreos Portugueses, wurde 1945 mit Ende des Zweiten Weltkrieges gegründet und ist Portugals nationale Airline. Im Zuge der Coronakrise wurde der Anteil des Staates von 50 auf 72,5% erhöht, um der Airline die Existenz zu sichern. Anfang 2021 waren etwa 2/3 der Flotte aktiv, die vorher recht große 319-Teilflotte stark reduziert. Neben vielen europäischen Zielen, darunter auch etliche im deutschsprachigen Raum, fliegt TAP Nordamerika, das westliche Afrika und Brasilien an. Asien steht hingegen vielleicht ein wenig überraschend nicht auf dem Plan. TAP war Erstbetreiber der A330neo und besitzt gegenwärtig die weltgrößte Flotte von A330-900-Maschinen, die ältere A330 und die bereits 2019 ausser Dienst gestellte A340-300 ersetzen, die mehr als 20 Jahre als Flaggschiff dienten. Auch die Kurz- und Mittelstreckenflotte, also Airbus A320 und A321, wurde und wird zügig durch solche der aktuellen neo-Generation ersetzt. Zur TAP gehört auch die regional fliegende Portugália, der die Embraer-Jets der Zubringertochter TAP Express gehören. Die ATR-Turboprops von TAP Express werden von der kleinen Airline White betrieben. TAPs aktuelles Design stammt von 2005 und wurde zum 60sten Unternehmensjubiläum vorgestellt. Es spielt mit den Landesfarben und wirkt nach wie vor modern. Die Flotte ist durch den starken Zuwachs an Airbus "neo"-Flugzeugen recht jung - gut neun Jahre sind es im Schnitt. Die Sicherheitsbilanz der Airline ist ausgezeichnet, Unfälle sind sehr, sehr lange her. Überhaupt gab es in den letzten 70 Jahren nur einen einzigen solchen.

Airbus 319: 8 (Bj. 1999 - 2002)

Airbus 320-200: 16 (Bj. 1999 - 2011)

Airbus A320neo: 8 (Bj. 2019 - 2020)

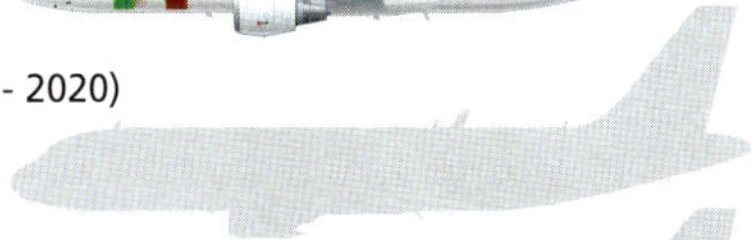

Airbus 321-200: 3 (Bj. 2000 - 2004)

Airbus A321neo: 16 (Bj. 2018 - 2020)

Airbus A330-200: 5 (Bj. 2007 - 2008)

Airbus A330-900: 19 (Bj. 2018 - 2020)

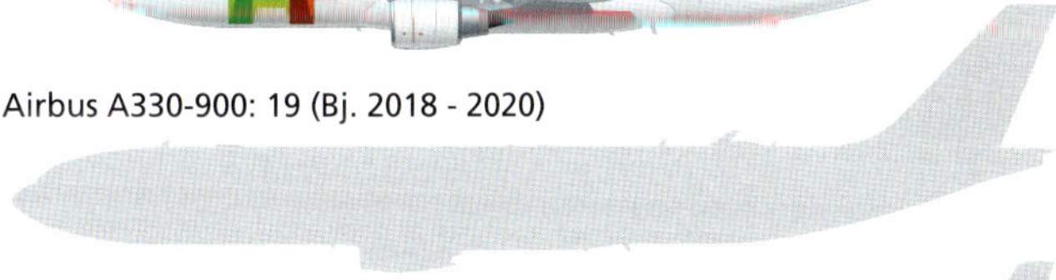

ATR 72: 8 (Bj. 2015 - 2016)

Embraer 190: 9 (Bj. 2011 - 2012)

Embraer 195: 4 (Bj. 2011 - 2013)

Tarom

IATA-Code: RO, ICAO-Code: ROT, Rufzeichen: TAROM
Sitz: Bukarest/Rumänien, Basis: Bukarest Henri Coanda Airport (OTP)
Flotte (Frühjahr 2021): 26
Allianz: SkyTeam

Die nationale Airline Rumäniens, Tarom, die Abkürzung von Transporturile Aeriene Romane, wurde unter anderem Namen bereits 1920 ins Leben gerufen. Tarom heisst die Airline seit 1954. Seit der Ausflottung der A310 in 2016 fliegt die schon lange Verluste schreibende, von häufigen Führungswechseln und politischen Eingriffen belastete Gesellschaft keine Langstrecke mehr. Das Routennetz beinhaltet auch einige Ziele im deutschsprachigen Raum. Ansonsten neben vielen europäischen Destinationen auch solche in östlichen Nachbarländern. Neben Air France ist Tarom einziger verbliebener europäischer Betreiber des Airbus A318, des erfolglos gebliebenen kleinsten Typs der A320-Familie. Eine Flottenerneuerung findet nur sehr langsam statt, gegenwärtig ist die Turbopropflotte dran. Das Durchschnittsalter einer Tarom-Maschine beträgt rund 15 Jahre, ist also noch im mittleren Bereich angesiedelt. Die unspektakuläre Livery mit der Schwalbe im Leitwerk stammt von 2006 und hat Ähnlichkeiten mit der polnischen LOT. Die Bemalung der Turbopropflotte sieht dabei etwas anders aus als bei den Jets. Auf den ganz neuen ATR 72 wurden sie nochmals geändert, ein cremefarbener Streifen hinzugefügt. Den letzten Unfall einer Tarom-Maschine gab es 2007 als eine Boeing 737-300 - glücklicherweise ohne dass Menschen ernsthaft zu Schaden kamen - abgeschrieben werden musste. Natürlich traf die Coronakrise auch die Tarom, das Gros der Flotte blieb aber in Dienst. Es darf erwartet werden, dass die Veteranen der Flotte, ein Quartett uralter 737-300, nicht wieder, zumindest nicht mehr lange fliegen wird.

Airbus 318: 4 (Bj. 2006 - 2007)

ATR 72: 4 (Bj. 1999)

ATR 72: 6 (Bj. 2009 - 2020)

Boeing 737-300: 4 (Bj. 1993 - 1994)

Boeing 737-700: 4 (Bj. 2001 - 2003)

Boeing 737-800: 4 (Bj. 2013 - 2017)

Thai Airways International

IATA-Code: TG, ICAO-Code: THA, Rufzeichen: THAI
Sitz: Bangkok/Thailand, Basis: Bangkok Suvarnabhumi Intl. Airport (BKK)
Flotte (Frühjahr 2021): ca. 60
Allianz: Star Alliance

Thai Airways existiert seit 1960, anfangs unter starker Beteiligung von SAS. 1988 kam der Namenszusatz "International" hinzu. Zusammen mit dem Urlaubsparadies des Heimatlandes entwickelte sich die Airline prächtig, insbesondere nachdem 1979 die Boeing 747 zur Flotte stieß. Thai Airways´ Routen führen nach ganz Asien, Australien und Europa. Im Laufe der Zeit wurde der Typenmix der Airline aber für ihre Größe doch etwas zu unübersichtlich. Manche Käufe, insbesondere nach dem Jahrtausendwechsel, kamen unter fragwürdigen Umständen zustande. Die Folge war, dass z.B. die Airbus A340 schnell wieder aus dem Dienst verschwanden. Thai´s attraktive Bemalung stammt von 2005. Anfangs in leuchtendem Metallic-Violett, wurde dieser Lack schon nach wenigen Jahren aus Praktikabilitätsgründen in normale Farbe geändert. Das Flottenflaggschiff A380 wurde ab 2012 bereits in dem stumpferen Lila ausgeliefert. Seit 2015 schrieb Thai Verluste, es war daher nicht verwunderlich, dass sich die Airline schon kurz nach Beginn der Coronakrise unter Gläubigerschutz stellen mußte - selbst wenn sie nicht eine der weltweit am stärksten davon betroffenen Airlines gewesen wäre - was sie aber ist, Anfang 2021 waren gerade mal 20 Maschinen aktiv! Die Boeing 777-200 wurden an Verschrotter verkauft, die 777-300 und die letzten 747 dauerhaft abgestellt, eine Reaktivierung der A380 sehr fraglich. Nach 2000 hatte die Airline zwei glimpflich verlaufene Flugzeugverluste zu beklagen. Thai hat eine regional tätige Billigtochter, Thai Smile, die in einer ähnlichen Livery fliegt. Die Beteiligung an der gänzlich anders auftretenden Nok Air wurde 2021 aufgegeben.

Airbus A330-300: 15 (Bj. 2009 - 2013)

Airbus A350-900: 12 (Bj. 2016 - 2018)

Airbus A380: 6 (Bj. 2012 - 2013)

Boeing 787-8: 5 (Bj. 2014 - 2015)

Boeing 787-9: 2 (Bj. 2017)

Boeing 777-200ER: 6 (Bj. 2006 - 2007)

Boeing 777-300ER: 15 (Bj. 2012 - 2015)

Tianjin Airlines

IATA-Code: GS, ICAO-Code: GCR, Rufzeichen: CHINA DRAGON
Sitz: Tianjin/VR China, Basis: Tianjin Binhai Intl. Airport (TSN)
Flotte (Frühjahr 2021): ca. 90

Die erst 2004 gegründete und seit 2009 unter diesem Namen aktive Tianjin Airlines, eine der vielen Regionalfluggesellschaften in China, ist in der gleichnamigen Hafenstadt im Nordosten des Landes beheimatet. Sie bietet ein dichtes Streckennetz mit etwa 90 inländischen Zielen an und gehört der großen HNA Group und zum kleineren Teil Hainan Airlines, die wiederum teilweise auch zu HNA gehört. Das erklärt auch das Design und vor allem die rot-gelbe Farbgebung der Flotte, Markenzeichen praktisch aller zu HNA gehörenden Firmen. Die Livery der Flugzeuge und das Logo von Tianjin Airlines sind dabei aber etwas schlichter als bei anderen Fluggesellschaften der Gruppe. Typisch für die Airlines der HNA Group bzw. China allgemein ist das junge Alter des fliegenden Materials, etwa sieben Jahre waren es zu Anfang 2021 im Durchschnitt. Unfälle hatte Tianjin Airlines bisher nicht zu beklagen. Es ist beabsichtigt, in den kommenden Jahren ein paar A350 zu leasen, ansonsten ist von einer weiteren Expansion oder weitergehender Flottenerneuerung nichts Relevantes bekannt. Mit Blick auf die Zahl der Ende 2020 abgestellten Maschinen scheint Tianjin Airlines eine der von der Coronakrise stärker betroffenen chinesischen Airlines zu sein, auch wenn es sich dabei nur um rund ein Fünftel der Flotte handelt. Es gibt seit 2018 auch eine expansive Frachtgesellschaft namens Tianjin Cargo Airlines, diese scheint aber trotz des praktisch gleichen Namens und der ebenfalls dahinterstehenden HNA Group nichts mit der Passageairline Tianjin Airlines zu tun zu haben und hat auch ein völlig anderes Corporate Design.

Airbus A320-200: 27 (Bj. 2005 - 2018)

Airbus A320neo: 8 (Bj. 2017 - 2020)

Airbus A321-200: 2 (Bj. 2017 - 2018)

Airbus A330-200: 4 (Bj. 2016 - 2017)

Airbus A330-300: 2 (Bj. 2018)

Embraer 190: 31 (Bj. 2008 - 2012)

Embraer 195: 20 (Bj. 2015 - 2018)

Tibet Airlines

IATA-Code: TV, ICAO-Code: TBA, Rufzeichen: TIBET AIR
Sitz: Llhasa, Tibet/VR China, Basis: Llhasa-Gonggar Airport (LXA)
Flotte (Frühjahr 2021): ca. 35

Erst 2010 wurde Tibet Airlines, die Airline des autonomen Gebiets Tibet, von Air China gegründet. Seit 2016 besitzt sie mit dem Airbus A330-200 auch ein leistungsfähiges Langstreckenmuster, wichtig in der dünnen Hochgebirgsluft Tibets. Diese Maschinen könnten auch Ziele bis hin nach Europa anfliegen, Tibet Airlines fliegt aber bisher nur ins benachbarte Ausland. Mit einem Durchschnittsalter von unter fünf Jahren ist die bisher unfallfreie, sämtlich neu ab Werk erworbene Flotte noch sehr jung.

Airbus A319: 25 (Bj. 2011 - 2021)

Airbus A320-200: 6 (Bj. 2016 - 2017)

Boeing A330-200: 5 (Bj. 2016 - 2018)

Transavia Airlines + Transavia France

IATA-Code: HV, ICAO-Code: TRA, Rufzeichen: TRANSAVIA
Sitz: Haarlemmermeer/Niederlande, Basis: Schiphol Airport (AMS)
T. France: IATA-Code: TO, ICAO-Code: TVF, Rufzeichen: FRANCE SOLEIL
Sitz: Paris/Frankreich, Basis: Paris-Orly Airport (ORY)
Flotte (Frühjahr 2021): ca. 80

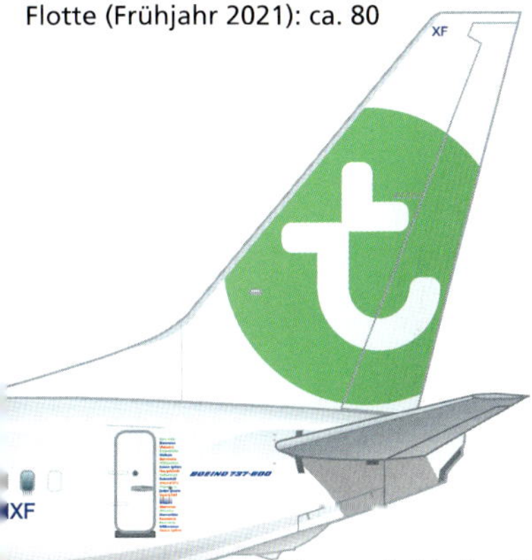

Transavia ist eine 1965 gegründete holländische Billigfluggesellschaft, die 2007 einen französischen Ableger namens Transavia France installierte, der heute zu 60% im Besitz von Air France und nur 40% im dem von Transavia Airlines ist. Hier sind beide zusammengefasst, wobei die Gesamtflotte ziemlich hälftig geteilt ist. Das Corporate Design ist bei beiden identisch, die aktuelle Version stammt von 2015. Man sieht dem Design an, das es von einer weblastigen Agentur entworfen wurde, und das die Flugzeugbemalung dabei nicht die wichtigste Prämisse war. Die typenmäßig monotone Flotte - Transavia hat seit den 1980er-Jahren fast ausschliesslich auf Boeing 737 gesetzt - ist nicht mehr superjung aber auch noch nicht mittelalt, gut neun Jahre sind es im Schnitt. Im Winter werden viele Maschinen verleast, denn die Ziele von Transavia, die eine vorbildliche, unfallfreie Historie aufzuweisen hat, liegen zumeist in den Urlaubsdestinationen rund um das Mittelmeer.

Boeing 737-700: 5 (Bj. 2003)

Boeing 737-800: 75 (Bj. 1999 - 2019)

TUI Airlines

(TUIfly) IATA-Code: X3, ICAO-Code: TUI, Rufzeichen: TUI JET
Sitz: Belgien, Deutschland, Großbritannien, Niederlande, Schweden,
Basen: Brüssel (BRU), Hannover (HAJ), London-Luton (LTN), Amsterdam (AMS), Stockholm (ARN)
Flotte (Frühjahr 2021): ca. 125

Unter dem Namen TUI Airlines zusammengefasst, handelt es sich hier um insgesamt fünf verschiedene Airlines (in Klammern das Gründungsjahr bzw. das der Umbenennung auf den jetzigen Namen): TUI Airlines Belgium (2004), TUI Airlines Nederland (2015), TUI Airways (Großbritannien, 2017), TUIfly (Deutschland, 2007), TUIfly Nordic (Schweden, 2006). Die britische Airline ist mit Abstand die größte im Verbund (über 50 Flugzeuge), der schwedische (nur sieben Flugzeuge) und der holländische Ableger sind mit Abstand die kleinsten. TUIs Konzernzentrale ist in Hannover, die Ursprünge der Airline sind bei Hapag-Lloyd-Flug im Jahr 1972 zu suchen, der Weg zu einem international einheitlichen Auftritt war zu komplex, um ihn an dieser Stelle behandeln zu können. Es sei nur erwähnt, dass TUI Airways bis 2017 als Thomson Airways firmierte und die Flugzeuge entsprechende Titel trugen, aber schon lange in TUI-Farben flogen. Das aktuelle, allen fünf Schwesterairlines gemeinsame Corporate Design stammt in den Grundzügen von Thomson Airways 2012, der heutige Einheitslook von 2015. Die Coronakrise traf TUI sehr hart, so musste beispielsweise TUIfly mit Staatsgeldern gerettet und die Flotte stark verkleinert werden. Die für einen Urlaubsflieger sehr vielfältige Flotte ist auf die unterschiedliche Herkunft der verschiedenen nationalen Ableger zurückzuführen, so stammen die mittlerweile unbedeutenden kleinen Boeing 757-und 767-Teilflotten noch aus der Vor-TUI-Zeit und haben auch keine lange Zukunft mehr vor sich. TUI gehört übrigens zu den ersten europäischen Airlines, die die umstrittene Boeing 737-MAX 8 wieder in Dienst stellen.

Boeing 737-700: 4 (TUI Belgium, Bj. 2004 - 2009)

Boeing 737-800: 76 (Bj. 2000 - 2015)

Boeing 737-MAX 8: 14
(TUI Airways, Nordic, Belgium, Nederland, Bj. 2018 - 2019)

Boeing 757-200: 4 (TUI Airways, Bj. 2000 - 2001)

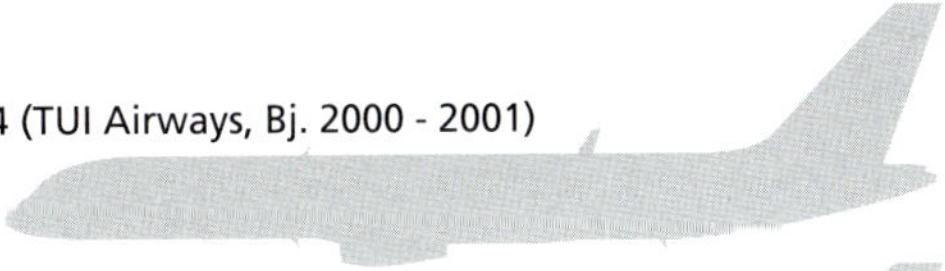

Boeing 767-300ER: 6
(TUI Airways, Belgium, Nordic, Bj. 1999 -2000)

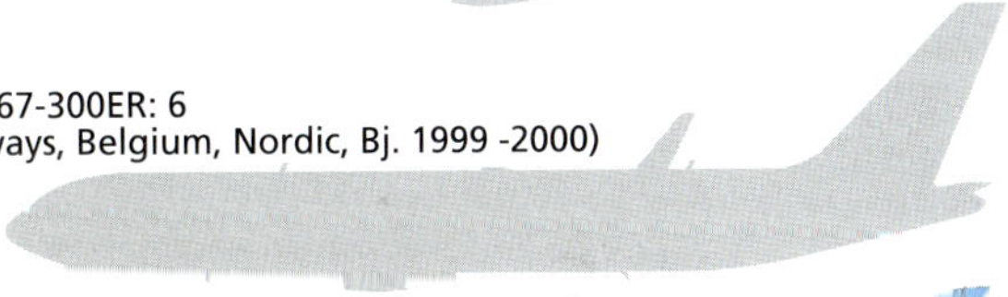

Boeing 787-8: 13
(TUI Airways, Belgium, Nederland, Bj. 2013 - 2015)

Boeing 787-9: 6 (TUI Airways, Bj. 2016 - 2019)

Embraer 190: 4 (TUI Belgium, Bj. 2013 - 2015)

Turkish Airlines

IATA-Code: TK, ICAO-Code: THY, Rufzeichen: TURKISH
Sitz: Istanbul/Türkei, Basis: Istanbul Intl. Airport (IST)
Flotte (Frühjahr 2021): ca. 315
Allianz: Star Alliance

Turkish Airlines wurde bereits 1933 gegründet. Die fast zur Hälfte in Staatsbesitz befindlich Airline hat ein sehr erfolgreiches Jahrzehnt hinter sich mit einer beeindruckenden Expansion vor allem auf der Langstrecke, und das trotz der unguten politischen Lage in der Türkei. So wurde die Flotte in 10 Jahren beinahe verdreifacht! Ein Grund ist dass sich Istanbul zu einem recht erfolgreichen Drehkreuz entwickelt hat. Noch ein Schub ergab sich durch den neuen Flughafen Istanbul. Die Airline wirbt damit, weltweit die meisten Ziele anzufliegen - allein über 260 international! Die Coronakrise hat Turkish Airlines zwar auch getroffen, jedoch offensichtlich nicht so stark die meisten anderen großen Airlines auf der Welt. Etwa ein Drittel der Flotte war im Februar 2021 inaktiv. Diese Flotte ist recht jung, im Schnitt etwa siebeneinhalb Jahre. Sie wird ständig modernisiert, weit über 100 Bestellungen von Airbus A321neo, A350-900 und Boeing 787-9 stehen noch aus, dazu rund 50 Boeing 737-MAX 8 zusätzlich zu den 11, die seit Anfang 2019 am Boden standen. Das schlichte und nicht sonderlich spannende Corporate Design ist schon älter und wurde seit der der Einführung mehrmals leicht modifiziert. Die Airline betreibt AnadoluJet als Billigableger und ist auch für den Betrieb der Regierungsflotte zuständig. Die Sicherheitsbilanz von Turkish Airlines ist allerdings nicht gut. So mussten seit 2009 ganze fünf Maschinen bei Landeunfällen abgeschrieben werden, einmal waren dabei auch Menschenleben zu beklagen. Ausserdem fiel die Airline 2019 aus der "5-Stern"-Riege des Airline-Bewertungsunternehmens Skytrax.

Airbus A319: 6 (Bj. 2011)

Airbus A320-200: 12 (Bj. 2007 - 2008)

Airbus A321-200: 66 (Bj. 2006 - 2017)

Airbus A321neo: 25 (Bj. 2018 - 2020)

Airbus A330-200: 13 (Bj. 2005 - 2011)

Airbus A330-200F: 10 (Bj. 2010 - 2017)

Airbus A330-300: 42 (Bj. 2010 - 2016)

Airbus A350-900: 3 (Bj. 2020 - 2021)

Boeing 737-800: 59 (Bj. 1999 - 2016)

Boeing 737-900: 15 (Bj. 2011 - 2015)

Boeing 737-MAX 8: 11 (Bj. 2018 - 2019)

Boeing 737-MAX 9: 1 (Bj. 2019)

Boeing 787-9: 14 (Bj. 2019 - 2020)

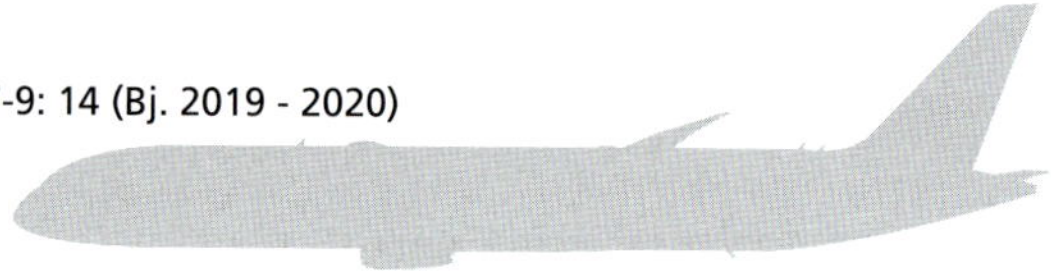

Boeing 777F: 8 (Bj. 2017 - 2020)

Boeing 777-300ER: 33 (Bj. 2010 - 2018)

Tunisair

IATA-Code: TU, ICAO-Code: TAR, Rufzeichen: TUNAIR
Sitz: Tunis/Tunesien, Basis: Tunis Airport (TUN)
Flotte (Frühjahr 2021): 27 inkl. Tunisair Express

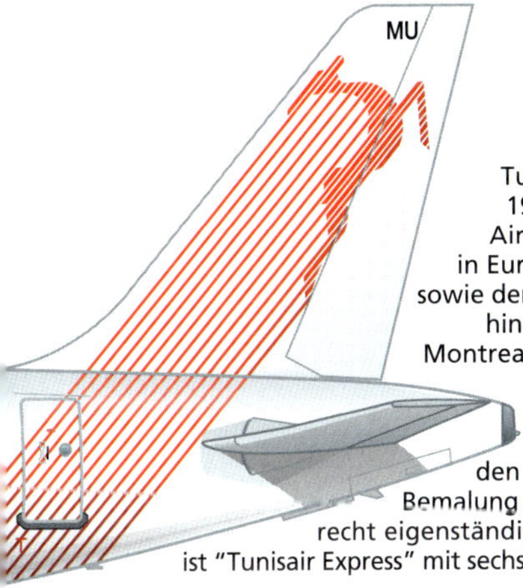

Tunesiens Flagcarrier wurde 1948 gegründet. Die Airline Airline bietet Flüge zu Zielen in Europa, Nord- und Westafrika sowie den Nahen Osten an, darüber hinaus als einziges Überseeziel Montreal in Kanada. Die Flotte von Tunisair ist recht alt, über 18 Jahre im Schnitt. Das trifft auch auf die aus den 1990er-Jahren stammende Bemalung zu, die bei aller Schlichtheit recht eigenständig ist. Für Zubringerdienste ist "Tunisair Express" mit sechs ATR-Turboprops zuständig.

Airbus A319: 2 (Bj. 2001)

Airbus A320-200: 12 (Bj. 1992 - 2014)

Airbus A320-200: 2 (Bj. 2015)

ATR 42: 1 (Bj. 1992)

ATR 72: 5 (Bj. 1992 - 2019)

Boeing 737-600: 4 (Bj. 1999 - 2001)

Bombardier CRJ900: 1 (Bj. 2007)

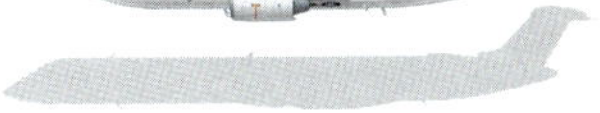

Ukraine International Airlines

IATA-Code: PS, ICAO-Code: AUI, Rufzeichen: UKRAINE INTERNATIONAL
Sitz: Kiew/Ukraine, Basis: Kiew-Boryspil Airport (KBP)
Flotte (Frühjahr 2021): ca. 25

Ukraines internationale Airline wurde 1992 bald nach der Unabhängigkeit gegründet. Seither hat sich das Design in Landesfarben praktisch nicht verändert. Im allgemeinen Krisenjahr 2020 wurde die Flotte deutlich verkleinert, noch dazu traf die Airline im Januar 2020 eine Katastrophe als eine 737-800 bei Teheran irrtümlich abgeschossen wurde. Das Experiment mit gebrauchten Boeing 777 zu expandieren erwies sich als Fehlschlag, so dass nur zwei sehr alte Boeing 767 für die Langstrecke übriggeblieben sind. Mit rund 13 Jahren befindet sich das Flottendurchschnittsalter allerdings im mittleren Bereich.

Boeing 737-800: 13 (Bj. 2001 - 2017)

Boeing 737-900: 4 (Bj. 2009 - 2013)

Boeing 767-300ER: 2 (Bj. 1991 - 1993)

Embraer 190: 5 (Bj. 2007)

Embraer 195: 2 (Bj. 2012 - 2013)

Ural Airlines

IATA-Code: U6, ICAO-Code: SVR, Rufzeichen: SVERDLOVSK AIR
Sitz: Jekaterinburg/Russland, Basis: Jekaterinburg Airport (SVX)
Flotte (Frühjahr 2021): ca. 50

Ural Airlines gibt es seit 1996. Die in Mittelrussland beheimatete Fluggesellschaft ist nach schwierigen Anfangsjahren inzwischen eine der größeren im Land, sicher auch aufgrund der Konzentration auf Flugzeuge der effektiven A320-Familie. Die Airline unterhält ein dichtes inländisches Streckennetz, fliegt aber auch bis nach China und Israel, und seit Jahren auch nach Frankfurt und München. Die Flotte besteht zum großen Teil aus gebraucht erworbenen Flugzeugen und ist im Durchschnitt mit gut 14 Jahren als mittelalt zu bezeichnen. Ural Airlines hatte 2019 einen Flugzeugverlust zu verzeichnen, allerdings überlebten alle an Bord dieses Unglück.

Airbus A319: 5 (Bj. 2001 - 2009)

Airbus A320-200: 23 (Bj. 1999 - 2012)

Airbus A320neo: 3 (Bj. 2019)

Airbus A321-200: 18 (Bj. 1998 - 2016)

Airbus A321neo: 2 (Bj. 2019 - 2020)

United Airlines

IATA-Code: UA, ICAO-Code: UAL, Rufzeichen: UNITED
Sitz: Chicago, Illinois/USA, Basen: Denver Intl. Airport (DEN) u. a.
Flotte (Frühjahr 2021): ca. 815
Allianz: Star Alliance

United Airlines war nach dem Merger mit Continental Airlines im Jahr 2009 die weltweite Nr.1, und ist heute, nachdem auch American Airlines durch einen Merger größer wurde, zahlenmäßig die Nr.2. Die riesige Flotte von über 800 Maschinen wird noch einmal durch die im Auftrag von United und in den Farben der Airline fliegenden, aber von zumeist unabhängigen Betreibern eingesetzten Flotten von Zubringerdienste leistenden Regionalflugzeugen deutlich vergrößert. United hat einen sehr großen Typenmix, mittlerweile aber leider nur noch zweimotorige Flugzeuge im Einsatz. Auffällig der Einsatz großer Teilflotten alter Flugzeugtypen wie Boeing 757, 767 und 777-200. United ist mit Delta die einzige Airline, die sowohl die seltene 757-300 als auch die noch seltenere 767-400 betreibt. Der größte Teil dieser Teilflotten wurde aber im Zuge der Coronakrise abgestellt, im internationalen Verkehr sind zum Jahreswechsel 2020/2021 nur die 787, 777-300ER und die Hälfte der 777-200ER im Einsatz. Die Flotte ist im Durchschnitt über 16 Jahre alt, recht alt für eine Passageairline von Rang. Gerade die großen Airlines der USA sind aber dafür bekannt, ihre Maschinen überdurchschnittlich lange zu nutzen. Nach Aufhebung des Flugverbots wächst aber die 737-MAX-Flotte sehr schnell. United gehört zu den Airlines, die in ihrer Geschichte immer mal wieder radikale Wechsel im visuellen Auftritt hingelegt haben. So ist seit der letzten Überarbeitung des Designs in 2019 der nun blaue Globus im Leitwerk immer noch ein Erbe von Continental und hat mit United´s Historie ansonsten eigentlich nichts zu tun. Die Sicherheitsbilanz der Airline ist gut.

Airbus A319: 77 (Bj. 1997 - 2007)

Airbus A320-200: 96 (Bj. 1993 - 2006)

Boeing 737-700: 43 (Bj. 1998 - 2005)

Boeing 737-800: 141 (Bj. 1998 - 2017)

Boeing 737-900: 148 (Bj. 2001 - 2016)

Boeing 737-MAX 9: 30 (Bj. 2018 - 2021)

Boeing 757-200: 51 (Bj. 1989 - 2000)

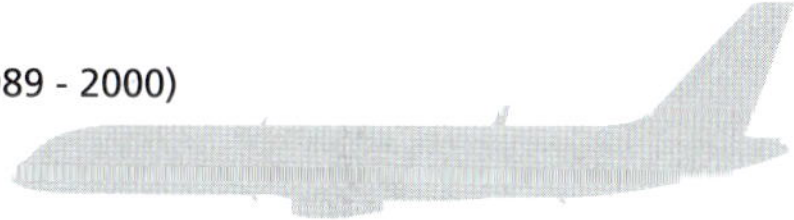

Boeing 757-300: 21 (Bj. 2001 - 2004)

Boeing 767-300ER: 38 (Bj. 1991 - 2003)

Boeing 767-400: 16 (Bj. 2000 - 2002)

Boeing 787-8: 12 (Bj. 2012 - 2014)

Boeing 787-9: 35 (Bj. 2014 - 2020)

Boeing 787-10: 13 (Bj. 2018 - 2020)

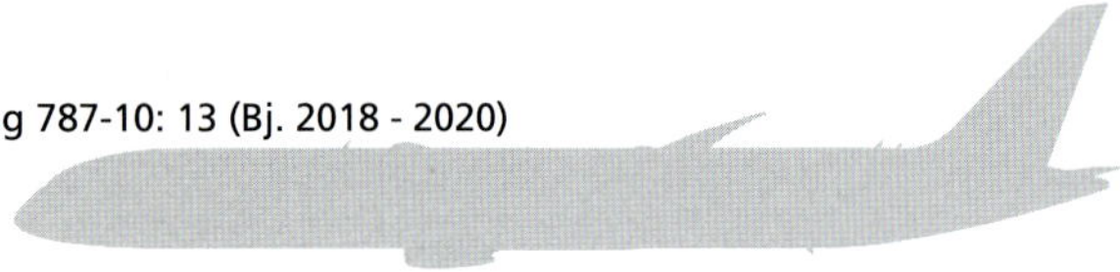

Boeing 777-200: 19 (Bj. 1994 - 2000)

Boeing 777-200ER: 55 (Bj. 1997 - 2010)

Boeing 777-300ER: 22 (Bj. 2016 - 2020)

Utair

IATA-Code: UT, ICAO-Code: UTA, Rufzeichen: UTAIR
Sitz: Chanti-Mansijsk/Russland, Basis: Moskau-Wnukowo Airport (VKO)
Flotte (Frühjahr 2021): ca. 55

Utair ist eine russische Airline, die in der Kleinstadt Chanti-Mansijsk in der Mitte des Riesenreiches beheimatet und nach der Größe die Nr. 5 im Land ist. 2017 wurde nach einer schweren Unternehmenskrise das Corporate Design erneuert und die Schreibweise von UTAir in Utair geändert, der Großteil der Flotte ist aber noch in der alten Bemalung unterwegs, die genauso schlicht und blass daherkommt wie die neue. Dabei liegt das Durchschnittsalter der zumeist gebraucht erstandenen Flugzeuge mit 19 Jahren recht hoch. Neben inländischen bietet Utair auch europäische Ziele im Ausland an, darunter einige im deutschsprachigen Raum, und fliegt in diverse zentralasiatische Staaten.

ATR 72: 14 (Bj. 2011 - 2012)

Boeing 737-500: 24 (Bj. 1994 - 1998)

Boeing 737-400: 6 (Bj. 1997 - 2000)

Boeing 737-800: 10 (Bj. 2001 - 2011)

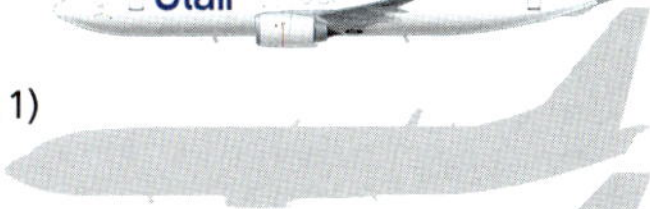

Boeing 767-200ER: 2 (Bj. 2001)

UPS Airlines

IATA-Code: 5X, ICAO-Code: UPS, Rufzeichen: UPS
Sitz: Louisville, Kentucky/USA, Basis: diverse
Flotte (Frühjahr 2021): ca. 275

Die Fluggesellschaft des amerikanischen Kurierdienstes UPS ist die zweitgrößte Cargoairline der Welt und auch weltweit aktiv. 2017 wurde ihr grundsätzlich seit 2003 bestehendes Corporate Design durch ein vereinfachtes Logo leicht modifiziert und dabei auch die Titel auf dem Rumpf der Flugzeuge verkürzt, die interessanterweise nicht dem Airlinenamen entsprechen. Die Livery von UPS sieht sehr attraktiv aus, die Farbgebung der Firma ist ohnehin unverwechselbar. Die Flotte hat einen sehr interessanten Typenmix, der sich vor allem durch die größeren Maschinen, sprich Boeing 747 in drei Versionen, positiv vom zahlenmäßig noch größeren Konkurrenten Fedex abhebt. UPS ist der größte Besteller der Boeing 747-8-Frachtausführung, wobei auch noch die meisten ausstehenden Lieferpositionen bis zum endgültigen Produktionsende 2022 von UPS belegt sind. Schon bei der 747-400F gehörte man zu den letzten Bestellern. Und auch bei der 767, von der seit langem nur noch Frachter in kleinen Stückzahlen die Werkshallen verlassen, gehört UPS zu den letzten Kunden. Nach Fedex ist UPS übrigens auch weltweit zweitgrößter Betreiber der MD-11, für die in absehbarer Zeit aber ein Nachfolgemuster gefunden werden muss. Bis dahin übernimmt UPS aber noch weitere, von der Lufthansa stammende Maschinen dieses Typs. Abgesehen von diesen und einem Teil der 757 ist UPS Flotte für ein Frachtunternehmen aber keineswegs alt, eher im Gegenteil. Obwohl die Airline in den letzten 10 Jahren zwei Flugzeuge, eine A300-600 und eine MD-11, verloren hat, ist ihre Sicherheitsbilanz besser als die des Hauptkonkurrenten.

Airbus A300-600F: 51 (Bj. 2000 - 2004)

Boeing 757-200PF: 75 (Bj. 1987 - 1999)

Boeing 767-300BCF: 8 (Bj. 1991 - 2004)

Boeing 767-300F: 70 (Bj. 1995 - 2020)

Boeing 747-400BDSF: 2 (Bj. 1993 - 1994)

Boeing 747-400F: 11 (Bj. 1993 - 2009)

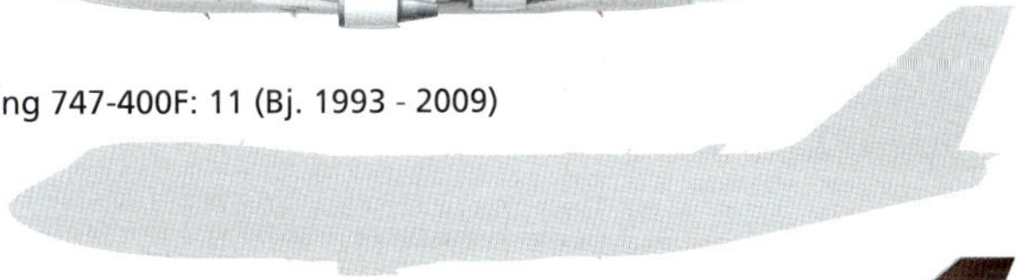

Boeing 747-8F: 21 (Bj. 2017 - 2021)

McDonnell Douglas MD-11F: 39 (Bj. 1991 - 2000)

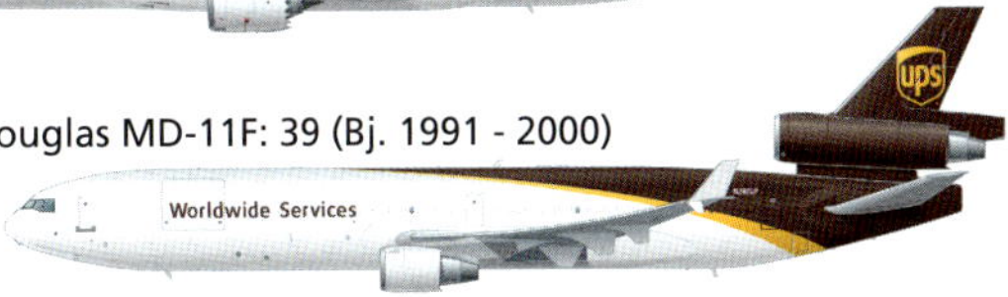

Uzbekistan Airways

IATA-Code: HY, ICAO-Code: UZB, Rufzeichen: UZBEKISTAN
Sitz: Taschkent/Usbekistan, Basis: Taschkent Airport (TAS)
Flotte (Frühjahr 2021): ca. 30

Der Nationalcarrier von Usbekistan fliegt seit 1992, ihre Routen führen heute bis in die USA. Die Bemalung ihrer Flugzeuge in Landesfarben ist ebenso eigenständig wie geschmackvoll. Die Flotte befindet sich gerade in einer Erneuerungsphase von der A320 hin zu A320neo, und von der Boeing 767 zur 787, wobei eine 787 in VIP-Ausstattung als Regierungsmaschine dient. Aktuell liegt das Flottendurchschnittsalter bei elf Jahren. Unfälle hat es bisher nicht gegeben.

Airbus A320-200: 9 (Bj. 2010 - 2011)

Airbus A320neo: 3 (Bj. 2019 - 2020)

Boeing 757-200: 4 (Bj. 1999)

Boeing 767-300ER: 9 (inkl. 2 Frachter, Bj. 1996 - 2013)

Boeing 787-8: 5 (Bj. 2016 - 2018)

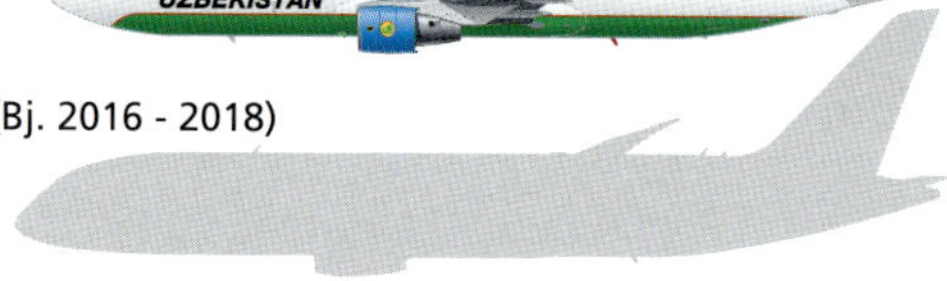

VietjetAir

IATA-Code: VJ, ICAO-Code: VJC, Rufzeichen: VIETJETAIR
Sitz: Hanoi/Vietnam, Basis: Hanoi Noi Bài International Airport (HAN)
Flotte (Frühjahr 2021): ca. 70

Die Billigairline VietjetAir war bei der Gründung 2007 die erste private Airline Vietnams, nahm aber erst 2011 Flugdienste auf, von Anfang an mit Airbus A320. Heute ist sie die zweitgrößte Fluggesellschaft des Landes mit Zielen im Inland und nahen südostasiatischen Ausland. Die Flotte ist mit durchschnittlich etwa viereinhalb Jahren sehr jung, die "laute" Flugzeugbemalung in Discounteroptik typisch für einen Lowcostcarrier, stilistisch aber nicht weiter bemerkenswert. Unfälle hatte die Airline bisher nicht zu beklagen. VietjetAir betreibt seit 2014 auch eine kleine Tochtergesellschaft namens Thai VietjetAir, deren Flugzeuge gleich lackiert sind. Auch VietjetAir wurde von der Coronakrise hart getroffen, allerdings gibt es keine Anzeichen einer existentiellen Bedrohung.

Airbus A320-200: 18 (Bj. 2008 - 2016)

Airbus A321-200: 38 (Bj. 2015 - 2018)

Airbus A321neo: 16 (Bj. 2017 - 2021)

Vietnam Airlines

IATA-Code: VN, ICAO-Code: HVN, Rufzeichen: VIETNAM AIRLINES
Sitz: Hanoi/Vietnam, Basis: Hanoi Noi Bài International Airport (HAN)
Flotte (Frühjahr 2021): ca. 95
Allianz: SkyTeam

Die nationale Fluggesellschaft Vietnam Airlines gibt es unter diesem Namen seit 1993. Seit dieser Umbenennung eines Vorgängerunternehmens setzt sie auf modernstes Fluggerät, das regelmäßig ausgetauscht wird. Praktisch kein Flugzeug wird in den Diensten von Vietnam Airlines 15 Jahre alt, auch die Boeing 777- und Airbus A330-Teilflotten mussten schon nach 14 bzw. 8 Jahren ganz weichen. Aktuell ist die Flotte im Schnitt etwa sechseinhalb Jahre jung. Seit der Jahrtausendwende expandiert das Unternehmen stark, getrieben vom Tourismusboom. Es war 2009 sogar geplant die A380 zu bestellen. Dazu kam es letztlich nicht. Das Routennetz umfasst Asien, Australien und reicht bis Afrika und Europa. Unter anderem wird seit 2004 Frankfurt angeflogen. Vietnam Airlines Erscheinungsbild ist eine 2014 im Vorfeld der Einführung der neuen Typen Airbus A350-900 und Boeing 787-9 vorgestellte, schwungvolle Modernisierung eines 2003 radikal neu entwickelten Looks in individuellen Farben. Die Flugzeugbemalung ist attraktiv, eigenständig und modern. Auf der Langstrecke fliegt man also zweigleisig, der Großteil der Bestellungen von A350 und Boeing 787 sind mittlerweile abgearbeitet. Die Sicherheitsbilanz ist auch gut, in diesem Jahrtausend gab es in dieser Hinsicht jedenfalls keine nennenswerten Vorkommnisse. Natürlich ist auch Vietnam Airlines als stark Urlaubsflug-lastiges Unternehmen von der Coronakrise betroffen, nur ein kleiner Teil der Flotte ist allerdings inaktiv. Diese wurde durch die Ausserdienststellung älterer A321 leicht reduziert und umfasst jetzt wieder etwas weniger als 100 Maschinen.

Airbus A321-200: 46 (Bj. 2007 - 2015)

Airbus A321neo: 20 (Bj. 2019 - 2020)

Airbus A350-900: 14 (Bj. 2015 - 2019)

Boeing 787-9: 11 (Bj. 2015 - 2017)

Boeing 787-10: 4 (Bj. 2019 - 2020)

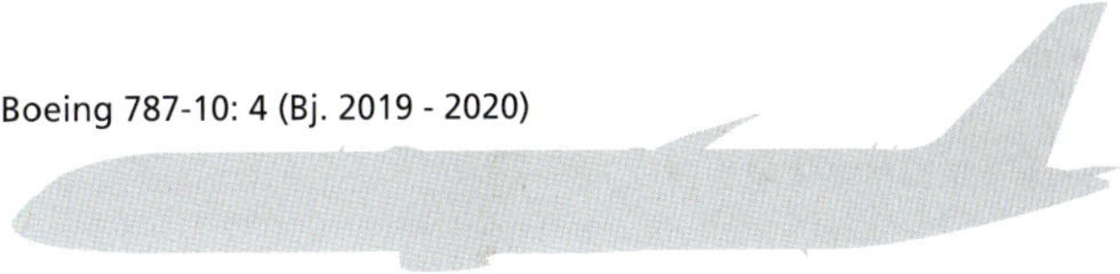

Virgin Atlantic Airways

IATA-Code: VS, ICAO-Code: VIR, Rufzeichen: VIRGIN
Sitz: Crawley/Großbritannien, Basis: London-Heathrow Intl. Airport (LHR)
Flotte (Frühjahr 2021): 30

Virgin Atlantic wurde 1984 von dem jungen, charismatischen britischen Unternehmer Charles Branson (heute Sir Charles) in die Luft gebracht, um dem marktbeherrschenden Nationalcarrier British Airways auf der Langstrecke Paroli zu bieten. Lange Jahre hindurch flog die sich jung und frisch gebende Airline nur Jumbojets, erst ab den späten 1990er-Jahren kamen Airbus A340 hinzu, was letztlich zu dem eingängigen Slogan "4 engines 4 longhaul" führte, den vielen Maschinen trugen. Das ist aber Vergangenheit, beschleunigt noch durch die Coronakrise, die die Airline besonders schwer traf und zur Ausserdienststellung der letzten Boeing 747-400 führte, die 25 Jahre lang das Flaggschiff der Airline waren. Virgin Atlantic ist also in jeder Hinsicht geschrumpft, in der Flottengröße, bei der Flugzeuggröße, und bei der Bedeutung. Im August 2020 mußte sich das Unternehmen unter Gläubigerschutz stellen. Anfang 2021 war die Flotte etwa 1/4 kleiner als zu Beginn des allgemein katastrophalen Jahres 2020. Die Flugzeugbemalung ist eine 2010 vorgestellte Weiterentwicklung eines 1997 debütierenden Designs basierend auf den Grundfarben Rot und Silbergrau. Das rot ist seither ein Metalliclack. Hauptzielland ist die USA, aber auch Fernost, Südafrika und Nigeria steht im Plan. Unfälle hat es in der mittlerweile über 35jährigen Geschichte des Unternehmens nicht gegeben. Richard Branson hatte im Zuge des wachsenden Erfolges ab den 1990er-Jahren mehrere Airlines in anderen Ländern gegründet, die aber bis auf die 2020 verkaufte Virgin Australia (doppelt so groß wie Virgin Atlantic, aber aktuell nur regional tätig!) nicht mehr existieren.

Airbus A330-200: 2 (Bj. 2000 - 2001)

Airbus A330-300: 4 (Bj. 2011 - 2012)

Airbus A350-1000: 7 (Bj. 2017 - 2020)

Boeing 787-9: 17 (Bj. 2014 - 2018)

Virgin Australia

IATA-Code: VA, ICAO-Code: VOZ, Rufzeichen: VELOCITY
Sitz: Brisbane/Australien, Basis: Brisbane Airport (BNE)
Flotte (Frühjahr 2021): ca. 60 + 15 Virgin Australia Regional

Virgin Australia, 2000 gegründet und bis 2011 unter dem Namen Virgin Blue unterwegs, ist, bzw. war die größte Airline Sir Richard Bransons. Ihr Aufstieg begann kurz nach der Gründung, nachdem die bis dato zweitgrößte Airline Australiens, Ansett, aufgeben mußte. Die Coronakrise traf Virgin Australia sehr hart. Schon im Frühjahr 2020 meldete man Insolvenz an. Die kleine Langstreckenflotte aus je fünf Boeing 777-300ER und Airbus A330-200 wurde außer Dienst gestellt, die Airline ist nur noch im Inland unterwegs. Im Herbst 2020 ging sie schließlich in den Besitz der US-Firma Bain Capital über. Die schlichte Flugzeugbemalung mit dem brachialen Schriftzug auf dem Leitwerk stammt von 2011. Die Airline betreibt eine Regionaltochter mit dem einfallslosen Zusatznamen Regional, die interessanterweise auf Airbus A320 und alte Fokker-Maschinen mit identischer Bemalung setzt.

Airbus A320-200: 6 (Bj. 1993 - 2007)

Boeing 737-700: 2 (Bj. 2005)

Boeing 737-800: 59 (Bj. 2003 - 2018)

Fokker 100: 10 (Bj. 1991 - 1994)

Viva Aerobus

IATA-Code: VB, ICAO-Code: VIV, Rufzeichen: VIVA
Sitz: Monterrey/Mexico, Basis: Monterrey G. A. Escobedo Intl. (MTY)
Flotte (Frühjahr 2021): ca. 40

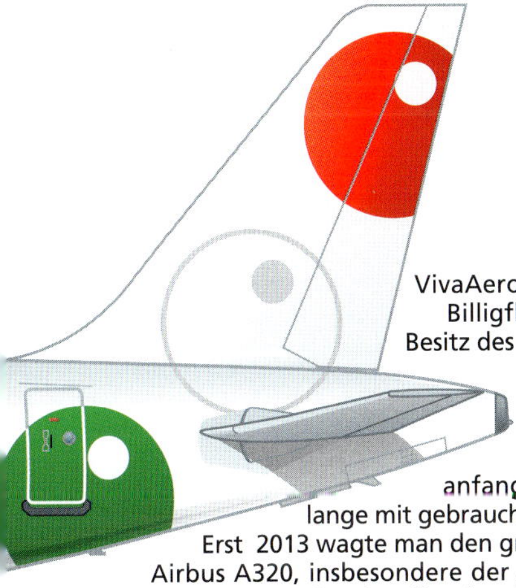

VivaAerobus ist eine mexikanische Billigfluggesellschaft, die sich im Besitz des größten Busunternehmens des Landes befindet. Das sie deswegen auf Airbus und nicht Boeing setzt, stimmt aber nicht, denn anfangs, also seit 2006, war man lange mit gebrauchten Boeing 737 unterwegs. Erst 2013 wagte man den großen Sprung hin zu neuen Airbus A320, insbesondere der A320neo-Familie ab 2016, wodurch die Airline eine der aktuell weltweit jüngsten Flotten betreibt. Ausser Inlandszielen bedient VivaAerobus auch einige wenige Ziele in den USA. Die Flugzeugbemalung in den Nationalfarben passt zum Billigfliegerimage und ist bei aller grundsätzlichen Schlichtheit doch etwas verspielt. Die Airline ist zwar unfallfrei, genießt aber trotz der jungen Flotte keinen guten Ruf.

Airbus A320-200: 20 (Bj. 2004 - 2018)

Airbus A320neo: 20 (Bj. 2016 - 2020)

Airbus A321neo: 4 (Bj. 2020 - 2021)

Vistara

IATA-Code: UK, ICAO-Code: VTI, Rufzeichen: VISTARA
Sitz: Gurugram, Delhi/Indien, Basis: New Delhi Indira Gandhi Intl. (DEL)
Flotte (Frühjahr 2021): ca. 45

Vistara, 2014 gegründet, ist eine sehr junge indische Airline mit einer der weltweit jüngsten Flotten. Das Unternehmen heisst eigentlich Tata Sia Airlines und ist ein Joint Venture von Tata, dem indischen Mischkonzern, und Singapore Airlines. Vistara fliegt vor allem im Inland, expandiert aber auch auf der Langstrecke bis hin nach London. Das Corporate Design mit den seltenen Firmenfarben Purpur und Gold ist schlicht, kommt aber durchaus hochwertig daher.

Airbus A320-200: 9 (Bj. 2015 - 2016)

Airbus A320neo: 27 (Bj. 2017 - 2021)

Airbus A321neo: 2 (Bj. 2020)

Boeing 737-800: 6 (Bj. 2011 - 2014)

Boeing 787-9: 2 (Bj. 2020)

Volga-Dnepr Airlines

IATA-Code: VI, ICAO-Code: VDA, Rufzeichen: VOLGA
Sitz: Ulajanowsk/Russland, Basis: Uljanovsk-Wostotschny Airport (ULY)
Flotte (Frühjahr 2021): 17

Die 1990 gegründete Frachtairline Volga-Dnepr ist ein spezieller Fall. Ihr Hauptgeschäft sind Charterflüge mit dem weltgrößten serienmäßig hergestellten Frachtflugzeug, der Antonow An-124, von der die Airline auch die größte Flotte betreibt. Nach einem Unfall im November 2020 wurden diese zum Teil schon recht alten Maschinen sicherheitshalber zur technischen Prüfung aus dem Dienst genommen und erst seit Januar 2021 sukzessive wieder aktiviert. Ein wichtiges Einsatzfeld von Volga-Dnepr sind Hilfsflüge im Auftrag der UN oder der Transport großer, schwerer Maschinen in die ganze Welt. In Leipzig-Halle befindet sich eine Nebenbasis. Die Airline ist Teil der gleichnamigen russischen Unternehmensgruppe, zu der u. a. auch andere Frachtfluggesellschaften wie die weltweit operierende Air Bridge Cargo oder die kleine Atran gehören. Nicht nur die Flotte von Volga-Dnepr ist auffällig, auch der Unternehmenslook ist es. Er stammt aus den 1990er-Jahren. Das Flottenalter liegt mit knapp 23 Jahren im Schnitt für eine Frachtairline im oberen mittleren Bereich.

Antonow An-124-100: 11 (Bj. 1990 - 2004)

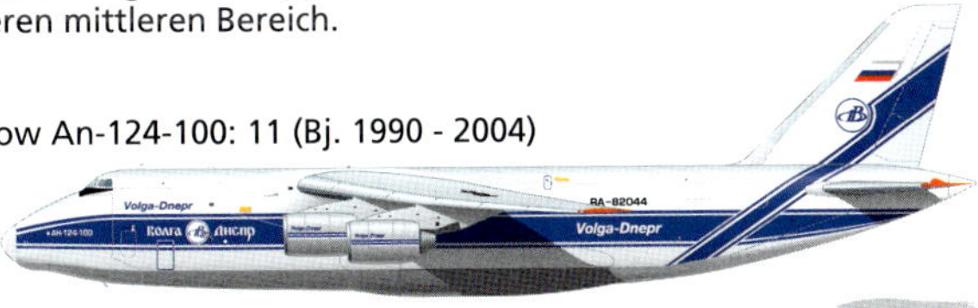

Iljuschin IL-76TD-90WD: 5 (Bj. 2011 - 2012)

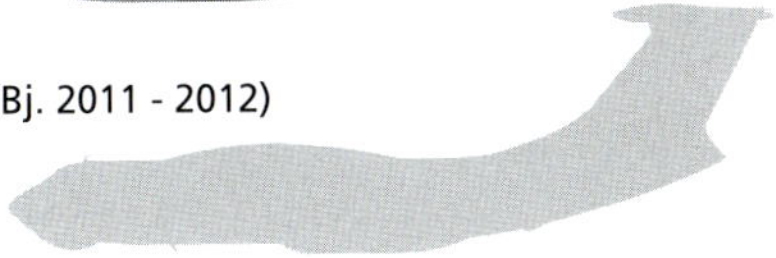

Volaris

IATA-Code: Y4, ICAO-Code: VOI, Rufzeichen: VOLARIS
Sitz: Mexico-City/Mexico, Basen: Cancun International (CUN) u. a.
Flotte (Frühjahr 2021): ca. 85

Die mexikanische Airline Volaris ist noch recht jung - Gründungsjahr 2004 - mittlerweile aber zu einer recht ansehnlichen Airline gewachsen, die neben vielen inländischen Zielen auch solche in anderen Ländern Mittelamerikas anfliegt. Darüber hinaus wird eine nicht unerhebliche Zahl von Destinationen in den USA angeboten. Volaris war bisher unfallfrei und betreibt eine sehr junge Flotte, deren Durchschnittsalter Anfang 2021 bei nur gut fünf Jahren lag. Eine weitere Expansion ist fest eingeplant. Das Corporate Design gibt sich betont zurückhaltend. Es wurde kürzlich leicht überarbeitet, blieb aber im Wesentlichen unverändert.

Airbus A319: 5 (Bj. 2006 - 2008)

Airbus A320-200: 40 (Bj. 2011 - 2016)

Airbus A320neo: 25 (Bj. 2016 - 2021)

Airbus A321-200: 10 (Bj. 2015 - 2016)

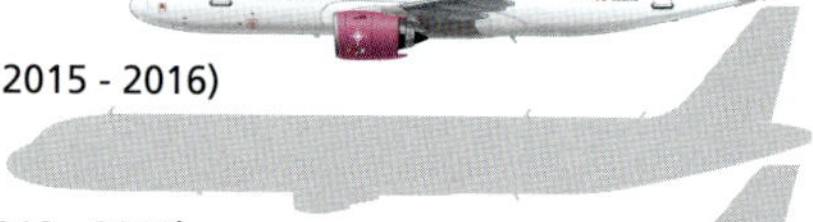

Airbus A321neo: 6 (Bj. 2018 - 2019)

Volotea

IATA-Code: V7, ICAO-Code: VOE, Rufzeichen: VOLOTEA
Sitz: Oviedo/Spanien, Basis: Aeropuerto des Asturias (OVD)
Flotte (Frühjahr 2021): 21

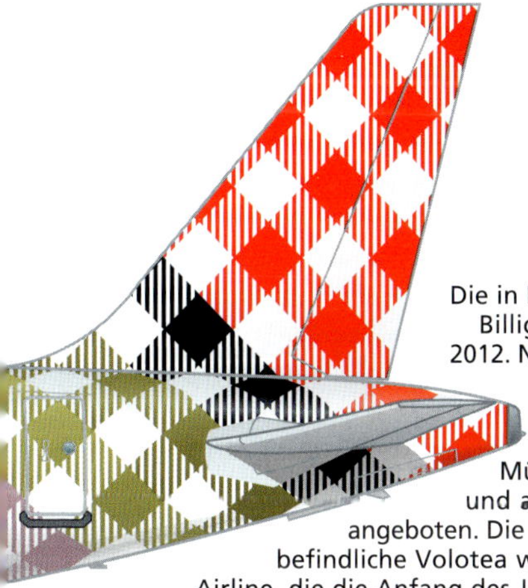

Die in Nordspanien beheimatete Billigairline Volotea fliegt seit 2012. Neben Zielen im westlichen Mittelmeeraum werden auch Flüge nach Mitteleuropa, darunter München, sowie in die Ägäis und auf die Kanarischen Inseln angeboten. Die in gestreutem Privatbesitz befindliche Volotea war die letzte europäische Airline, die die Anfang des Jahrtausends nur kurzeitig gebaute, rar gebliebene Boeing 717, praktisch die letzte Ausbaustufe der Douglas DC-9 aus den frühen 1960er-Jahren, betrieb. Anfang Januar 2021 fand aber der letzte Flug einer Volotea 717 statt. In 2020 stand zeitweise die Hälfte der Flotte aufgrund der Folgen der Coronapandemie am Boden. Alle Maschinen der Volotea wurden auf dem Gebrauchtmarkt erworben bzw. geleast, damit erklärt sich auch das überdurchschnittliche Flugzeugalter von fast 17 Jahren. Im März 2021 stießen die ersten A320 zur Flotte. Volotea hat ein durchaus ansehnliches, darüber hinaus unverwechselbares Corporate Design. Hinterrumpf und Leitwerk tragen das aus der Textilindustrie bekannte Gingham- bzw. Vichy-Karomuster, noch dazu in einer eher ungewöhnlichen Farbzusammenstellung. Die Sicherheitsbilanz der Airline ist gut, Unfälle gab es in der ja noch sehr kurzen Unternehmensgeschichte nicht.

Airbus A319: 20 (Bj. 2002 - 2008)

Airbus A320-200: 3 (Bj. 2006 - 2009)

Vueling

IATA-Code: VY, ICAO-Code: VLG, Rufzeichen: VUELING
Sitz: Barcelona/Spanien, Basis: Barcelona El Prat Airport (BCN)
Flotte (Frühjahr 2021): ca. 120

Vueling, ein Kunstname, ist eine 2004 gegründete spanische Billigairline, die zum IAG-Komzern gehört, der Muttergesellschaft von British Airways und Iberia. Sie ist mittlerweile zahlenmässig größer als Iberia. Die junge Flotte - Durchschnittsalter etwa siebeneinhalb Jahre - fliegt neben vielen innerspanischen Zielen auch solche in praktisch ganz Europa und dem Mittelmeerraum an. Entfernteste Destination ist Island. Das Design der bislang unfallfreien Vueling ist eigenständig, aber farblich zurückhaltend. Die Unternehmensfarben Mittelgrau und leuchtend Gelb entsprechen interessanterweise den von der weltweit trendbestimmenden Farbsystemfirma Pantone ausgerufenen Farben des Jahres 2021. Aufgrund der Coronakrise muss Vueling etwa 60% Flotte am Boden lassen.

Airbus A319: 6 (Bj. 2006 - 2008)

Airbus A320-200: 74 (Bj. 2002 - 2018)

Airbus A320neo: 25 (Bj. 2018 - 2020)

Airbus A321-200: 15 (Bj. 2015 - 2017)

Western Global Airlines

IATA-Code: KD, ICAO-Code: WGN, Rufzeichen: WESTERN GLOBAL
Sitz: Estero, Florida/USA, Basis: Sarasota-Bradenton Airport (SRQ)
Flotte (Frühjahr 2021): 15

Die international agierende US-Frachtairline Western Global Airlines ist noch recht jung. Sie wurde 2013 gegründet und flog anfangs nur mit weitgehend in anonoymem Weiss lackierten MD-11F unterschiedlichster Herkunft. Erst nach ein paar Jahren wurde ein Corporate Design eingeführt.

Inwischen gehören auch ehemalige Lufthansa-Maschinen zur wachsenden Flotte. Ende 2020 kam eine erste, aber auch schon 21 Jahre alte Boeing 747-400F als jüngstes Flottenmitglied hinzu, die vorher für Atlas Air flog.

Boeing 747-400BCF: 2 (Bj. 1992 - 1994)

Boeing 747-400F: 1 (Bj. 1999)

McDonnell Douglas MD-11F: 10 (Bj. 1990 - 1999)

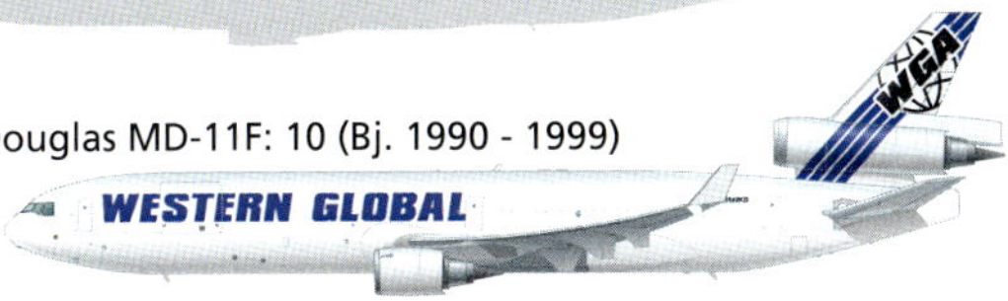

WestJet Airlines

IATA-Code: WS, ICAO-Code: WJA, Rufzeichen: WESTJET
Sitz: Calgary/Kanada, Basis: Vancouver (YVR) und Toronto (YYZ)
Flotte (Frühjahr 2021): ca. 120 (zzgl. 47 Westjet Encore)

Die Billigairline WestJet wurde 1995 gegründet um die Konkurrenz im Westen Kanadas zu beleben. Heute fliegt die zweitgrößte Airline des riesigen Landes auch interkontinental, mit ihren brandneuen Boeing 787 z. B. bis nach London und Paris. Die große Flotte von Boeing 737, von der infolge der Coronakrise fast die Hälfte am Boden ist, ist trotz der -MAX 8 deutlich älter, so ergibt sich ein Flugzeugdurchschnittsalter von 11 Jahren. Westjet beschäftigt eine Zubringertochter namens Encore. Das seit Beginn verwendete Design wurde lange nicht geändert, erst 2018 entschloss man sich zur Einführung der 787 zu einem solchen Schritt.

Boeing 737-600: 13 (Bj. 2005 - 2006)

Boeing 737-700: 52 (Bj. 2001 - 2011)

Boeing 737-800: 39 (Bj. 2005 - 2017)

Boeing 737-MAX 8: 14 (Bj. 2017 - 2021)

Boeing 787-9: 6 (Bj. 2019 - 2020)